정말 즐거운 하루였어요!
캠브리지에 와서 이렇게 즐거운 토요일은 처음이었습니다. 다른 한국 분들도 마찬가지였
겠지만 고국을 느낄 수 있었던 무클한 순간이었어요.
한국에서 다시 뵙는 날까지 건강하시고요. 자주 들러서 소식 읽고 또 남기고 가겠습니다.
건강하시고요. 내일 공연도 성황리에 마치세요.
런던 친구들에게도 전화해서 코벤트가든에 가보라고 전하고 있습니다. ··;
다시 한 번 오늘 공연 감사합니다.
　　　　　　　　　　　　　　　— 공새미 홈페이지 자유게시판 중에서, 노선하

'2004' 대한민국 가족 대상을 수여했으면
공새미 가족 모두에게 진정한 대한민국의 문화 외교사절로서 자랑스러운 역사의 한 페이
지를 장식한 열정과 노고에 시샘 어린 찬사를 보냅니다.
공새미 가족 주변에서 항상 격려해주고, 믿음을 주신 모든 분들께도 그들과 같은 마음으
로 감사를 드립니다. 고국을 떠나 터전을 다진 교민들에게 공새미 가족이 전해주는 사물
놀이가 그 무엇보다도 감동적인 선물이 되었을 것이라 생각합니다.
공새미의 의미처럼 언제나 마르지 않는 샘이 되시길. 공새미, 아자~~!!!!
　　　　　　　　　　　　　　　— 공새미 홈페이지 자유게시판 중에서, 강석준—

보츠와나를 떠들썩하게 한 공새미

공새기가 떠나고 한 주간 동안은 날마다 신문과 방송을 처리하느라 분주했답니다. 금요일 밤에는 보츠와나 텔레비전에서 현정이의 아리랑 무용을 서두로 조목조목 한국 문화의 밤 축제를 반영했습니다. 특히 민정이와 민수의 승무복 솜씨를 오랫동안 소개를 했고요. 부채춤 그리고 길놀이 등도 잘 소개가 되어서 참 기뻤습니다. 또 4개의 신문에도 큰 사진들과 함께 공연 내용 등을 컬러 면에 소개했답니다. 월드컵 이후에 다시 한 번 한국인의 긍지와 자부심을 갖고 살고 있습니다.
공새미가 가는 곳마다 좋은 소식들이 들려오길 기대합니다.
보츠와나 한글학교도 8월에 개학해서 이제 2학기를 시작했습니다. 한국인의 정체성을 가지고 자신을 사랑하며 세계인으로 키우는 것이 우리의 사명이랍니다. 세계의 많은 곳에서 그리고 만나는 많은 사람 속에서 더욱 자랑스러운 우리의 것들을 소개해 주시길……

— 공새미 홈페이지 자유게시판 중에서, 허은영—

Congratulations!
I am so happy for you and your wonderful family. I know you have an amazing journey ahead of you and wish you luck and success. Enjoy your experiences and time spent together.
Be safe & Good Luck!

— 공새미 홈페이지 자유게시판 중에서, Shannon—

꿈을 이룬 것에 대해 박수를
저는 월드넷이라는 TV 프로그램에서 공새미 가족을 보았습니다.
2부부터 어제 했던 4부까지 정말 재밌게 봤거든요.
힘든 대한민국에서 꿈을 실천한다는 것은 굉장히 어려운 일이라고 생각합니다.
따님과 아드님의 교육문제, 가족의 경제문제를 뒤로하고 더욱 큰 미래를 위해 세계여행
의 꿈을 실천한 것에 대해 박수를 보내고 싶습니다.
　　　　　　　　　　　　　－ 공새미 홈페이지 자유게시판 중에서, 가시고기－

건강하시지요?
안녕하세요. 지난 3월 인도 로얄패밀리에서 뵈었던 김철순입니다.
뭄바이로 가시기 전날인가 잠깐 이야기를 나누었기 때문에 기억은 못하실 것 같습니다.
여행이 아닌 업무로 인도에 갔기 때문에 많은 추억을 만들지는 못했지만, 공새미 가족 분
들과의 만남은 저에게는 큰 충격이었습니다.
저도 막연히 가족들과의 세계여행을 그려왔고, 꿈으로만 간직하고 있지만 언젠가는 실천
에 옮길 수 있을 것 같은 용기를 얻었습니다.
아프리카에서도 건강하시고, 공연도 성공적으로 이루어질 수 있도록 기원하겠습니다. 공
새미 가족 분들의 여행일기가 오늘도 저에게 큰 힘을 주고 있습니다.
　　　　　　　　　　　　　－ 공새미 홈페이지 자유게시판 중에서, 김철순－

북치고 장구치며 떠난
공새미 가족의
세계여행

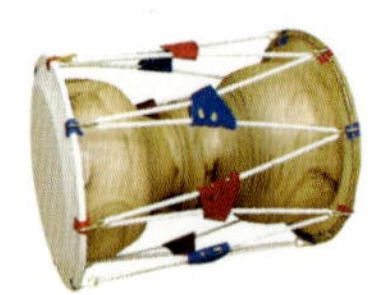

지은이 ┃ 공새미 가족

기획, 진행 ┃ 유정식, 박수현

편집 디자인 ┃ 박수현

표지 디자인 ┃ 이승현

영업마케팅 ┃ 김남권, 고광수, 서지영

ISBN ┃ 89-8379-438-0

출판 등록 ┃ 제 9-295호

정가 ┃ 9,800원

초판 발행일 ┃ 2006년 2월 20일

초판2쇄 발행일 ┃ 2006년 3월 10일

초판3쇄 발행일 ┃ 2008년 5월 9일

발행인 ┃ 박정모

발행처 ┃ 도서출판 혜지원

주소 ┃ 서울시 동대문구 장안1동 420-3호

전화 ┃ 영업부 02)2212-1227 / 편집부 02)2249-7975

팩스 ┃ 02)2247-1227

홈페이지 ┃ http://www.hyejiwon.co.kr

혜지원

공새미 가족 사물놀이패는?

아빠, 엄마, 큰딸, 아들, 막내딸 총 5명으로 구성되어 있는 공새미 가족은 2001년 6월 '사랑과 희망을 전하는 가족 사물놀이' 라는 기치를 내걸고 출범했습니다. 출범 초기 큰딸 민정이의 지도 아래 기초를 다졌고, 이후 풍물 연수 기관에서 정식으로 과정을 이수한 이래, 2002년 2월부터 지하철 예술무대, 장애인 복지시설, 청계천 등에서 활발한 공연 활동을 하고 있습니다. 2004년에는 온 가족이 배낭과 사물놀이 악기를 매고 전 세계를 돌아다니면서 길거리 사물놀이 공연을 하고 돌아왔습니다.

공새미란?

아빠(김영기) 고향인 제주도 북제주군 애월읍 어음 1리에 있는 커다란 바위틈에서 솟아나는 샘물 이름인데, 수도 시설이 없던 시절에 마을 사람들에게 생명수를 제공해 주는 고마운 샘물이었습니다. 이 샘물처럼 이웃들에게 도움을 주는 가족이 되자는 의미와 가족 간의 사랑이 영원히 마르지 않기를 기원하는 의미에서 가족 사물놀이패 이름을 '공새미' 로 정했습니다.

공새미가 추구하는 음악세계

음악을 통하여 가족 간의 화목을 다지고, 관객들에게는 따뜻한 가족 사랑을 일깨워서 건전한 사회 문화 발전에 이바지하고자 합니다. 또한, 사회의 소외계층을 위하여 찾아가는 연주회와 연주 장소와 형식에 구애받지 않는 길거리(Open) 사물놀이를 추구합니다.

공새미 가족이 여행한 국가

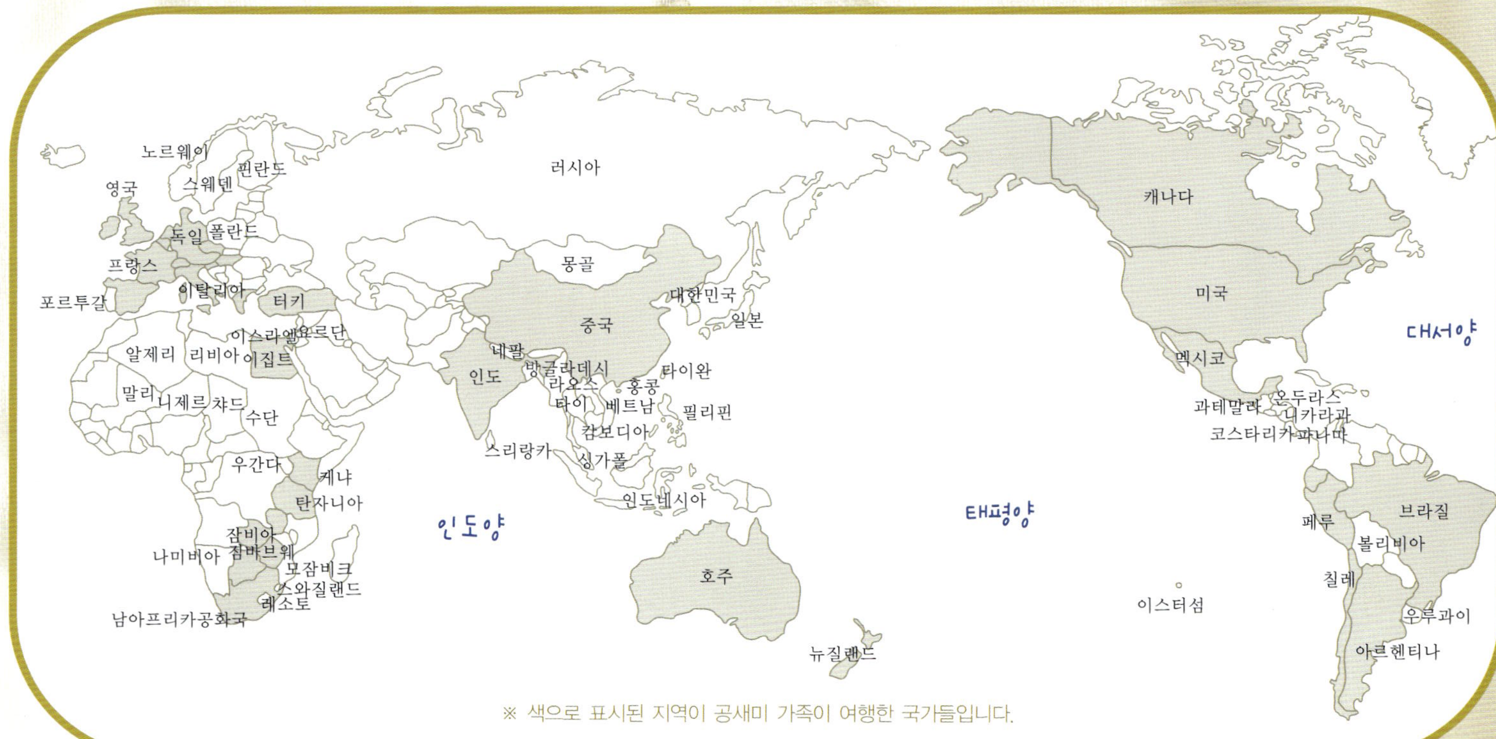

※ 색으로 표시된 지역이 공새미 가족이 여행한 국가들입니다.

인도, 중국, 터키, 남아프리카 공화국, 보츠와나, 짐바브웨, 잠비아, 탄자니아, 케냐, 이집트, 영국, 프랑스, 스페인, 이탈리아, 스위스, 독일, 오스트리아, 체코, 네덜란드, 벨기에, 그리스, 미국, 캐나다, 맥시코, 에콰도르, 페루, 칠레, 아르헨티나, 브라질, 뉴질랜드, 호주

아시아

ASIA

갠지스강의 가트에 있는 노란 천으로 덮인 시체가 이제는 전혀 낯설지가 않다. 바라나시는 우리의 눈과 귀, 마음을 모두 동화시키는 흡인력이 있는 것 같다. 아침 일찍 일어나서 옥상에서 그 유명한 갠지스강의 일출 장면을 촬영하고 천천히 걸음을 옮겨 시체를 화장하는 마르까르니까 가트 화장터로 향했다.

우리 숙소에서 약 500미터 정도 떨어져 있는 곳인데 벌써 몇 구의 시체가 화장되고 있었다. 한아름 장작 위에 얇은 흰색 천에 쌓인 뼈만 앙상하게 남은 시체가 올려지면 이윽고 시체 주위를 돌며 간단한 의식을 행한 후에 화장에 들어간다. 시체가 타는 모습을 바라보는 마음은 이상하리만큼 덤덤했다. 영혼이 빠져나간 시신은 나무토막과 다를 것이 없었다. 우리가 아름답게 보이려고 평생 가꾸고 신경 쓰던 몸뚱어리는 그렇게 한아름의 장작더미에 의해서 한 줌의 재로 돌아가는 것이다.

바라나시는 2500년 전 석가모니가 탄생하던 때나 지금이나 같은 모습인 것 같다. 룸비니 동산에서 왕자로 탄생한 석가모니는 어느 날 궁궐 밖으로 나갔다가 병으로 고통받고 죽어 가는 사람들을 보고 왕자의 자리도 포기하고 진리를 얻기 위해 고행길을 나서는데, 아마도 그때 부처님이 본 모습이 오늘날 바라나시의 모습과 크게 다르지 않으리라.

3월 5일 일기장에서

❶ 인도의 대표적 이슬람 건축물인 타지
   마할
❷ 인도 바라나시의 석양
❸ 중국 상하이 포동 강교 학교 공연
❹ 인도 타지마할 앞의 공새미 가족
❺ 중국 시안의 진시황 병마용
❻ 중국 낙양의 용문석굴
❼ 중국 용문석굴의 조각
❽ 중국 구이린의 절경
❾ 인도 델리 LG전자 공장에서의 공연

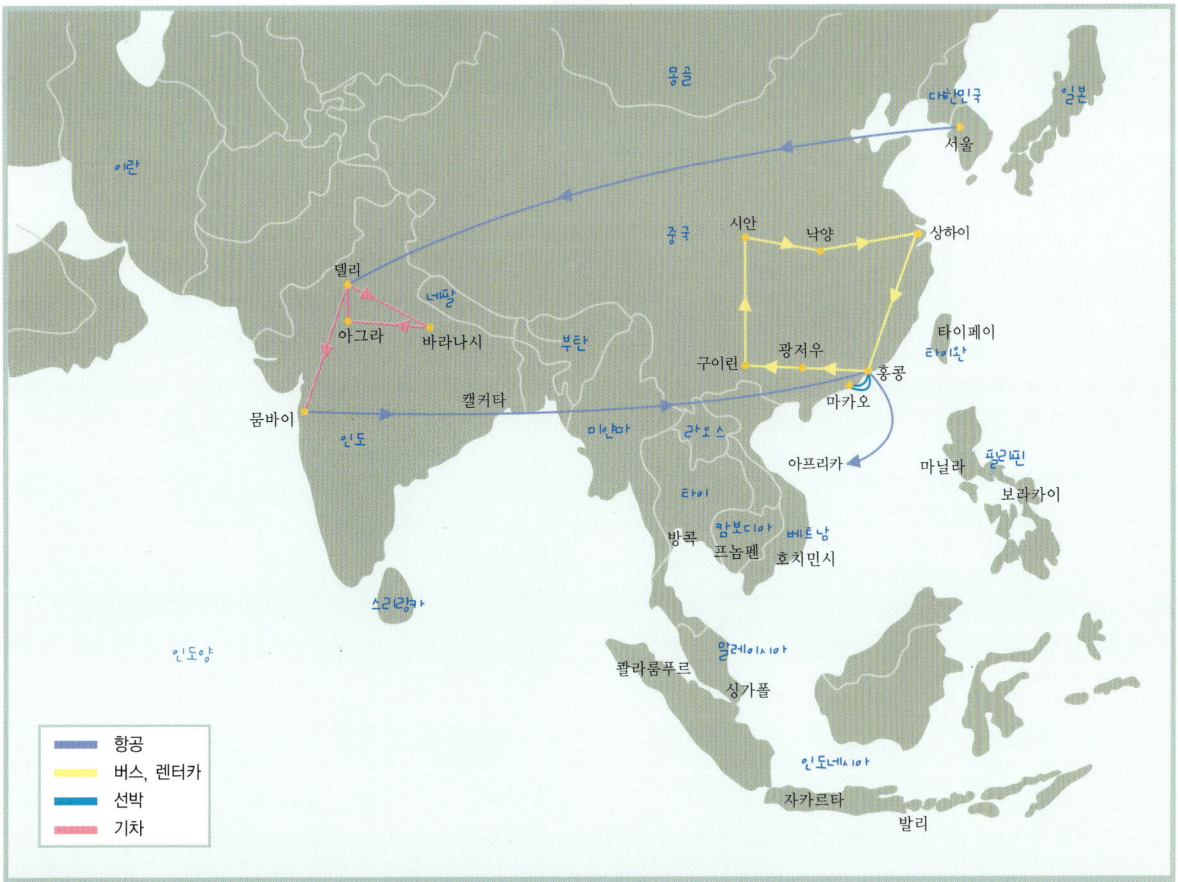

서울 → 델리 → 바라나시 → 아그라 → 델리 → 뭄바이 → 홍콩 → 마카오 → 홍콩 → 광저우 → 구이린 → 시안 → 낙양 → 상하이 → 홍콩

북치고 장구치며 떠난
공새미 가족의
세계여행

아프리카

AFRICA

당장 내일 어디로 가야할지도 정해지지 않는 상황이다. 오히려 이런 자유로움이 좋다. 무엇에도 묶이지 않고 그때그때의 상황에 따라 마음대로 스케줄을 조정해 나가는 여행. 이것이 지금까지 내가 꿈꾸던 여행이었다. 나는 지금 여행의 자유를 만끽하고 있다.
오늘 프란시스타운에서 바로 짐바브웨로 넘어가려던 스케줄을 변경해 프란시스타운에서 하룻밤 묵고 내일 다시 보츠와나의 북쪽으로 가서 그쪽에서 짐바브웨 국경을 넘기로 했다. 좋은 추억이 있는 보츠와나에서 조금이라도 오래 머물고 싶다.

프란시스타운은 광활한 사바나의 끝에 세워진 이름만큼이나 아담하고 조용한 도시이다. 관광지가 아니어서 호객꾼들이 없어서 좋다. 만나는 사람들에게 무엇을 물어보아도 친절하게 가르쳐 준다. 시내에서 멀리 떨어진 이곳은 밤이 되니 온갖 풀벌레 소리가 요란하다. 구름 한 점 없는 하늘에는 청명한 반달이 떠 있고, 별은 금방이라도 쏟아질 것 같다. 분위기 있는 바에서 쏟아져 내리는 별빛을 맞으며, 오랜만에 아내와 맥주를 한 잔했다. 주위에 있는 흑인들이 우리가 정말 아프리카의 한복판에 있다는 사실을 실감나게 한다. 흑인들과 이야기를 하며 사진을 찍었다.
아름다운 아프리카의 밤이 깊어 간다.

4월 29일 일기장에서

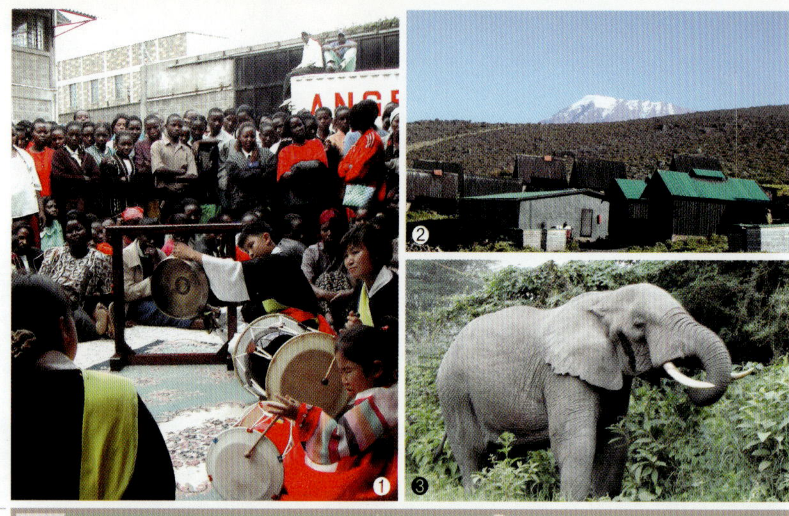

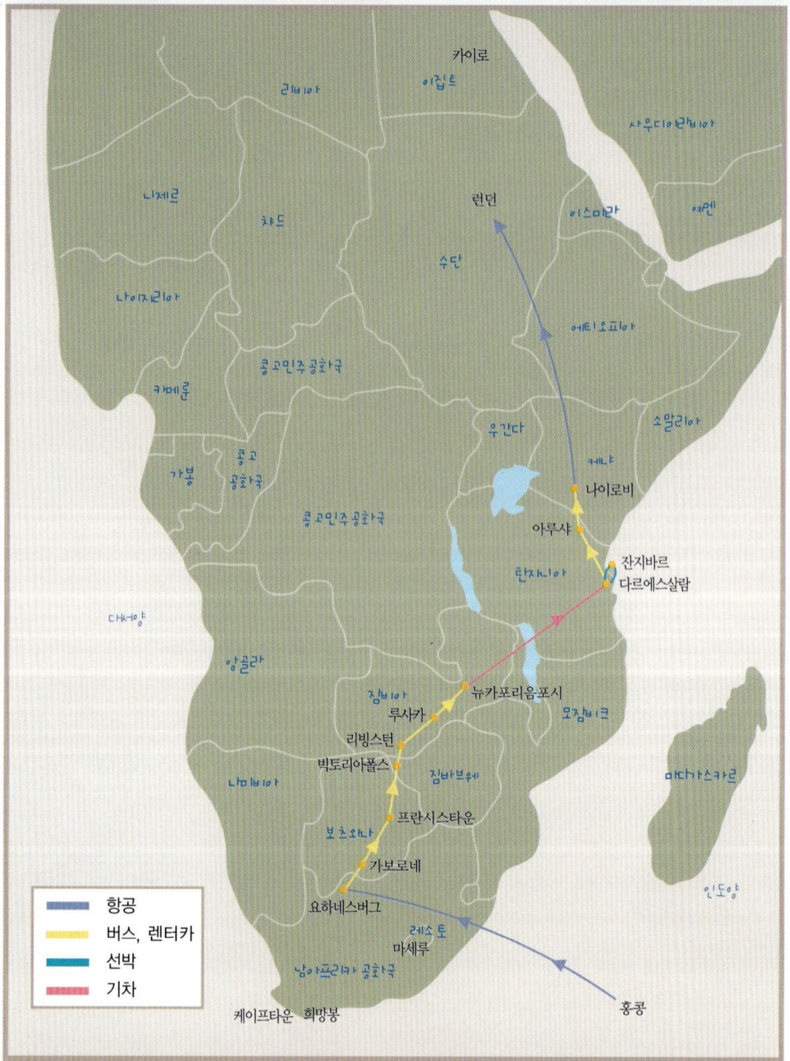

홍콩 → 요하네스버그 → 가보로네 → 프란시스타운 → 빅토리아폴스 → 리빙스턴 → 루사카 → 뉴카포리음포시 → 다르에스살람 → 잔지바르 → 다르에스살람 → 아루샤 → 나이로비

❶ 탄자니아 케냐 나이로비 공연
❷ 탄자니아 호롬보 산장에서 본 키보봉
❸ 탄자니아 응고롱고로의 코끼리
❹ 탄자니아 잔지바르의 해안
❺ 탄잔열차 주위에 몰려든 아이들
❻ 남아프리카 공화국 이민자 기념관
❼ 케냐 킬리만자로 정상 키보봉
❽ 아프리카 대륙 남부를 흐르는 잠베지 강의 석양
❾ 케냐의 나이로비 한일교민 체육대회 공연
❿ 잠비아와 짐바브웨 국경다리의 무지개
⓫ 짐바브웨 빅토리아 폴스의 거리 악사들과 함께

유럽

EUROPE

200여 년 전 나폴레옹 군과 유럽 제국 연합군의 마지막 격전지인 워털루를 찾았다.

반나절 동안에 수만 명이 목숨을 잃었다는 전쟁터는 너무나 평화롭다. 사자의 언덕 위에는 나폴레옹 군대의 대포를 녹여서 만들었다는 거대한 사자상이 하늘을 향해 포효하고 있다. 수백 계단을 올라가 사자의 언덕 위에서 바라다보는 전쟁터의 모습은 너무나 평화로워 보인다. 끝없이 펼쳐진 들판에 푸른 곡식들이 무성하게 자라고 있고, 그날의 참상을 떠올릴 만한 것은 아무것도 없다.

전쟁의 모습을 재현해 놓은 영상관, 원형 파노라마 관들도 그날의 참상이 아니라 전쟁 게임을 보여 주는 것 같다.

인간의 모든 상처는 시간이 지나면 잊혀진다. 전쟁에 관련된 사람들이 모두 세상을 떠나면 전쟁은 영웅만이 남고, 전쟁에 대한 아픈 기억은 사라지게 마련이다.

7월 22일 일기장에서

나이로비 → 런던 → 케임브리지 → 도버 → 칼레 → 루앙 → 오를레앙 → 보르도 → 바르셀로나 → 아비뇽 → 피사 → 로마 → 나폴리 → 소렌토 → 베네치아 → 취리히 → 루체른 → 알프스 → 프랑크푸르트 → 하이델베르크 → 로텐부르크 → 뮌헨 → 잘츠부르크 → 빈 → 프라하 → 라이프치히 → 포츠담 → 베를린 → 암스테르담 → 브뤼셀 → 워털루 → 파리 → 시제 → 파리 → 런던

❶ 영국 케임브리지 길거리 공연
❷ 네덜란드 잔센스칸스 마을의 풍차
❸ 그리스 아테네 파르테논 신전
❹ 런던 버킹검의 근위병
❺ 스페인 바르셀로나 람블라거리에서
　마임을 펼치는 예술가
❻ 영국 런던의 템즈강과 국회의사당
❼ 이탈리아 피사의 사탑
❽ 영국 런던 타워 브리지의 야경
❾ 프랑스 파리 몽마르뜨 언덕에서의 공연
❿ 벨기에 워털루 사자의 언덕

MIDDLE EAST

아야소피아 성당은 콘스탄티누스에 의해서 처음 지어졌는데, 현재의 건물은 6세기에 지어진 세 번째 건물이다. 내부는 화려하다기보다는 웅장하다는 표현이 적절하다. 밖에서 보는 것과는 또 다른 모습이다.

오스만 투르크 제국 시절에는 회교 사원으로 사용되면서 아름다운 모자이크가 있는 벽면을 회색으로 칠해 버렸다.

그러나 오히려 회벽을 칠한 것이 전화위복이 돼서 모자이크 보존 상태가 더 좋아진 것 같다. 전체적으로는 모자이크의 색이 많이 손상되어서 그을음을 탄 것처럼 거무튀튀했지만, 일부 남아있는 모자이크로 인해 천정과 벽은 아직도 아름다운 금색으로 빛난다. 처음의 화려함을 추측하기가 어렵지 않다.

특히 성모 마리아와 예수의 모습을 담은 성화는 소박하면서도 위엄이 있어 보인다. 지금까지 보아 왔던 어떤 성화보다도 가슴에 와 닿는다.

사진에 나와 있는 모자이크를 찾아서 거대한 건물의 구석구석을 찾아다니는 재미 또한 쏠쏠하다. 아이들도 만족했는지 가장 정직하게 입장료를 받는 곳이라고 추켜세운다. 아이들도 이제는 무조건 싼 것만을 찾지 않고 가격과 질을 같이 비교하는 능력이 생기는 것 같다.

9월 12일 일기장에서

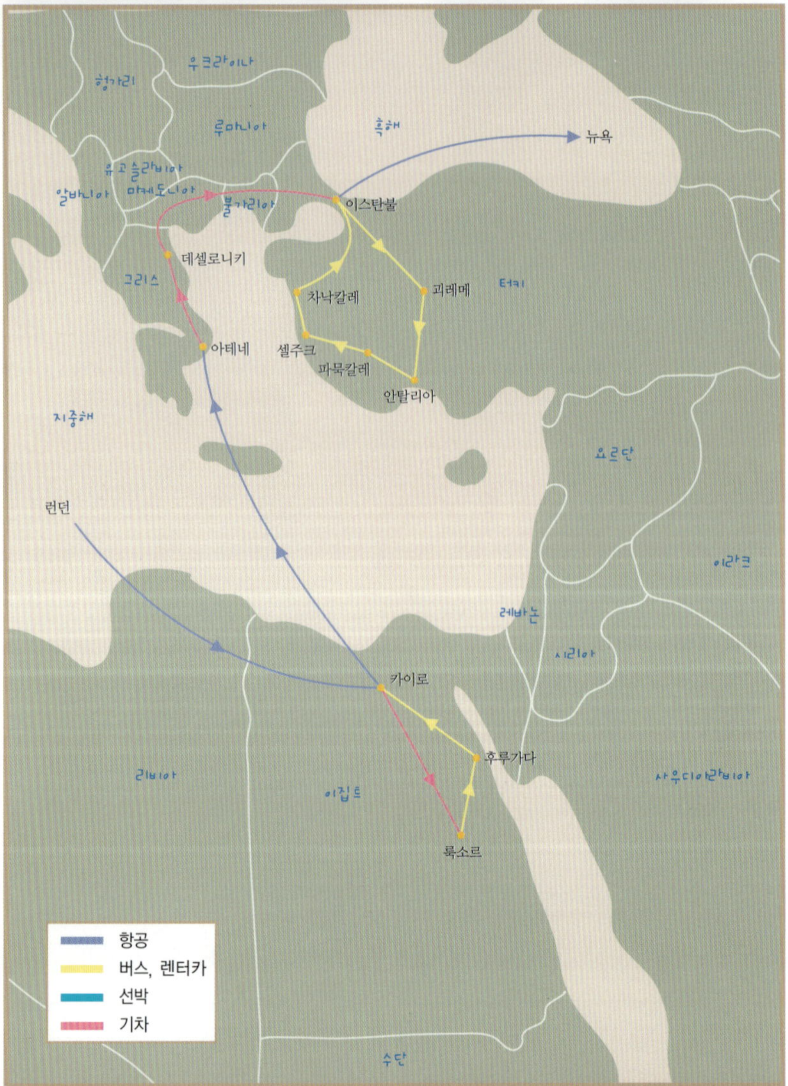

런던 → 카이로 → 룩소르 → 후루가다 → 카이로 → 아테네 → 데셀로니키 → 이스탄불 → 괴레메 → 안탈리아 → 파묵칼레 → 셀주크 → 차낙칼레 → 이스탄불

❶ 터키 괴레메의 낙타바위
❷ 이집트 피라미드의 석양
❸ 이집트 스핑크스와 피라미드 앞의 삼
　남매
❹ 터키 파묵칼레의 석회붕
❺ 터키 에페수 유적지의 로마시대 도서
　관 유적
❻ 이집트 룩소르의 맴논거상
❼ 터키 괴레메의 버섯바위
❽ 터키 에페수 유적지의 원형 경기장
❾ 터키 셀주크에서의 길거리 공연
❿ 터키 트로이 목마

북미

NORTH AMERICA

미국이나 유럽을 여행하면서 느낀 점은 역사는 유유히 흘러간다는 것과, 거대한 흐름의 한 부분에 내가, 우리가 존재하고 있다는 사실이다. 즉, 나는 역사의 한 부분에 지나지 않는다.

그렇기 때문에 나는 보잘것없는 존재고 아무렇게나 살아도 되는 것이 아니라, 유유히 흐르는 역사의 한 부분이기 때문에 역사에 대한 책임의식을 가지고 더욱 경건하고 성실하게 살아야겠다고 결심을 하게 된다.

우리는 과연 후세에 부끄럽지 않은 역사를 살고 있는가?

국회 의사당 내부는 그야말로 미국의 역사가 응축된 곳이다.

지름 30m 높이 60여 미터의 거대한 의사당 홀 내부에 들어서면 콜럼버스의 신대륙 발견에서부터 독립전쟁, 독립선언 등 현재에 이르기까지의 역사적 사건들에 대한 그림들이 의사당 내부 주위의 벽을 장식하고, 의사당 천장 정면에는 '워싱턴의 신격화'라는 그림이 장식하고 있다.

또한 미국 역사상 위대한 인물들의 동상도 주위를 둘러싸고 있다.

두 번째 홀에 들어서자 수많은 조각이 주위를 둘러싸고 있다. 미국 독립 당시 각 주에서 가장 훌륭한 시민 두 명씩을 추천받아서 그 시민들의 동상을 세웠는데 지금도 동상 밑에는 이름과 함께 당시 주 이름이 선명하게 새겨져 있다. 미국의 국회 의사당은 살아있는 역사의 교육장이었다.

10월 6일 일기장에서

❶ 뉴욕 자유의 여신상
❷ 올바니 뉴욕주 청사 앞
❸ 피츠버그 대학
❹ 워싱턴 국회의사당
❺ 맨해튼 중심가에서의 길거리 공연
❻ 캐나다에서 본 나이아가라 폭포
❼ 로스엔젤레스의 영화인 거리
❽ 뉴욕 맨해튼의 빌딩 숲
❾ 토론토에서 공연을 마치고

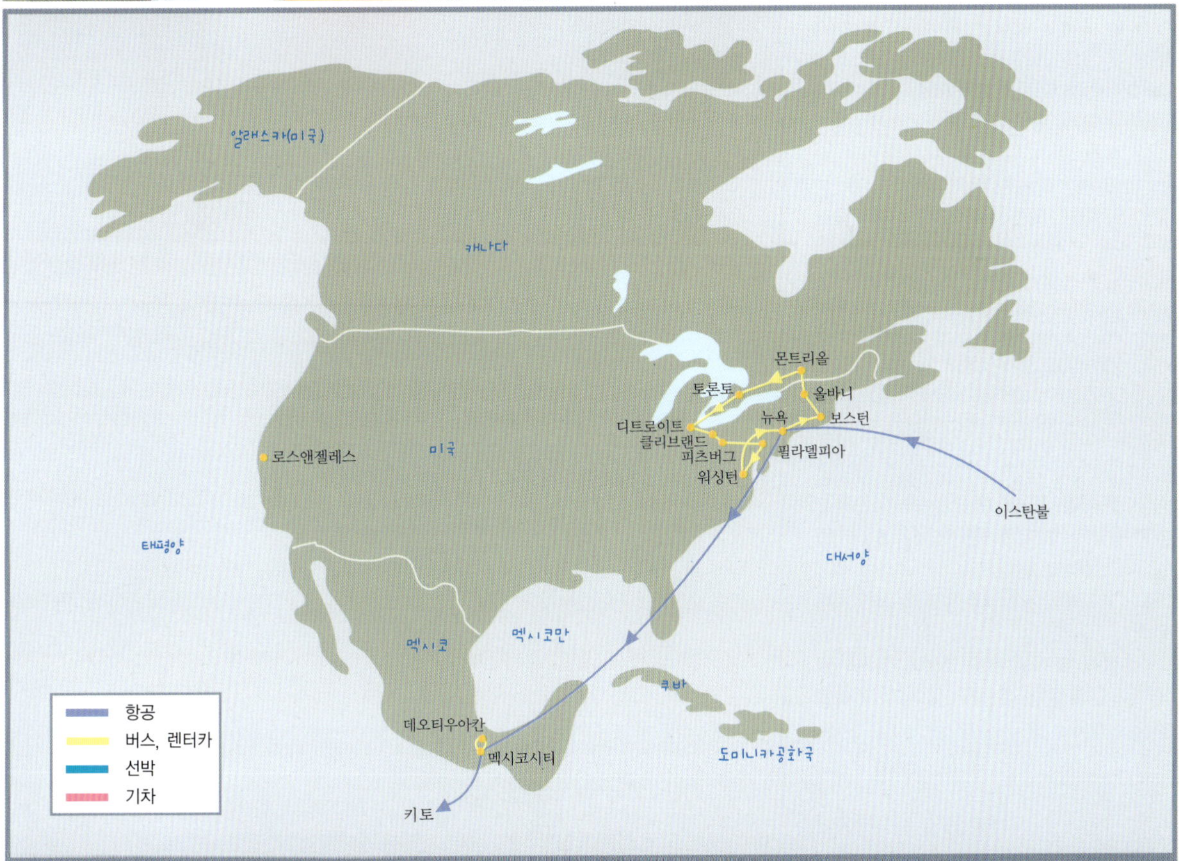

이스탄불 → 뉴욕 → 보스턴 → 올바니 → 몬트리올 → 토론토 → 디트로이트 → 클리브랜드 → 피츠버그 → 필라델피아 → 워싱턴 → 뉴욕 → 멕시코시티 → 테오티우아칸 → 멕시코시티

남미

SOUTH AMERICA

금방 돌을 쪼개다 놔두고 그들은 어디로 황급히 떠나갔을까?

쿠스코가 스페인군에게 점령됐다는 소식을 잉카 트레일을 달려온 전령을 통해서 들은 이곳 주민들은 비통한 마음으로 돌을 쪼개던 일손을 멈추고 모든 살림을 그대로 놓아둔 채 다시 올 기약을 하고 어디론가 떠났을 것이다.

노약자와 여자들만 남겨놓고, 잉카가 다시 일어설 날을 기다리며……

전망 좋은 곳에 앉아 멍하니 주인이 없는 잃어버린 도시를 내려다본다.

주인이 떠난 마을을 지금은 온갖 화려한 옷과 모자로 치장한 관광객들이 안방까지 무례하게 들어가 기웃거리고 있는 모습이 한눈에 들어온다.

과연 마추픽추에 살던 잉카인들은 어디로 갔을까?

아리랑 식당의 남 사장님의 말에 따르면 지금까지 가장 유력한 설은 남태평양의 폴리네시아의 어느 섬에 정착해서 잉카제국의 재기를 꿈꾸다가 하나 둘씩 사라졌다고 한다.

어느 고고학자가 직접 잉카의 배를 재현해서 태평양을 건너다 폴리네시아의 어느 섬에 도착했는데 그곳에 잉카인들의 돌 건축물과 유사한 형태의 유적을 발견하면서 이런 가설을 세웠다고 한다.

하지만 아직도 수수께끼로 남아있다.

11월 15일 일기장에서

멕시코시티 → 키토 → 로하 → 리마 → 아레키파 → 쿠스코 → 푸노 → 산페드로데 아타카마 → 산티아고 → 오소르노 → 푸에르토나탈레스 → 푼타아레나스 → 부에노스아이레스 → 리우데자네이루 → 상파울루

❶ 브라질 리우데자네이루의 예수상
❷ 페루 꼴까계곡 가는 길에 독수리와 함께
❸ 화려한 색상의 옷을 파는 원주민
❹ 칠레 산티아고 중앙광장에서의 공연
❺ 페루 꼴까계곡의 크루스델 콘도르 앞
　에서 옷을 파는 인디오들
❻ 페루 마추픽추와 한복을 입은 현정이
❼ 칠레의 파이네 국립공원의 비경
❽ 잉카의 수도, 붉은도시 페루의 쿠스코
❾ 페루 티티카카호수 원주민들의 운송수
　단인 토토로 배

오세아니아

OCEANIA

저녁식사를 한 후 복색으로 갈아 입고 사물 악기를 메고 7시경에 택시 두 대에 나누어 타고 오페라하우스로 향했다.
오늘 밤이 시드니의, 호주의, 세계일주의 마지막 밤이었다. 시드니에서는 어제 숙소에서 첫 번째 공연을 했지만 아무래도 아쉬운 느낌이 들었다. 그래서 세계일주의 마지막 밤에 마지막 공연을 시드니의 상징인 오페라하우스에서 길거리 공연을 하기 위해 나선 것이다.

저녁 햇살을 받은 오페라하우스는 희미하게 빛나고 있었다. 오페라하우스가 잘 보이는 곳에 자리를 잡고 설장고부터 시작했다.
한국인 관광객들과 현지인들이 조금씩 모여들기 시작했지만 이동하는 길목이라 대부분 스쳐 지나갈 뿐이다. 서큘러키로 옮겨서 공연을 다시 시작했다. 역시 예상대로 관객들이 순식간에 몰려들었다. 둘러섰던 한국인 관광객들이 '원더풀', '잘한다'를 외쳤고, 덩달아 외국인 관광객들도 흥이 나서 박수로 화답을 한다.
성공적인 세계일주 마지막 공연을 마치고 하버 브리지와 오페라하우스의 야경을 천천히 구경하며 세계일주의 마지막 밤을 아쉬워했다.

12월 26일 일기장에서

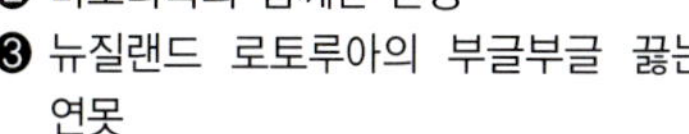

❶ 시드니의 상징인 하버브리지와 오페라하우스
❷ 마오리족과 함께한 현정
❸ 뉴질랜드 로토루아의 부글부글 끓는 연못
❹ 시드니의 달링하버 전경
❺ 시드니 서큘러키에서의 공연
❻ 세계 3대 미항 중 하나인 시드니 항구 전경
❼ 호주 블루마운틴 가는 길에 만난 캥거루와 함께
❽ 뉴질랜드 로토루아의 마오리족 공연
❾ 뉴질랜드 해밀턴 광장에서의 공연
❿ 호주 블루마운틴의 세자매봉

상파울루 → 오클랜드 → 로토루아 → 해밀턴 → 시드니 → 블루마운틴 → 시드니 → 홍콩 → 인천

누리고 있는 것을 포기하는 용기

여행만큼 훌륭한 교육은 없다고 한다. 여행을 통해서 자신의 정체성과 삶의 모습을 확인하고 새로운 삶에 대한 통찰력을 얻을 수 있기 때문일 것이다. 특히 가족이 함께하는 여행인 경우에는 이와 함께 가족애를 확인할 수 있기 때문에 금상첨화이다.

온 가족이 함께하는 세계일주는 누구나 꿈을 꾸지만 실현하기는 쉽지 않은 소중한 것이다. 특히 김영기씨와 같이 40대 중반, 한창 일해서 돈을 벌어야 할 나이에 다섯 명의 가족과 함께 1년 동안 세계일주를 한다는 것은 우리 현실에서 더욱 어려운 일이다. 더구나 단순한 배낭여행이 아니라 사물악기(장구, 북, 징, 꽹과리)를 들고 다니면서 세계 곳곳에서 우리나라의 풍물가락을 연주하며 세계인들과 함께했다니 놀라운 일이다.

이 공새미 가족의 세계일주 이야기가 궁금하던 차에 이번에 출간된 여행기를 보면서 조금이나마 그러한 결정을 내리게 된 배경을 이해하게 되었다.

필자인 김영기씨도 여느 직장인과 마찬가지로 급변하는 변화 속에서 살아남기 위해 몸부림치던 평범한 직장인이었다. 그러나 어릴 적부터 꿈꾸던 세계일주의 꿈을 이루기 위해 용기를 냈다. 아니, 세계일주를 위해 다른 많은 것을 포기하는 용기를 냈다는 말이 옳을 것이다.

새로운 것을 얻기 위해 도전하는 용기보다는 기존에 누리고 있는 것을 포기하는 용기가 더 힘들기 때문이다. 공새미 가족의 세계일주가 충동적인 결정에 의한 것이 아니라, 3년여에 걸친 치밀한 준비와 계획에 의해서 이루어졌다는 사실도 확인을 할 수 있었다.

　더욱 놀라운 일은 준비하는 과정에서 부터 온 가족이 분담하여 적극적으로 참여했다는 것이다. 이것만으로도 세계일주 여행의 절반은 성공한 것이다. 조직이든, 가정이든 구성원이 공통된 비전과 목표를 가지고 적극적으로 참여를 하면 실패할 확률이 크게 줄어들기 마련이다. '참여 없이는 헌신도 없다' 는 말처럼 계획 단계에서부터 적극적으로 참여한 아이들이기에 여행 중의 어려움도 쉽게 극복했으리라 짐작할 수 있다.

　여행 중에 겪었던 가족의 이야기도 흥미진진하다. 단지 외국 문화를 접하고 느끼는데 그치지 않고, 우리의 사물놀이를 연주하면서 10여 개월 동안 세계인들과 나누었던 감정, 그리고 가족이 여행하면서 나누었던 수많은 대화, 느낌, 갈등 등도 이 책에 고스란히 녹아 있다.

　이 책은 세계일주를 준비하는 사람들만을 위해서 쓰인 책이 아니다. 그보다는 여러 가지 사정에 의해서 꿈과 소중한 것을 잊고 살았던 많은 사람에게 그것들을 이루기 위해서는 어떤 결단이 필요한지, 어떤 것을 희생해야 하는지에 대한 단순한 진리를 일깨워 주는 책이다.

　꿈에 마감시간을 정하면 목표가 된다고 한다. 모쪼록 이 책이 많은 사람에게 읽혀져서, 꿈과 소중한 것이 목표로 전환되고 그 목표를 이룰 수 있는 에너지를 얻게 되기를 바란다.

한국리더십센터 대표 김경섭

추천사 2 　당신을 위해서 준비된 것들

공새미 가족의 여행기가 출간된다는 소식에 마음이 설렙니다.

공새미 가족의 아름다운 여행과 삶의 이야기가 별난 이야기가 아닌 우리 곁에 늘 있는 이야기가 되었으면 싶습니다. 여행을 준비하는 공새미 가족에게 했던 말을 독자들께도 전해 드리고 싶습니다.

> "
> 조금도 두려워하지 마세요.
> 그곳에는 당신을 위해서 준비하고 기다리는 것들이 있습니다.
> "

구로구 부구청장 이성

추천사 3 　세계에 전한 사랑과 희망의 메시지

공새미 가족의 아빠인 김영기씨가 세계일주를 한다고 사표를 제출했을 때, 처음에는 반신반의하면서 사직을 말렸다. 그러나 세계일주에 대한 열정과 강한 의지를 알고는 결국은 허락할 수밖에 없었다.

공새미 가족의 세계일주 여행은 부모가 세 자녀에게 물려준 더할 나위 없는 훌륭한 유산이다.

세상에 전한 이 가족의 사랑과 희망의 메시지가 이 책을 통해 우리 사회에도 전해지기를 기대해 본다.

LG히다찌 사장 이기동

우리 가족의 세계일주가 드디어 끝났다. 우리 가족은 세 번에 걸쳐 세계일주를 한 셈이다. 떠나기 전, 가족 각자가 맡은 대륙에 대한 정보를 수집, 정리, 발표한 것이 첫 번째 세계일주이고, 배낭과 사물놀이 악기를 메고 세계 곳곳을 누비며 적당한 자리가 있으면 눌러 앉아 풍물 굿판을 벌렸던 것이 그 두 번째, 세 번째는 바로 이 책을 내기 위해 온 가족이 함께 정리를 하는 과정에서 이루어졌다.

어린 시절 아버지에게서 들었던 세계 여러 나라에 대한 호기심에서 비롯된 나의 세계일주의 꿈은 세 자녀의 아빠가 된 40대 중반이 되어서야 비로소 이루어지게 되었다.

마음속에만 가지고 있던 계획을 가족회의 시간에 조심스럽게 꺼냈을 때, 아이들이 당황해 하던 모습이 지금도 눈앞에 선하다.

세계일주를 다녀와서 친구들보다 1년 뒤쳐진다는 사실이 아이들을 당황하게 했을 것이다. 그러나 준비단계에서부터 가족 모두가 적극적으로 참여 하면서 우리 마음은 이미 세계를 누비고 있었고, 그 신나는 상상(想像)은 1년 뒤쳐지는 것을 사소한 것으로 만들어 버렸다.

2004년 2월 28일, 우리 가족은 사랑과 희망의 메시지와 자유에 대한 열망을 안고 1년간의 세계일주 장정에 올랐다. 1인당 20kg정도 분량의 짐을 지고 버스를 타기 위해 낯선 도시에서 이리 뛰고 저리 뛰면서 몸은 녹초가 됐지만 마음만은 한없이 자유로웠다. 세계를 누빈 시간은 내가 그렇게도 꿈꾸던 단순한 생활(Simple Life)이었다.

하지만 가족 간에는 갈등의 연속이었다. 하루 24시간, 300일 이상을 온 가족이 항상 함께 생활한다는 것은 큰 도전이었다. 예전에 보이지 않았던 가족 구성원들의 약점은 더욱 두드러져 보였고, 항상 긴장된 상태는 인내의 여유를 빼앗아 갔다. 그러나 그런 갈등을 겪으면서 우리는 서로를 더 많이 알게 되었고, 더 가까워졌다.

여행에 목말랐던 나는 가능한 많은 여행지를 찾아다니기를 원했고, 가족의 의·식·주를 책임졌던 아내는 좀 더 천천히 움직이고, 가능한한 공연을 많이 하길 원했다. 이런 갈등이 생길 때마다 우리는 우리 여행의 근본적인 목적

을 되새겨 보곤 했는데, 해답은 항상 간단한 데에 있었다. 여행은 우리의 삶과 마찬가지로 수단과 목적이 종종 뒤 바뀌는 경우가 많기 때문이다.

여행이 막바지에 이르렀을 때 지구의 반대편인 남미 아르헨티나에서 들은 아버지의 교통사고와 뇌수술에 따른 기억상실 소식은 우리 가족을 정신적인 공황 상태로 빠뜨렸고, 여행의 즐거움을 송두리째 빼앗아 갔다. 우리의 여행이 더 이상 무의미하게 느껴졌다. 그러나 그대로 여행을 끝낼 수는 없었다. 온 가족이 다시 힘을 모아 용기를 냈고, 여행 종료 일정을 1개월 앞당겼지만 마지막까지 여행에 최선을 다했다.

배낭과 함께 사물놀이 악기를 메고 다닌 것은 여러 가지로 우리를 힘들게 했지만, 역으로 우리는 세계의 길거리에서 사물놀이 공연을 하면서 여행을 계속할 수 있는 힘을 얻었다. 우리는 사물놀이 공연을 통해 더 많은 세계인들을 만날 수 있었고, 그들과 대화로 나눌 수 있는 감정 이상의 것을 나눌 수 있었다. 지금도 우리의 공연 사진 속에 있는 그들을 보고 있노라면 우리에게 불쑥 다가와 말을 걸 것 같은 착각을 한다. 아마도 사물놀이가 없었다면 우리의 여행이 훨씬 지루하고 건조했을 것이다.

막내 현정이 역시 어린 나이 때문에 나머지 가족을 가끔 힘들게 했지만, 현정이야 말로 우리 여행을 더욱 즐겁게 해준 일등 공신이었다. 세계 어느 곳에 가든 세계인들의 귀여움을 독차지했고 아름다운 한국 동요를 세계인들에게 선물했다.

이 책은 여행 기간 중 꾸준히 기록한 나의 일기와 아내의 스케치, 민수가 촬영한 사진, 그리고 민정이가 촬영한 캠코더 영상을 토대로 만들어졌다. 이 모든 것이 우리 가족에게는 더 없이 소중한 기록들이다. 이 기록이 우리 가족이 세계에서 나누고 얻었던 많은 것들을 나누는 창이 되길 바란다.

2006년 봄이 오는 길목에 공새미 아빠 김영기

감사의 글 ## 마음으로 함께 여행해 주신 분들께

우리가 세계일주를 무사히 끝마칠 수 있었던 것은 전적으로 외국에서 만난 수많은 분들의 도움 덕분입니다.

첫 여행지 인도 델리의 로얄 게스트하우스 서용혁 부장님, LG전자 인도지사의 김광로 부사장님, 이지운 부장님, 델리대 하용재 학생회장님, 중국 상하이의 오영희 선생님, 이흥훈 원장님, 중국인 친구 왕수왕, 리우쨔이쑹, 홍콩 모니카모텔 최광자 사장님, 남아공 요하네스버그 한인학교 황재길 교장선생님, 보츠와나 한글학교 허은영 교장선생님과 교민들, 백철진 한인회장님, 용준, 용건, 잠비아에서 만나 도움을 준 빌리, 세렝게티와 킬리만자로를 함께 동행한 케나다인 메리와 존슨, 우리 가족의 친구 탄자니아의 요리사 존 식구, 케냐 한국대사관의 이석조 대사님, 손영민 행정관님과 식구들, 이기진 한인회장님, 최영철 사장님, 영국 런던의 PHOENIX 레스토랑 김 사장님 가족과 직원분들, 스페인 바르셀로나에서 고향의 정을 느끼게 해 준 김부향 한인회장님과 식구들, 독일 프랑크푸르트의 김계현씨와 김연자씨, 혜성, 혜린, 베를린 간호요원회, 프랑스 파리의 모철민 문화원장님, 윤영신 선생님과 딸 예지, 내안에 협회 전종훈 회장님과 회원들, 재불청년작가회 박영옥 회장님과 회원들, 스위스 취리히의 이준배 한인회장님과 가족들, 터키 괴레메의 바람아저씨 아흐멧, 셀주크의 바림팬션 가족들, 터키에서 만난 일본인 배낭여행객 사사끼, 고스케, 유이치로, 케스케씨, 미국 뉴욕의 김광식 플러싱한인회장님, 유병안씨, 뉴욕 재향군인회 최종우 회장님, 올바니의 황욱진 박사님, 김재용 교수님, 토론토의 장시창 사장님, 토론토 노인회 어르신들, 멕시코시티의 박용만 선생님과 식구들, 오운용 영사님, 민병진 공사님, 문장호 박사님, 한인후손회 여러분들, 에콰도르 대사님, 최진철 영사님, 박효원씨, 페루 리마의 홍순민 사장님과 식구들, 박태칠 한인회장님, 이은혜 선생님, 페루한국학교 교장선생님, 쿠스코의 아리랑식당 남승학 사장님, 칠레의 노야곱 신부님, 이순덕 교민회장님, 김명기 사장님, 조은정 어머님, 브라질 카사블랑카의 문경열 목사님, 뉴질랜드 오클랜드의 김창섭 사장님과 식구들, 계춘숙 한글 학교 교장선생님, 해밀턴의 한순탁 사장님, 고정미 한글학교 교장선생님과 선생님들, 이 외에도 도움을 주신 교민들께 진심으로 감사의 마음을 전합니다.

또한 외국뿐만 아니라 국내에 계신 분들의 도움도 컸습니다. 우리가 여행을 무사히 마칠 수 있도록 늘 기도해주신 부모님과 장모님, 집안의 큰 아들인 내가 가족을 이끌고 안심하고 여행을 떠날 수 있도록 배려해 준 숙희 누님과 동생 홍범, 홍철, 문희, 경범이와 친족 어르신들 그리고 정배, 대준, 영식 형님께 감사드립니다.

또한 여행기간 동안 한국에서 창구 역할을 하며, 온갖 필요한 물품들을 사서 우리에게 부쳐주고 여행 중 소포로 부친 물건들을 받아서 챙겨준, 지금은 우리의 매니저 역할까지 톡톡히 해 주고 있는 처남 강성룡에게도 감사드립니다.

이 모든 분들의 도움이 없었더라면 우리의 여행은 불가능했을 것입니다.

여행하는 동안 우리 공새미 홈페이지에 올라오는 지인들과 네티즌들의 글을 보면서 우리 여행이 우리 가족만의 여행이 아니라는 것을 느꼈습니다. 우리의 여행에 동참하면서 가이드를 해 주시고, 우리들에게 용기와 격려를 주신 모든 분들께 진심으로 감사드립니다.

특별히 여행에 도움을 주신 김기연 PD, 구현정 KBS VJ, 황선미 KBS 작가, 차승민씨, 아내의 은사님이시고 매주 빠지지 않고 홈페이지를 방문해서 우리에게 격려의 글을 올려 주신 김은자 교수님, 한옥희씨, 신평석씨, 도성아씨, 김순미씨, 최홍경씨, 나의 학교 동창들, 그리고 세계일주 전까지 내가 몸담았던 LG히다찌의 이기동 사장님과 모든 임직원분들, 아내의 절친한 친구인 조성윤씨에게 감사의 마음을 전합니다.

마지막으로 우리 가족의 세계일주 여행기 출판을 선뜻 허락해 주신 혜지원 출판사의 박정모 사장님과 유정식 실장님과 브라질에 있는 박영진씨께 깊이 감사드립니다.

세계일주의 꿈을 심어 주었고,
지금은 잃어버린 옛 기억의 파편들을 힘겹게 맞추고 계신
아버님께 이 책을 바칩니다.

첫째 마당

공새미 가족의 세계일주, 그 도전과 준비

01_갈등과 결심

02_세계를 향한 출발 준비

06_형제의 나라, 터키

07_신대륙! 미국과 캐나다

08_태양의 나라, 멕시코

여행을 다녀온 후에

01_여행지 생활 정보

02_잃은 것과 얻은 것

공새미 가족의 세계일주,
그 도전과 준비

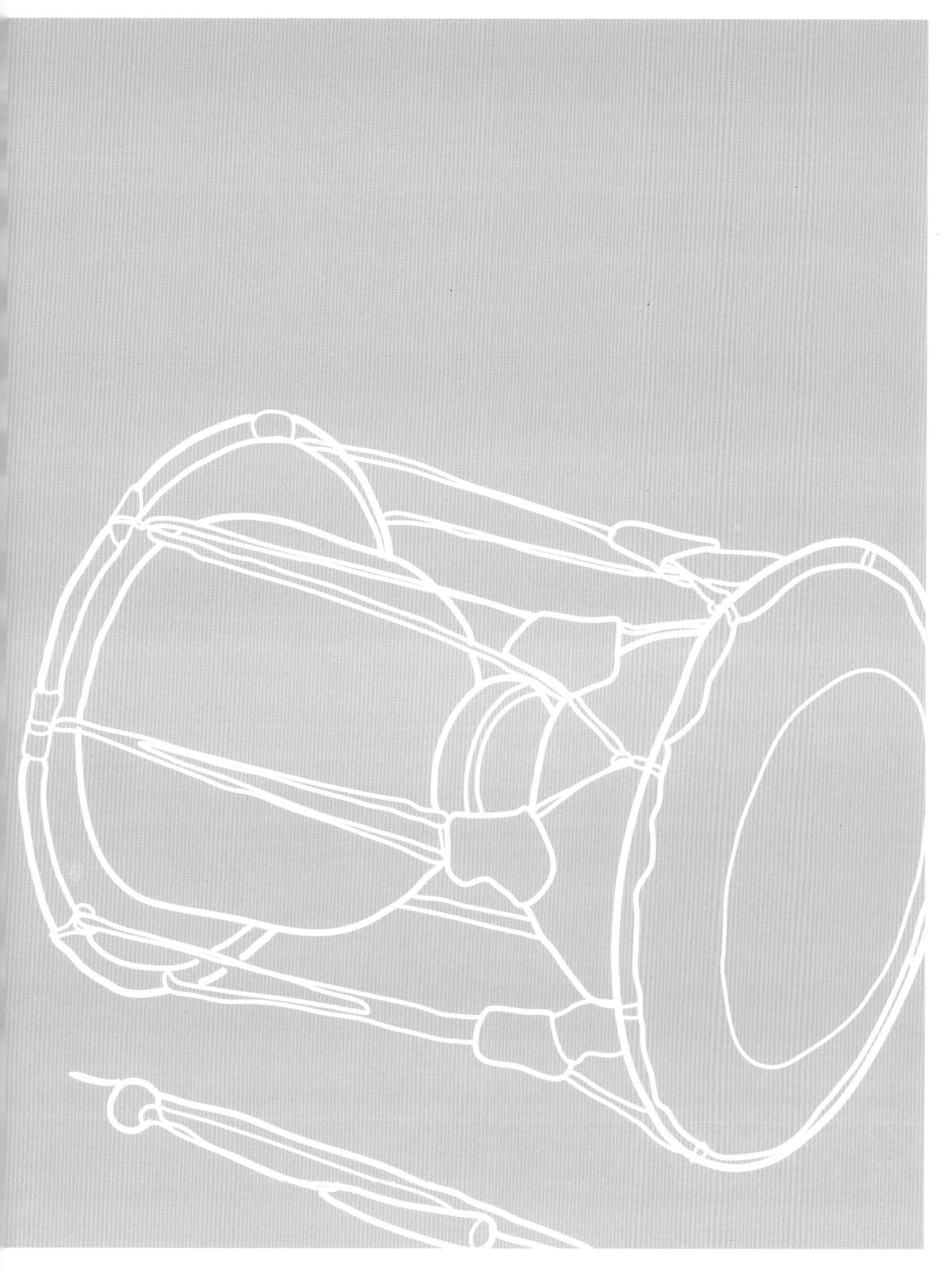

갈등과 결심

01_Conflict through the decision

잃어버린 꿈을 찾아서

지금으로부터 약 7년 전, 내가 정확히 40살이 되는 1999년 1월 1일 아침, 혼자서 북한산을 오르고 있었다. 그 당시 나는 혼자 등산하는 것을 좋아해서 거의 매주 일요일에 산을 오르곤 했다. 누구의 간섭도 받지 않는 혼자만의 절대적인 자유 시간은 긴장과 스트레스의 연속이었던 일상에서 여유와 활력을 찾는 유일한 탈출구였다. 그러나 마흔 살이 되던 해의 아침은 달랐다. 40이라는 나이가 주는 의미 때문인지, 자연스럽게 지금까지 살아온 지나간 날들이 주마등처럼 머릿속을 스치고 지나갔다.

나는 1960년 8월 14일 제주에서 이상주의적인 아버지와 현실주의적인 어머니 사이에서 태어났다. 이상주의적인 아버지의 성향은 나를 거쳐서 아들 민수에게까지 대물림이 된 것 같다. 위로 누나가 한 분 있고, 밑에 동생이 4명, 총 4남 2녀 중 장남이다. 내 위에 두 명의 아들이 더 있었는데 모두 어릴 때 사망했다.

부모님은 먼저 두 자녀를 잃었던 경험 때문인지 우리 형제들을 위험에 노출시키지 않기 위해 무척 신경을 쓰셨다. 그래서 나는 어린 시절에 모험다운 모험을 한번 제대로 하지 못하고 자랐다.

아버지는 일제 말기인 1929년에 태어나셨는데, 당시 대부분의 사람들이 그랬듯이 초등교육도 제대로 받지 못하셨다. 청년 시절에는 제주 4.3항쟁과 6.25동란에 참전하여 여러 번 죽을 고비를 넘기셨는데, 6.25동란 참전 중 부상을 당해서 군 야전병원에 입원해 있을 때 엄청난 양의 독서를 하셨다.

동·서양의 역사, 지리, 위인전, 문학, 철학서 등 무슨 책이든 가리지 않고 야전병원에 있는 책을 모조리 섭렵하셨다고 한다. 이러한 독서 습관은 군에서 제대한 후 고향에 내려와 농사를 지으면서도 계속되었고, 아버지의 평생 습관이 되었다.

우리 형제들은 어릴 적부터 밭에서 돌아오신 아버지가 밤 늦게까지 호롱불을 켜고 책 읽는 모습을 보며 자랐고, 가끔은 아버지에게 큰 소리로 책을 읽어 달라고 조르기도 했다. 겨울의 긴긴밤에 읽어 주셨던 위인전 '칭기즈칸'은 아직까지도 기억에 뚜렷이 남아 있다.

우리 형제는 이불 속에 발을 쏙 집어넣고, 눈을 동그랗게 뜨고 아버지의 입을 쳐다본다. 몽고 초원에서 벌어지는 아슬아슬한 싸움 장면이 마치 우리 마을의 넓은 공터에서 일어나는 것처럼 생생하게 느껴진다. 칭기즈칸 '테무친'이 몇 번의 죽을 고비를 넘길 때마다 우리 형제들은 숨을 죽이고 마음속으로 살려 달라고 애원했다. 늦은 밤, 항상 아쉬움 속에 책을 덮어야 했고, 다음날에는 다음 내용이 너무나 궁금해서 저녁을 먹자마자 아버지에게 읽어달라고 조르곤 했다.

아버지는 그동안 읽으셨던 책의 내용을 우리 형제들을 모아놓고 재미있게 들려 주셨다. 우리 형제뿐만 아니라 마을의 어린이들을 모아놓고 이야기를 해 주시기도 했다. 아버지는 이야기하는 데에 소질이 있었고, 이야기 하는 것을 무척 좋아하셨다.

또 그렇게 이야기 하시면서 당신이 책에서 읽었던 내용을 확실하게 기억하는 계기가 됐던 것 같다. 그 덕분인지 아버지의 기억력은 놀라웠다. 우리나라 삼국시대부터 조선 시대까지의 왕의 이름을 줄줄 외울 뿐 아니라 정사(正史)와 야사(野史)도 모르시는 것이 없었다.

이런 아버지였는데 우리가 남미를 여행하고 있을 때, 고향에서 사륜 오토바이를 타고 어머니와 함께 시장에 다녀오시다가 오토바이가 전복되는 사고를 당하셨다. 이로 인해 뇌출혈로 수술을 받으셔서 그동안 알고 있던 모든 지식이 송두리째 사라져 버렸다. 하나 위안이 되는 것은 내가 세계일주를 떠나기 전에 아버지의 평생소원이었던 자서전, 우리 조상이야기, 우리 마을 이야기 책 3권을 출간하였던 것이다.

만약 그때 더 미루었더라면 아버지의 머릿속에 있는 내용은 영원히 사라져 버렸을 것이다. 여행지에서 아버지의 사고 소식을 듣고 우리 가족은 충격 때문에 여행을 계속할 수 없었고 결국 일정을 앞당겨 돌아올 수밖에 없었다. 이제 새롭게 '1, 2, 3'과 '가, 나, 다'를 열심히 공부하시는 아버지를 보면 숙연해 진다.

아마도 내가 세계일주를 어렴풋이나마 꿈꾸게 된 것은 이때부터인 것 같다. 아버지로부터 세계 여러 나라의 재미있는 이야기를 들으며 나는 상상 속에서 런던과 파리의 거리를 거닐었고, 그곳에 사는 사람들의 모습들도 떠올려 보았다. 내가 크면 꼭 한 번 가서 세계를 내 눈으로 직접 확인해 보고 싶었다.

초등학교에 입학하고 나서도 세계를 향한 나의 상상과 호기심은 더욱 커져 갔다. 초등학교 고학년이 되고 사회 시간에 세계의 여러 나라가 소개되면서 나의 호기심은 극에 달하게 되었다. 당연히 사회는 가장 흥미 있는 과목이 되었고, 어린 나이였으나 그때부터 세계지도를 뚫어지게 보면서 상상의 나래를 펼치곤 했다.

중학교 때에는 시간이 나면 세계 지도를 그렸다. 커다란 종이에 경도와 위도를 표시해 놓고 그렸는데, 몇 번 세계지도를 그려 보면서 나라의 이름들이나 중요한 도시들은 어느덧 익숙해지게 되었다. 그러나 세계일주에 대한 환상은 중학교를 끝으로 사라져 버렸다.

고등학교에 들어가면서 대학 입시 때문에 겨를이 없었던 탓도 있지만, 자라면서 좀 더 현실적으로 변해갔다는 것이 옳은 말일 것이다.

옛 기억들을 즐겁게 떠올리면서 걷는 사이에 몸은 어느덧 백운대 밑에 있었다. 새해 첫날을 백운대에서 맞으려는 인파로 수백 미터의 긴 줄이 이어져 있었다. 30여 분 줄을 서서 기다렸지만 줄이 전혀 줄어들 기미를 보이지 않자 백운대 등반을 포기하고 갔던 길을 되돌아서 내려오기 시작했다. 어렸을 적 기억은 다시 꼬리를 물었다.

고등학교와 대학 생활은 평범했다. 고등학교까지 제주에 있으면서 부모님의 간섭을 받다가 대학생이 되면서 해방된 기쁨에 잠시 술과 친하게 지내는 방탕한(?) 생활을 하기도 했지만 그것도 1년, 잠깐이었다. 5.18광주 항쟁 등으로 수업도 제대로 받지 못했고, 어수선한 분위기 속에 군에 입대를 했고, 제대 후에는 오직 취직을 위한 준비에만 열중했다. 대학을 졸업하고, LG에 입사를 하고, 결혼을 하고, 첫아이를 낳고……. 회사에 입사한 지 거의 15년이라는 세월이 흘렀지만 별로 기억에 남는 일이 없다. 아마도 틀에 박힌 생활의 연속이었기 때문이리라.

IMF 때 우리 회사도 금융사고 때문에 퇴출 위기를 맞았었다. 합병과 분할을 거치면서 나와 우리 팀원들은 장래를 걱정하며, 나름대로 대책을 마련하기 위해 밤늦게까지 토론하며, 다짐을 했던 기억이 새롭다.

이 사건 후부터 그 어떤 조직도 나의 장래를 보장해 줄 수 없다는 당연한 진리에 눈을 뜨게 된다. 평생직장이라는 말의 허구성을 몸으로 체험했고, 오직 나만이 나를 책임질 수 있다는 신념을 갖게 되었다.

다시 몸은 현실로 돌아와 있었다. 도선사를 지나 우이동으로 내려오면서 '앞으로 어떻게 살아야 하나?' 라는 고민을 하기 시작했다. 그렇다고 지난 세월이 문제투성이의 삶은 아니었다. 주위 사람들로부터 기술자로서 한 영역의 전문가라는 소리도 들었고, 집도 하나 마련했고, 가정에도 별다른 문제가 없었다.

오히려 몇 년 전에 태어난 막내의 재롱 때문에 요즘은 가정의 재미에 푹 빠져 있었다. 누가 봐도 행복한 삶의 조건을 대부분 갖추고 있는 아주 평범한 삶이었다. 겉으로 보기에는 아무 문제도 없어 보였지만 문제는 나의 내면에 있었다. 인생의 절반을 지나는 시점에서 마음 한구석이 너무나 허전했다.

'왜일까? 어디서부터 잘못 된 것일까?'

앞으로는 어떻게 살 것인지 명확하게 정할 수는 없었지만 지금 상태
로 계속 살아간다는 것은 생각하기도 싫었다. 이렇게 살아가다가 맞는
결과는 충분히 예상할 수 있었다. 물질적 풍요를 어느 정도 이루고 육
체적으로 편한 삶이 될지는 모르나, 먼 훗날 인생을 정리할 때 나 자신
에게 결코 만족스럽게 살았다고 이야기할 수가 없을 것 같았다.

꿈이 없는 삶이었다. 목표가 없는 삶이었다. 사회적 각본에 의해 움
직이는 진정한 내가 아닌 다른 사람의 인생처럼 느껴졌다.

'내 꿈에 어떤 것이 있었을까?'

그때 기억의 저편에서 세계일주에 대한 꿈이 어렴풋이 고개를 내밀
고 있는 것이 보였다. 아득히 먼 기억 속에서만 존재하고 있던……

세계일주! 가슴이 뛰었다. 한번 뛰기 시작한 가슴은 걷잡을 수 없이
불타올랐다. 그렇다. 나에게는 세계일주라는 꿈이 있었다. 지금은 많
이 희석되기는 했지만…….

그 꿈의 불씨를 다시 지필 수 있을까?

아니, 과연 이룰 수 있는 꿈일까?

꿈과 현실과의 갈등

어디 우리 사는 일상이 그렇게 호락호락한가? 1월 1일 산행 후 잠시
의식 속으로 들어왔던 세계일주의 꿈은 여러 가지의 일들에 밀려 다시
기억의 한구석으로 물러나 있었다. 그러나 언제든지 쉽게 튀어나올 수
있는 위치에 있었다는 것은 한 신문기사를 읽는 순간 바로 확인되었다.

'공무원인 40대 가장,
전세금 빼고 다섯 가족 세계일주!'

신문기사의 제목을 보는 순간 온몸이 전율하는 것을 느꼈다. 그것도 한국이 아닌 일본 출장중에, 동경의 지하철 선반 위에 있던 한글 신문을 반갑게 읽던 중에 본 기사였기에 그 충격은 더욱 컸다.

호텔로 신문을 가지고 와서 몇 번을 더 읽었다. 흥분된 마음에 잠을 이룰 수가 없었다. 이 신문기사의 주인공이 바로 이성(현재 구로구 부구청장) 선생님인데, 우리가 세계일주를 계획하는 단계에서부터 떠나기 바로 전날까지 우리에게 여러 가지 조언과 격려를 아끼지 않으셨다. 우리 가족의 세계일주에 가장 든든한 정신적 후원자였다.

이제 가능성은 확인했다. 우리 가족도 철저하게 준비한다면 충분히 가능할 것이다. 그러나 세계일주는 아직까지도 꿈에 불과했다. 가장 중요한 숙제인 '세계일주를 언제 떠나느냐'는 바로 내가 다니던 회사의 퇴직을 의미하고, 회사의 퇴직은 앞으로 무엇을 하면서 살아가야 할지와 바로 연결되기 때문에 결코 쉽게 결정내릴 문제가 아니었다. 어떻게 살아갈 것인가도 중요하지만 무엇을 하면서 살아갈 것인가도 중요한 문제였다.

물론 회사에 계속 다닌다고 앞날이 보장되는 것은 아니지만 당장 대책도 없이 회사를 그만두고 세계일주를 떠난다는 것이 선뜻 결단할 수 있는 일이 아니지 않은가? 또 다시 의도적으로 세계일주의 꿈을 기억의 한구석에 몰아넣어야 했다.

2000년 괌으로 떠난 여름휴가는 세계일주 예행연습의 성격을 띠고 있었다. 물론 나 혼자만의 생각이었지만…….

나는 이때까지도 가족 누구에게도 세계일주의 꿈에 대한 이야기를 꺼내지 않았다. 아내에게 가끔 농담 반 진담 반으로 우리도 언젠가 세계일주를 한번 하자는 정도만 이야기했을 뿐, 퇴직 문제를 어떤 방식으로든지 해결하지 않고는 세계일주에 대한 이야기를 꺼낼 수가 없었다.

회사에서 제공하는 콘도 이용권이 있어서 왕복 항공료만 부담을 했고 4박 5일의 일정으로 떠났는데, 현지에서 3일간 렌트를 해서 섬 구석구석을 돌아 다녔다. 내가 제주도 출신이라 괌 풍경이 그렇게 썩 훌류하게 느껴지지는 않았지만 낯선 이국땅, 그것도 사방이 바다로 둘러쌓인 섬에서 외부의 아무런 간섭 없이 우리 가족만이 있다는 것은 신선한 충격이었다. 우리만의 자유가 주어졌다는 것이 마음을 한없이 자유롭게 했다. 괌에서 보낸 5일은 꿈같은 시간들이었다. 석양녘에 원주민의 불고기파티에 합류하여 온갖 종류의 불고기를 맛보고 캔 맥주를 얻어먹었고, 이름도 없는 해변을 누비며 해수욕을 즐겼다. 물안경을 쓰고 바닷속으로 눈을 돌리면 화려한 색상의 열대 물고기와 만남을 가질 수 있었다.

"아빠! 이곳에 오니까 왜 서울에서 있었던 일이 하나도 생각이 안 나지? 방학 숙제도 아무것도 생각이 안 나~!"

괌 여행 3일째 되는 날 민수가 했던 말인데, 얼마나 열심히 순간을 즐겼는지 알 수 있었다. 이 말을 들으면서 가족만의 여행의 소중함을 다시 한 번 깨달았고, 세계일주의 꿈을 다시 기억의 중심으로 끌어낼 수 있었다.

세계일주를 언제 떠날 것인가에 대해서 고민하기 시작했다. 우리 부부만 떠나는 여행이라면 아이들이 모두 성장한 다음인 20년 후 정도에나 가능할 것 같았다. 인생의 황혼기에 삶을 정리하는 여행도 의미가 있지만, 나는 부부만의 여행을 원하지 않았다. 가능하면 온 가족이 함께 세상을 돌아보면서 각자 앞으로의 삶을 생각하는 기회를 만들고 싶었다.

그러나 가족이 함께 세계일주를 떠날 수 있는 기간은 한정되어 있었다. 1998년생인 막내는 너무 어려서 당장 떠나기가 어려웠고, 너무 늦으면 막내보다 10살 위인 딸 민정이가 대학입시를 준비하는 시기가 되어 버린다. 막내가 7살이 넘어야 하고, 큰딸이 고등학교 2학년이 되기 전일 것이라는 전제로 계산을 하니 2004년과 2005년밖에 없었다.

마음속에 세계일주를 떠날 시점이 정해지자 회사를 그만둘 마음의 준비를 해야 했다. 사실 당시 나는 내가 추구하는 가치와 현실 사이에서 큰 딜레마에 빠져 있었다. 조금 더 열심히 일하면, 조금 더 열심히

2000년 괌 여행 시 원주민인
차모르족과 즐거운 한때

공부해서 전문가가 되면, 나는 내가 가장 소중하게 생각하는 가치인 '자유'를 쉽게 얻을 수 있을 줄 알았다. 난 항상 자유를 꿈꿔왔다. 단지 감옥에 갇히지 않은 상태인 육체적 자유가 아니라, 정신적으로 나를 옭아매고 있는 구속으로부터의 자유를……. 그러나 사회생활을 하면 할수록, 회사에서 직급이 올라가면 갈수록 그런 자유는 점점 줄어들고 있었다.

가끔 회사생활이 힘들 때마다 술 한 잔 먹고 "에이! 회사 때려치워야지, 힘들어서 못해 먹겠다!", "내일 내가 출근 안 하면 그만둔 줄 알아!"하면서 회사 동료들에게 객기를 부리곤 했지만 항상 다음날 아침에는 회사에 출근해 있었다. "당신이 힘들 땐 언제든 그만 두세요."라는 아내의 말은 항상 위안이 되었다. 그러나 이제는 차원이 달랐다. 회사생활의 문제 때문이 아니라 나의 꿈을 이루기 위해서 결심을 해야 할 때이다. 먼저, 내가 회사를 그만둘 수도 있다는 것에 대해 가족이 어떻게 생각하고 있는지 궁금했다. 이때까지도 세계일주에 대해서 가족들과 아무런 이야기도 없었다.

"아빠가 요즘 회사생활이 너무 힘들어서 회사를 그만 두어야 할지도 모르겠거든? 아빠가 회사를 그만두면 어떻게 하지?"

어느 날 저녁식사를 하면서 아이들에게 불쑥 말을 꺼냈다. 내심 아이들이 실망하는 눈빛과 걱정스러워 하는 모습을 상상했다. 하지만 전혀 뜻밖의 반응이 나를 놀라게 했다. 민정이와 민수가 잠깐 생각을 하더니

"아빠! 저희는 괜찮아요. 아빠가 그동안 너무 힘드셨으니까 쉬셔야죠. 대신에 우리가 신문배달이나 우유배달을 하면서 엄마, 아빠를 도울게요."

라고 대답하는 것이 아닌가!

아! 나는 드디어 가족들의 생존을 위하여 하기 싫어도 억지로 해야하는 회사생활의 굴레에서 드디어 벗어나게 된 것이다. 세계일주가

문제가 아니었다. 일에 대한 나의 패러다임의 대전환이 일어난 것이다. 대부분의 아버지처럼 나도 아버지의 역할은 회사에서 돈이나 벌어다 주고, 집안을 경제적으로 안정시키는 것이 전부라고 생각했다. 그러면 가족들은 모두 아버지 은혜를 고마워하고, 아버지는 돈을 벌어오지 않으면 큰일이 나기 때문에 억지로라도 회사에 붙어있기 위해서 참고 견디어야 한다고 생각하고 있었다.

그러나 아이들의 이 한마디는 아버지의 역할을 다시 한번 생각하게 하는 선물이었으며, 나에게 커다란 자유를 주었다. 진정으로 아이들이 원하는 아버지는 대부분의 아버지들이 생각하는 '돈을 벌어다 주는 아버지'가 아니라 '아이들과 함께 즐기고 호흡할 수 있는 아버지'라는 사실을 깨달았다.

이 일이 있고 난 후부터 나의 회사생활은 확연히 달라졌다. 우선 마음이 편해졌다. 소신껏 인사 평가도 할 수 있었고, 팀원들과의 관계도 훨씬 좋아졌다. 욕심이 줄어들었고, 그 자리에는 더 큰 자유가 들어섰다. 이제 팀원들에게도 자연스럽게 나의 세계일주 계획을 알렸다. 서로 준비할 시간이 필요했기 때문이다. 처음에는 팀원들도 '설마' 하는 것 같았으나, 차츰 믿는 사람이 늘어났다.

세계일주와는 상관없이 이 몇 년간의 회사생활이 나에게는 가장 즐거운 시간이었다. 그리고 세계일주의 꿈을 이룰 수 있다는 희망도 점점 커져 갔다.

파리를 대표하는 에펠탑은 1889년 귀스타브 에펠의 설계로 파리 만국 박람회를 기념하여 세워졌다. 하늘을 배경으로 한 콘크리트와 우아한 실루엣으로 파리의 상징이 되었다. 밤에 반짝이는 에펠탑을 멀리서 바라보면 보석처럼 아름답다.

결심

　세계일주를 위해서 회사를 퇴직해도 된다는 암묵적인 승낙을 나 자신, 가족, 직장 동료로부터 얻은 나는 이제 홀가분한 마음으로 회사생활에 더욱 집중할 수가 있었다. 아이로니컬하게도 어쩔 수 없는 구속에 의해서 의무적으로 일할 때보다 자유로운 상태에서 욕심을 버리고 하는 일이 훨씬 능률이 좋았고, 일하는 것도 즐거웠다.

　그러나 내가 가족과 함께 세계일주를 떠나기로 최종 결심을 굳힌 것은 2001년 말에 '성공하는 리더들의 7가지 습관(일명 7 Habits)'이라는 교육을 받고 난 후이다. 리더십과 시간관리, 대인관계 개선 등에 초점이 맞추어진 이 교육은 여러 가지 복합적인 상황들 때문에 주저하고 있던 나에게 세계일주를 떠날 확실한 논리적 기반을 만들어 주었다.

　인생의 주인은 바로 자신이며, 자신의 내면에 있는 사명을 발견하고, 그에 따른 목표를 정해서 소중한 것부터 먼저 하는 습관을 기르면 자기 자신에 대한 신뢰성을 기를 수 있고, 이 신뢰성을 기반으로 다른 사람들과 상호 간에 시너지를 냄으로써 효과적인 인생을 살 수 있다는 내용의 교육이었다. 나는 이 교육을 받으면서 끊임없이 우리가 추진하고 있는 세계일주와 연관을 지어보았는데, 많은 통찰력을 얻을 수 있었고 꿈이 충분히 이루어질 수 있다는 믿음을 갖게 되었다. 또한 나는 이 교육의 강사과정도 수료해서, 사내 강사로서도 활동을 하게 되었다.

　일반적으로 40대 중반은 인생에 있어서 가장 중요한 시기라고 말을 한다. 여러 가지 이유가 있겠지만 아마도 경제적으로 가장 열심히 벌어야 하는 시기라는 의미일 것이다. 실제로 내가 세계일주를 떠난다고 이야기했을 때 많은 분이 "왜 하필이면 인생에 있어서 가장 중요한 지금이냐?", "지금 열심히 돈을 벌고 나중에 60살이 넘어서 가도 되지 않느냐?"라는 반응을 보였다. 지극히 타당한 말이다.

　그러나 내 가치관은 달랐다. 40대 중반이 가장 중요하다는 것에는 동의하지만, 경제적인 이유가 아니라 가족 간에 사랑을 나누고, 가족

간에 서로 신뢰감을 형성할 수 있는 시기이기 때문이다. 40대에 경제적으로 안정을 취하지 못하면 평생을 어렵게 살 수 있듯이, 마찬가지로 40대에 가족 간의 사랑과 신뢰를 쌓는 것을 소홀히 하면 나머지 평생을 후회하면서 살지도 모른다.

나의 가치는 경제적인 측면보다 가족의 의미, 꿈을 더 중요시했기 때문에 여러 가지의 경제적인 손해를 감수하고라도 결심을 할 수 있었다. 또한 아이들이 조금이라도 어렸을 때 우리 부부가 안내자가 되어서 세계를 누비며 가족 간의 사랑과 꿈을 키우는 것이 60살이 넘어서 인생을 정리하기 위해 떠나는 여행보다는 훨씬 가치 있다고 생각했다. 어떠한 희생을 치르더라도 꼭 해 보고 싶었다. 지금 하지 않으면 영원히 후회할 것만 같았다.

그리고 세계일주를 마친 지금도 결코 후회는 없다. 내가 하고자 하는 일을 했고 그것을 위해서 응당 지불해야 할 것들을 기꺼이 지불했을 뿐이기 때문이다. 앞으로의 생활이 힘들어질 수 있지만 이미 예견했던 일들이기 때문에 전혀 두렵지 않다.

이렇게 마음의 결심을 하고 나자 이제 가족들에게 알려야 할 차례였다. 당시 아내와는 상당한 신뢰 관계가 형성되어 있던 터라 손쉽게 이야기를 꺼낼 수 있었다. 처음 아내는 농담 반 진담 반으로 생각하는 것 같았다. 그러나 좀 더 진지한 대화를 통해 내가 이미 마음속으로 결정을 한 상태라는 것을 알자, 긍정적인 신호를 보내기 시작했다. 뿐만 아니라 적극적으로 힘을 실어주기 시작했다.

나는 커다란 원군을 얻은 셈이었다. 아니 결정적인 원군을 얻었다. 그때 만약에 아내가 "이 양반이 지금 제정신으로 하는 얘기야? 세상이 어느 땐데, 쓸데없는 생각하지 말고 돈이나 벌어다 줄 생각이나 하세요."라는 반응을 했다면

칠레 산티아고에서 출발해서 푼타아레나스로 가는 도중 버스를 갈아타기 위해 들렀던 오소르노 버스터미널 앞마을 모습. 택시들이 역 앞에 대기하고 있었고, 터미널 안과 밖에는 집에서 만든 듯한 요기가 될만한 음식을 파는 아주머니가 많았다.

칠레 오소르노
25. 11. 2004
KSH

세계일주는 아마 지금까지도 꿈으로 남아 있었을 것이다. 어쨌든 당시 아내와 나 사이에 깊게 형성된 신뢰가 세계일주를 떠나는 데에 결정적인 역할을 했다는 것은 부인할 수 없다.

이제 아이들에게 이야기할 차례였다. 그러나 아이들에 대해서는 솔직히 크게 걱정을 하지 않고 있었다. 아이들은 당연히 엄마와 아빠가 하는 일에 따라와야 한다는 가부장적인 생각을 갖고 있었다. 또한 안 좋은 일도 아니고 세계를 일주한다는데, 당연히 찬성을 하리라 생각했던 것이다. 더욱이 2000년 여름휴가 때 괌에서 즐겁게 뛰어 놀던 아이들이었던지라 문제가 있을 리가 없었다.

그러던 어느 날, 퇴근길에 간단히 술을 한잔 하고 아이들이 모여있는 방으로 가서 아이들에게

"얘들아! 우리 세계일주 가자. 1년 동안 세계를 돌아다니는 거야."

라며 신이 나서 혼자 떠들어 댔다.

"아빠 술 많이 드셨어요? 오늘따라 왜 그러세요?"

당연히 신이 나서 맞장구를 칠 줄 알았던 아이들의 반응을 보고 실망감을 감출 수 없었다. 아이들은 아빠가 언제나처럼 술을 마시고 와서 그냥 하는 말 정도로 받아들인 것 같았다.

아이들이 냉담한 반응은 어쩌면 당연한 것이었다. 아빠가 술 마시고 와서 뜬금없이 하는 소리에 '그래, 가자! 신나겠다!' 하고 기뻐하겠는가? 그것도 며칠이 아닌 1년을 간다는데……. 그러나 여기에 크게 개의치 않고 한 달에 한 번씩 열리는 가족회의 때마다 우리의 세계일주 계획에 대해서 이야기했고, 아내도 많은 힘을 실어 주었다.

아이들도 점차 현실로 느끼기 시작하면서 고민을 하는 것 같았다. 민정이, 민수 둘 다 친구들보다 1년 늦게 학교에 다녀야 하고, 친구들보다 공부가 뒤쳐지는 것이 가장 마음에 걸리는 것 같았다. 처음에는 내 생각(중·고등·대학교 때 재수나 낙제를 해서 친구들보다 1년 늦어지는 것이 대단히 큰일이라고 생각했는데, 사회에 나와서 생활해 보니 아무것도 아니더라)을 아이들도 충분히 이해할 줄 알고 "1년 늦어지는 것은 아무것도 아니다."라고 설득했다.

그러나 이 문제가 아이들 입장에서는 이해하기 쉬운 것이 아니었을 것이다. 인생을 살고 나서 느끼는 것과 현실에서 느끼는 것은 커다란 차이가 있기 때문이다. 특히 민정이의 경우는 친구를 사귀어도 소수의 몇 명과 깊게 사귀는 성격이라 세계일주를 다녀와서 친구들과의 교우 문제에도 신경을 쓰는 것 같았다. 1년 후배들과 같이 학교를 다니는 것도 자존심이 상하는 일이라 생각하는 것 같았다.

그러나 민수의 경우는 좀 다른 방향에서 고민을 하는 것 같았다. 나를 닮아서 유난히 겁이 많은 민수는 세계로 나가서 닥칠 위험에 대해 걱정을 많이 하는 것 같았고, 세계일주를 마치고 돌아와서 어떻게 생활할 것인지 등의 현실적인 문제도 고민을 하는 것 같았다.

나와 아내는 아이들이 생각할 시간을 충분히 주었다. 이야기할 때마다 '가야 한다'가 아니라 '가면 어떨까?'라고 이야기했다. 어디까지나 아이들에게 선택권을 주었고 대답을 강요하지 않고 느긋하게 기다렸다. 시간이 흐르자 점차 아이들도 긍정적인 신호를 보내기 시작했고, 그 신호를 계기로 가족이 모두 함께 참여하는 세계일주 프로젝트는 시작되었다.

아이들의 교육에서만큼은 우리 부부는 나름대로 확고한 생각을 갖고 있었다. 아이들은 충분히 스스로 할 능력이 있으며, 부모는 항상 애정을 가지고 느긋하게 기다리면 된다는 믿음이다. 가장 좋은 교육은 부모가 스스로 행하는 것이고 아이들은 자연스럽게 부모가 하는 것을 보고 배운다는 믿음이다.

또한 중·고등학교의 청소년기에는 혼자 학원과 도서관에 묻혀서 배우는 죽어 있는 지식보다는 경험적 산지식이 필요하다는 믿음이 있었다. 공부를 잘하는 방법보다 왜 공부를 해야 하는지를 알게 해 주고, 진정 의미 있는 인생이 어떤 것인지를 스스로 고민하게 해 주는 것이 중요하다고 생각한다. 아이들을 '공부하는 기계'가 아 닌 '생각하는 사람'으로 키우고 싶다는 것이 우리 부부의 생각이다. 이에 대한 해결책을 학원에서는 제시해 주지 못하기 때문에 우리는 일찌감치 학원을 포기했고, 아이들과 함께 주말이나 일요일이면 악기 를 하나씩 들고 지하철역이나 장애인 시설, 사회복지 시설을 찾았다.

아이들이 어떤 생각을 하고 있는지는 솔직히 나도 잘 모른다. 그러 나 이 세상에는 우리와 다르게 살아가는 사람들이 수없이 많이 있고, 그들이 살아가는 모습을 보는 것만으로도 앞으로의 인생을 설계하는 데 도움을 주리라 생각한다.

우리의 세계일주도 아이들에게 이런 경험적 학습을 하게 하기 위함 이었다. 자녀 교육에 고민을 하고 있는 우리 또래의 많은 사람들과 이 야기를 나눠보면 아이들을 어떻게 키워야 한다는 것은 잘 알고 있다. 그러나 자기가 생각하는 대로 키우고는 싶은데 주위에서 모두 학원을 보내고, 과외를 하니 도저히 불안해서 안 되겠다고 한다.

우리 부부도 가끔은 '우리의 자녀 교육 방식이 올바른가?', '과연 우리가 올바른 선택을 하고 있는가?' 하는 불안한 마음이 들지만 그래 도 우리가 생각하는 대로 실천하려고 노력하고 있을 뿐이다.

프랑스 파리 샤를 드골 에투알 광 장의 중앙에 서있는 거대한 문. 개선문 위로 올라가면 파리 시가 지가 한눈에 들어오고, 멀리 신도 심과 라데팡스까지 볼 수 있다.

우리 가족만의 브랜드를 찾아라

30대 초반에 서울 중심부에 있는 모 대형 서점에 갔을 때, 지하실 복도에 쓰인 'Number One이 되기 힘들거든 Only One이 되라' 라는 표어를 보고 '바로 저거다' 하고 무릎을 쳤던 일이 생각난다. 이후 나는 새로운 시도를 할 때마다 이 표어를 항상 생각했으며, 이 표어는 나의 정체성을 찾기 위한 기준이 되었다.

'나만이 할 수 있는 것이 무엇인가? 내가 남보다 잘 할 수 있는 것은 무엇이고, 나는 무엇을 할 때 가장 큰 행복을 느끼는가?' 라고 끊임없이 나 자신에게 질문했다. 물론 답이 바로 나오지는 않았지만, 이 질문은 나 자신에 대해서 깊게 생각할 수 있는 기회를 주었고, 언젠가는 나만이 갖고 있는 특성을 살린 일을 할 수 있다는 희망을 잊지 않게 해 주었다. 최근 회사에서 전략을 얘기할 때마다 나오는 '블루 오션 전략'이 바로 이것이다. 개인이나 회사나 자기만의 독특한 것이 있어야 하고 없으면 만들어야 한다.

최근에 사회 각 분야에서 성공한 사람들의 이야기를 듣다 보면 공통적인 것을 쉽게 찾을 수가 있는데, 바로 '나는 누구인가? 내가 남보다 잘할 수 있는 것이 무엇인가?' 를 먼저 파악해서 자기가 좋아하는 일을 하는 것이 성공의 지름길이었다는 것이다. 반면에 '무엇을 하면 돈을 벌 수 있을까? 요즘 뜨고 있는 사업이 무엇인가? 누구누구는 무엇을 해서 돈을 많이 벌었다는데 나도 그 일을 한 번 시작해 볼까?' 하고 시작한 경우에는 대부분 실패를 하게 되고, 설사 돈을 벌게 되도 결코 행복하지 않다는 것이었다.

물론 자신을 잘 알고, 자신이 좋아하는 일을 한다고 해서 모두가 성공하는 것은 아닐 것이다. 다른 사람들과 차별화할 수 있는 자기만의 브랜드를 만들어서 경쟁하지 않고 이기는 것이 가장 큰 성공의 비결일 것이다. 여기서 사업에 대해서 이야기하려는 것은 물론 아니다. 내가 우리 가족이 할 수 있는 취미 활동을 찾으면서 생각했던 것이 바로 이런 '블루 오션 전략' 이었다.

40세가 넘어가면서 직장 생활에는 어느 정도 여유가 생겼다. 시간적인 여유라기보다는 일을 스스로 컨트롤할 수 있는 데서 생기는 정신적인 여유였다. 정신적으로 여유가 생기다 보니 과연 내가 제대로 살고 있는가에 대한 고민이 생기기 시작했고, 지금까지의 생활을 돌아보게 되었다. 오직 회사에만 매달린 삶이었다. 가끔 가족들과 놀아 준다고 해도 그것은 철저히 내 중심적인 생각에 의해서 이루어졌다. 즉, 가족과 함께 노는 것이 아니라 말 그대로 놀아 주는 것이었다.

나는 그저 회사에서 열심히 일하고 돈을 벌어다 주면 책임을 다하는 줄 알았고, 나에게 있어 가정은 회사에서 지친 몸을 재충전하는 장소일 뿐이었다. 주말에는 집에서 1주일 동안 모자랐던 잠을 보충하고, 아내는 내가 쉬는데 방해가 될까봐 아이들을 데리고 음악회, 미술관, 박물관 등을 돌아다녔다. 가끔 내가 선심이라도 쓰듯, "오늘은 아빠도 같이 갈까?" 하는 날에는 아내와 아이들은 "야호! 신난다!" 하며 즐거워하곤 했다.

그러나 늦둥이 막내가 태어나고, 내가 7 Habits 교육을 받고, 회사 생활에 정신적인 여유가 생기는 등 여러 가지 변화로 인해 나의 생활은 조금씩 바뀌기 시작했다. 먼저 IMF 한파가 한참 몰아치던 1998년 1월에 태어난 늦둥이 현정이는 우리 가족을 모아주는 구심점 역할을 했다.

이젠 어느 정도 커서 자기만의 생각으로 방 안에 있는 시간이 점점 늘어나는 시기의 민정이와 민수는 현정이의 재롱을 보기 위해 거실로 모였고, 온 가족이 거실로 모이는 시간이 늘어나면서 자연스럽게 '따로'가 아닌 '함께' 하는 가족생활 문화로 바뀌게 되었다.

이 시기에 7 Habits 교육에서 접한 '삶의 균형'의 중요성은 내 삶이 직장과 가정에서 균형을 잡는데 커다란 통찰력을 제공해 주었다. 가족과 함께하는 시간이 늘어나면서 자연스럽게 가정에 관심을 갖게 되었고, 가족을 챙기는 자상한 사람으로 바뀌기 시작한 것이다.

　퇴근 후에는 빨리 집에 가고 싶어서 직장 동료와 술을 마시는 횟수가 줄어들었는데, 그동안 나의 과음 습관 때문에 항상 근심하고 있던 아내가 가장 좋아했다. 가족이 모이다 보면 여러 가지 작당을 하게 마련이다. 한 달에 한 번씩 가족회의를 하기 시작했고(이때 시작한 가족회의는 지금까지도 이어지고 있다.), 가족회의에서 못다한 이야기들은 1:1 대화를 통해서 서로를 깊게 이해할 수 있게 되었다.

　아이들과의 1:1 대화는 주로 퇴근길에 집에 전화를 해서 민정이나 민수를 불러내서, 집 근처의 음식점에서 평소 먹고 싶어 하던 음식을 먹으면서 이루어졌다. 나는 거의 이야기를 하지 않고 주로 아이들의 이야기를 들어주었는데, 처음에는 서먹해 하던 아이들도 점차 자신의 속마음을 털어놓았다.

　물론 나도 여기에서 나온 이야기들은 아내에게조차 비밀을 지켜주었다. 이런 1:1 대화는 아이들과 신뢰 관계를 형성하는데 큰 역할을 했고, 대화가 끝나고 한층 밝아지는 아이들 얼굴을 보면 행복했다.

　가족 간의 대화의 물꼬가 트이자 이번에는 온 가족이 야외에서 함께 즐길 수 있는 취미 활동이 없을까 하고 궁리하기 시작했다. 가족이 공통 취미 생활을 갖게 되면 대화도 더욱 활성화될 뿐만 아니라 가족 간의 결속도 다져질 것이라는 생각에서였다. 우선 당장 생각할 수 있는 것이 내가 좋아하던 등산이었다.

　어린 현정이를 등에 업고 집 주위의 북한산, 도봉산, 수락산 등을 자주 찾았다. 그러나 등산을 이용해서 운동효과까지 보려던 나는 산 중턱에서 돗자리를 펴고 쉬다가 내려오는 것으로는 성에 차지 않았다. 이번에는 온 가족이 조깅을 시작했는데 달리는 속도가 달라서 함께 즐기기에는 적합하지가 않았다.

　온 가족이 모두 다 함께 즐기면서 참여할 수 있는 것은 없을까? 그때 번쩍 아이디어가 떠올랐다. 바로 큰딸 민정이가 초등학교 시절에 했던 사물놀이였다. 등산이나 조깅과 달리 온 가족이 함께 참여할 수 있고, 음악이라서 연주하는 우리뿐만 아니라 구경하는 다른 사람들에게도 즐거움을 선사할 수 있을 것이다. 더구나 우리의 전통 음악이라 더 마음에 들었다. 또한 네 가지 악기가 만들어 내는 조화는 우리 가족의 화합 이미지를 나타내는 데에 정확히 들어맞았다.

물론 당장은 사물놀이 연주를 할 수 있는 사람은 큰딸 민정이 밖에 없지만 각자 악기 하나씩을 맡아 열심히 연습하면 할 수 있을 것 같은 예감이 들었다. 드디어 우리 가족만의 브랜드를 찾아낸 것이다.

원래 음악에 재능이 있던 민정이는 피아노, 바이올린 등 대부분의 악기를 잘 다루었었는데, 초등학교 5학년 때 사물놀이를 접하고 난 후부터는 다른 악기들은 거들떠보지도 않을 정도로 사물놀이에 푹 빠져 있었고, 사물놀이패에서도 핵심적인 역할을 담당하고 있었다. 중학교에 입학한 이후로 그렇게 좋아했던 사물놀이 연주를 할 수 없게 되면서 힘이 빠져 축 쳐진 모습이 안쓰러웠다.

"민정아! 우리 가족이 사물놀이를 한 번 해 볼까?"

"정말?"

순간 눈이 초롱초롱하던 민정이가

"에이, 그런데 나 밖에 할 수 있는 사람이 없잖아."

하고 이내 실망스러워 한다.

"네가 우리를 가르쳐 주면 되잖아."

"정말 될까?"

민정이는 반신반의하기 시작했다.

사실 우리의 전통 음악에 대한 나의 관심의 뿌리는 깊다. 대학 시절부터 풍물과 탈춤에 관심이 많았다. 민정이가 초등학교 때 사물놀이 활동을 할 때도 공연 모습을 사진이나 비디오로 찍으면서 내 심장은 사물놀이 장단에 맞추어 두근거렸고, 정체를 알 수 없는 기운이 온몸을 감싸곤 했었다. 그때부터 내 의식 깊숙한 곳에서는 우리 가족이 함께 사물놀이 공연을 하는 모습을 상상하고 있었는지도 모른다.

가족 사물놀이패 공새미

우리 가족의 취미 생활을 사물놀이로 정한 우리는 인사동과 종로 거리를 뒤지며 사물놀이 악기를 구입하기 시작했다. 전통악기만을 전문으로 판매하는 국악사에서 쉽게 악기를 구입할 수도 있었지만, 조금이라도 싼값에 구입하려고 길거리의 고물상에서 파는 악기들을 고르며 다녔다.

온 가족이 사물놀이 악기를 고르려 인사동, 종로 거리를 돌아다니면서 이미 우리의 꿈인 '멋진 가족 사물놀이패' 의 절반은 이루어지고 있었다.

악기 준비를 완료하고 각자 담당할 악기를 정했다. 4가지 악기를 모두 다룰 줄 아는 민정이가 우리 가족 사물놀이패의 리더가 되어야 했기 때문에 상쇠(꽹과리)를 맡기로 했고, 사물 악기 중에서 가장 중요한 악기인 장구는 아이들에게 피아노 등을 가르쳤던 음악적 경험이 있는 아내가 맡기로 했다. 박자 감각이 무뎠던 나는 가장 단순하다고 생각하는 북을 선택했고, 마지막으로 민수가 징을 선택했다. 현정이는 아직 너무 어려서 팀에서 제외되었다.

이제 연습에 들어가야 했는데, 사물놀이 특유의 소음 때문에 연습 장소가 문제가 됐다. 여러 생각 끝에 집 가까이에 있는 중랑천변의 다리 밑에서 연습하기로 했는데, 다리 위를 지나는 차들의 소음이 사물놀이 악기소리보다 훨씬 크게 들렸다.

매주 주말이면 민정이의 지도로 기초를 다지기 시작했다. 김덕수 사물놀이패와 같은 '멋진 가족 사물놀이패' 의 꿈을 안고 시작했으나 처음부터 잘 될 리가 만무했다. 워낙 기초가 없는 가족들을 가르치기 위해 민정이는 고군분투했으나, 1주일이 지나면 지난주에 배웠던 내용을 까맣게 잊어버리고 마는 우리를 한심한 듯이 쳐다보곤 했다.

그 당시 나는 민정이와 중요한 계약(?)을 하나 맺고 있었다. 당시 학원을 전혀 다니지 않았던 민정이는 중학교에 입학하면서 영어와 수학에 조금 부담을 느끼는 눈치였는데, "민정아! 네가 우리에게 사물놀이를 가르쳐주는 대신에 아빠가 네게 영어와 수학을 1주일에 두 번 정도 봐 줄게. 괜찮아?"라는 제안에 흔쾌히 승낙을 해서 1주일에 두 번 영어와 수학을 봐주고 있었다.

가족을 가르친다는 것은 큰 인내를 필요로 하는 것이었다. 지난주에 중요하다고 누차 강조한 내용을 잊어버렸을 때는 너무 화가 나서 책을 집어던지기가 일쑤였고, 이제는 아빠가 더 이상 못 가르치겠다고 협박하기도 했었다. 그러나 내가 민정이에게 북을 배우면서 이런 나의 태도는 180도 달라졌다. 민정이가 엊그제 배운 수학을 잊어버렸을 때 내가 무척 답답하듯이, 민정이도 내가 배운 것을 금방 잊어버렸을 때 무척 답답할 것이다. 나는 바쁜 회사 일 때문에 잊어버리는 것을 당연하다고 생각하지만 민정이 입장에서도 마찬가지가 아닌가?

민정이와 나는 서로 이해하기 시작했고, 이후부터는 화가 나려고 할 때마다 민정이가 나를 가르치는 모습을 떠올렸다. 이후 민정이의 영어와 수학을 봐 주는 시간은 단지 가르치는 시간이 아닌 여러 가지 대화를 자유롭게 나누는 시간이 되었다.

6개월 정도 민정이에게 기초를 배운 아내와 나는 사물놀이를 가르치는 전문 교육기관에 등록했다. 매주 월요일 저녁 6시부터 9시까지 1주일에 3시간씩 3개월 동안 배우는 과정이었는데, 회사 일이 바쁠 때에도 교육을 받고 다시 회사로 가서 일을 할 정도로 열심히 배웠다. 늦은 밤 교육을 마치고 아내와 함께 집으로 돌아오다가 마시는 맥주 한잔도 큰 즐거움이었다. 이렇게 9개월 정도 배우고 나니 사물놀이

중에서 비교적 쉽고, 총 10분 정도 소요되는 '영남사물'을 연주할 수 있게 되었다. 우리의 꿈이 현실로 다가오는 순간이었다.

이 시점에서 우리 가족의 꿈과 비전을 좀 더 명확하게 하기 위해서 우리 가족을 상징하는 이름을 짓기로 했다. 우선 '김덕수 사물놀이 패'에서 힌트를 얻어 '김영기 가족사물놀이'라고 해 보았는데, 우리의 사물놀이 리더인 민정이가 반대했다. 사람 이름보다는 뭔가 상징적인 것이 필요했다. '우리의 정체성을 나타낼 수 있을 것, 우리 가족의 이미지에 맞을 것, 부르기 쉬울 것'이라는 전제를 세워놓고 이름을 찾기 시작했다. 고향인 제주를 상징하는 '한라산 가족', '탐라 가족'이라는 이름이 떠올랐으나 너무 흔하고 희귀성이 없었다.

최종적으로 내 고향 마을인 북제주군 애월읍 어음 1리에 있는 용천수 이름인 '공새미'와 거대한 고목 이름인 '숭거리'가 후보로 떠올랐다. 우리 가족의 이미지에 맞고 부르기 쉬워야 한다는 조건에 '공새미'가 적합하다는 결론은 쉽게 낼 수가 있었다. '공새미'를 가족 이름으로 정하고 나니 우리 가족의 이미지와 연결하는 작업이 필요했다.

'공새미는 제 고향인 제주도 애월읍 어음 1리에 있는 샘물 이름입니다. 이 공새미는 수도시설이 없던 시절 우리 마을 사람들에게 생명수를 제공해 주는 아주 소중한 샘물이었습니다. 이 샘물처럼 우리 가족도 이웃을 위해서 꼭 필요한 가족이 되자는 의미와, 이 샘물이 영원히 마르지 않는 것처럼 우리 가족 간의 사랑도 항상 퐁퐁 솟으라는 의미로 '공새미'라고 가족 이름을 지었습니다.'라고 지금도 1개월에 한 번 정기적으로 열리는 지하철역 공연에서 소개를 하고 있다. 이렇게 공새미와 우리 가족과의 이미지를 연결하고, '사랑과 희망을 전하는 가족 사물놀이 공새미'라는 가족의 비전을 설정했다.

가족 명함도 만들었다. 처음에는 '단장 김영기'라는 명함을 만들었다가, 우리 가족의 취지와 맞지 않는 것 같아 '아빠 김영기'로 바꾸었다. 아내와 아이들에게도 각각 '엄마', '큰딸', '아들', '막내딸'이

2005년 올림픽 공원에서 장애인의 날 행사 공연을 하는 모습

세계일주를 위한 영문 명함

라는 호칭으로 명함을 만들었다. 사물놀이가 4개의 서로 다른 악기 소리로 조화를 이루듯, 우리 가족도 각각 다른 역할들이 모여서 하나가 된 것이다. 세계일주를 위해 영어로 명함을 만들면서 아빠, 엄마를 'papa', 'mama'로 했더니, 명함을 받는 사람들도 처음 보는 명함이라고 신기하다며 웃었다.

이름이 주는 상징성은 우리 가족의 존재 의미와 지향하는 목표를 더욱 명확하게 해 주었다. 이렇게 이름까지 정하고 나자 사실상 우리의 꿈은 80% 이상 달성된 것이나 마찬가지였다. '공새미'가 무슨 뜻이냐며 궁금해 하는 사람들에게 공새미의 의미를 설명해 주면서 우리는 다시 한 번 우리 가족의 사명을 확인할 수 있고, 또 그렇게 살아가겠다고 다짐을 하게 되는 것이다.

영남 사물을 연주할 정도의 수준이 된 우리 가족은 중계동 마들 근린공원으로 연습 장소를 옮겼다. 이제는 우리의 사물놀이가 소음이 아니라 연주가 되었다.

주말이면 우리 가족은 공원으로 도시락을 준비해 가서 하루종일 사물놀이 연습을 하며 즐거운 시간을 보냈다. 네 박마다 한 번씩 치는 징을 담당한 민수는 점심식사 후 따뜻한 오후에 쏟아지는 졸음으로 징걸이에 기대어 졸기 일쑤였고, 나는 북 가락도 제대로 못 맞추면서 폼만 잡는다고 민정이에게 지적을 받기도 했다.

마들 근린공원 바로 옆에는 장애인복지관이 있는데, 뇌성마비 장애 아들이 지나가다가 우리가 연습하는데 귀를 기울이고 박수를 쳐주곤 했다. 우리 연습을 지켜보던 어느 장애아 학부모가 우리의 주소를 묻더니 인간문화재 이매방 선생님의 승무북 공연 티켓 로열석 5만 원권 다섯 매를 보내 주셨다. 열심히 해서 좋은 일 많이 하라는 메모와 함께. 우리의 첫 번째 후원자였던 이름 모를 그분께 진심으로 감사드린다.

이 일을 계기로 우리는 취미로 하고 있던 사물놀이 연주 활동을 소외된 이웃을 위한 봉사 활동으로 발전시키기로 결심을 하게 된다. 결국은 우리 가족이 이름을 정한 '공새미'처럼 되어가고 있었다.

세계일주와 사물놀이의 만남

가족사물놀이 연주를 통한 사회봉사라는 목표가 정해지자 우리는 연습에 더욱 박차를 가했다. 나는 1년에 한 번 있는 1주일간의 여름휴가를 가족과 함께 사물놀이를 배우기 위해 고스란히 투자했다.

어느 날 퇴근길에 지하철역에서 공연하는 록 밴드 그룹을 보고 '우리도 지하철역에서 공연을 하면 되겠다'는 생각을 하게 됐다. 인터넷을 통해서 지하철역 공연을 주관하는 회사를 찾아 문의를 했더니, 오디션을 거쳐야 한단다. 온 나라가 월드컵 열기로 뒤덮였던 2002년 6월 우리 가족은 지하철 예술무대 오디션을 가볍게 통과하고 드디어 7월부터 지하철역에서 공연하는 자격을 얻게 되었다. 이 시기에 상암 월드컵경기장 근처의 평화공원에서 가족이 사물놀이 연습을 하다 언론사 기자의 눈에 띄어 처음으로 언론에 소개되기도 했다.

2002년 7월에 건대입구 역에서 있었던 지하철 예술무대의 첫 공연은 지금도 잊혀지지 않는다. 50여 명의 시민들이 지켜보는 가운데 우리는 떨리는 가슴으로 첫 공연을 시작했고 커다란 박수 소리를 듣고서야 우리 연주가 끝났음을 알았다. 공연을 끝내고 악기를 챙기는데 할아버지 한 분이 오시더니 늦게 왔다면서 한 번만 더 연주해 줄 수 없겠느냐고 사정을 하셔서 한 번 더 공연을 했다. 지금 생각하면 연주 실력이나 매너 등 모든 면에서 부끄러운 수준이었으나, 우리 가족에게 있어서는 커다란 진전이었다.

이후 우리는 1달에 한 번씩 정기적으로 지하철역에서 공연을 했고, 장애인 시설, 병원, 사회 복지 시설들을 찾아다니며 시민들, 소외된 이웃들과 사물놀이의 즐거움을 나누었다.

이즈음 우리에게는 한 가지 고민이 생겼다. 그동안 너무 어려서 같은 가족이면서도 '공새미 가족 사물놀이' 팀에 합류하지 못하던 막내 현정이가 5살이 되더니, 가족회의

2003년도 지하철 예술무대 공연 모습

1. 최근 충무로역에서의 공연
   모습
2. 청계천 두물다리 아래서의
   공연 모습

때 자기도 사물놀이 하는데 같이 포함시켜 달라고 요청을 하는 것이었다. 아마도 자기 딴에는 같은 가족임에도 불구하고 사물놀이 할 때 참여하지 못한 데 대해서 소외감을 느꼈던 것 같다. 언젠가는 현정이도 우리 사물놀이 멤버에 포함해야 한다고 가족 모두가 생각은 하고 있었지만 막상 포함하려니 고민이 되었다.

지금까지 현정이를 제외한 네 식구가 가락도 맞추어 놓고 나름대로 흥을 느끼며 겨우 사물놀이를 연주하게 되었는데, 현정이가 합류함으로써 속도도 늦어지고, 박자도 맞지 않아 보는 사람들도 지루하게 느낄 것이기 때문이었다. 당장 관중을 생각하면 현정이를 제외하고 우리 네 식구만 하는 것이 좋으나, 언젠가는 합류해야 할 것이라면 처음에는 조금 힘들더라도 하루라도 빨리 합류시켜야 한다고 결론을 내렸다.

우리 가족이 사물놀이를 하는 근본적인 목적을 생각한다면 현정이가 합류하는 것이 너무도 당연한 것이었다. 다른 사람들에게 보여주기 위한 것보다는 우리 가족의 화합이 우선이었기 때문이다. 그래서 2003년 초부터는 현정이도 가족 사물놀이 팀의 일원으로 당당하게 활동을 하게 된다.

"우리 사물놀이 공연을 하면서 세계일주를 하면 어떨까?"

내가 가족들에게 던진 이 한 마디는 다시 한 번 우리 가족의 꿈을 이루는데 큰 획을 긋는 사건이 되었다. 즉, 외국의 문화를 보지만 말고 우리 문화도 보여 주면서 세계일주를 하면 더욱 보람 있는 세계일주가 되지 않을까 하는 생각이 갑자기 머릿속에 떠올랐던 것이다.

음악은 세계인의 공통 언어이다. 우리가 어떤 나라의 음악을 들을 때, 말로 표현하지 않더라도 그 음악에 실린 감정들을 충분히 이해할 수 있듯이, 우리 사물놀이의 흥겨운 가락도 우리가 말로 어떤 설명을 하는 것보다 직접 연주함으로써 훨씬 더 정확하게 한국을 전할 수 있을 것이다. 그것은 진정한 우리만의 혼이고, 우리만의 정신이며, 우리만의 문화이다. 우리만이 갖고 있는 브랜드인 것이다. 우리 가족이 취미 활동으로 굳이 사물놀이를 택한 이유 중 하나는 바로 이런 우리만의 정체성을 찾으려는 의지도 한몫했다.

사실 민정, 민수가 어렸을 때, 아내는 아이들이 크면 우리 가족도 정명훈씨 가족처럼 서양악기를 하나씩 연주하는 음악가 가족을 만들고 싶다고 입버릇처럼 이야기를 해 왔다. 실제로 민정이에게 초등학교 4학년까지만 해도 바이올린 레슨을 시키며, 아내는 내심 예술고등학교에 보내고 싶은 생각까지 하는 것 같았다. 그러나 민정이는 5학년이 돼서 사물놀이를 접하고부터 우리나라 음악에 빠져들어 버렸고, 바이올린은 거들떠보지도 않게 되었다.

아내는 무척 당황하며 나에게 어떡하면 좋겠느냐 물었고, 나는 아이가 좋아하는 것을 하게 하는 것이 가장 좋은 방법이라고 원론적인 답변만 했다. 결국은 아내도 예술고등학교에 대한 미련을 버리고 민정이가 하는 일에 적극적으로 지지를 하게 되었다. 그 후 아내는 나에게 그 일에 대해 몇 번 이야기한 적이 있는데, 그때 만약 아내가 바이올린을 계속 고집했다면 민정이와의 관계가 계속 나빠졌을 것이고 그 결과는 지금보다 좋지 않았을 것이라고 얘기하곤 했다.

어쨌든 민정이의 현명한 선택 덕분에 우리 가족은 '사물놀이 가족'이라는 우리만의 고유한 브랜드를 가질 수 있었고, 이것은 세계에 나가서는 더욱더 빛을 발할 것임에 틀림이 없었다. 우리가 세계에 나가서 세계인들과 어깨를 나란히 하고, 진정으로 세계인들로부터 대접받기 위해서는 우리만의 문화 정체성이 있어야 한다는 것이 나의 평소 생각이었다. 문화에는 좋고 나쁨이 없다. 우수한 것도 열등한 것도 없다. 오직 다름만이 있을 뿐이다. 남의 것을 따라하는 한 누구도 우리에게 관심을 기울이지 않을 것이다. 모든 사람들이 관심을 가지는 것은 원본이지 복사본이 아니기 때문이다.

세계의 문화는 원본을 가진 사람들끼리 서로 협력하고 조화를 이루면서 만들어 가는 것이다. 우리나라 음악 중 우리의 원본을 가장 잘

엄마와 민정이의 연주 모습

나타낼 수 있는 것이 바로 사물놀이가 아니고 그 무엇인가? 바로 이것이 우리가 사물놀이를 하면서 세계일주를 하려고 했던 가장 큰 이유였다. 민정이가 아무리 바이올린을 열심히 하고, 아내가 아무리 플루트를 열심히 해도 런던의 광장에서 공연을 하는 거리 예술가를 우리가 따라가기는 힘들 것이다.

'그 많은 악기를 어떻게 운반하며, 나머지 짐들을 어떻게 줄일까?' 하는 고민이 있었지만 '방법이 있겠지' 하고 대수롭지 않게 생각했다. 지금까지 우리 가족이 이루어 왔던 일들이 실현 가능성이 낮았던 일들이었음에도, 뜻을 가지고 밀고 나가자 우리도 모르게 하나씩 이루어지는 것을 보고 우리는 내심 자신감을 갖게 된 것이었다.

사물놀이와 세계일주, 이 둘이 만나고 나니 그 시너지는 엄청났다. 우리의 사물놀이는 사회봉사의 목표에 더해서 우리의 전통문화를 세계에 알리는 민간 문화 사절단으로서의 목표가 추가된 것이었다. 지금까지 했던 수준으로는 우리 자신도 만족하지 못했다.

인간문화재 선생님을 찾아가서 배우기도 하고, 사물놀이의 대부인 김덕수 선생님을 만나서 조언을 얻기도 했다. 런던의 국회 의사당 앞, 뉴욕 맨해튼의 브로드웨이 거리, 파리의 몽마르트 언덕, 브라질의 리오데자네이루의 코르코바도 언덕에서 공연을 하는 모습을 상상하면서 연습을 하니 너무 신나고 즐거웠다. 그리고 우리의 실력도 하루가 다르게 늘기 시작했다.

최종 결정을 내리지 못하고 지지부진하던 세계일주 계획도 사물놀이를 만나면서 확고하게 결심을 굳히게 되었다. 이제 구체적인 일정을 짜는 단계로 진전이 되었다.

우리가 세계의 문화를 보는 것뿐만 아니라, 우리의 전통 문화를 세계에 알린다는 생각은 단순히 외화를 낭비한다는 죄책감에서 벗어나게 해 주었다.

세계를 향한 출발 준비

02_Ready to go around the world

참여 없이는 헌신도 없다

아내와 아이들의 암묵적인 동의를 얻은 나는 이제 본격적으로 여행 준비에 착수했다. 그러나 여행 자료를 조사하고, 물품을 준비하고, 비자를 알아보고 항공권을 준비하고……. 이런 것들이 중요한 것이 아니었다. 가족의 마음을 모으는 것이 중요했다.

여행에 대하여 흥미를 느끼고, 새로운 세계에 호기심을 심어 주는 것이 필요했다. 내가 어렸을 적 아버지의 이야기를 들으면서 느꼈던 그런 호기심을 이제는 아이들이 느끼도록 해 주는 것이 급선무였다. 그렇게 하기 위해서는 우리 가족의 세계일주 프로젝트는 나 혼자의 프로젝트가 아닌 가족 모두가 적극적으로 참여하는 프로젝트가 되어야 했다. 즉, 준비 과정에 가족 모두가 주도적으로 참여하는 것이었다.

'참여 없이는 헌신도 없다' 는 사실을 18년 동안의 직장생활에서 충분히 깨달은 나로서는 준비단계에서부터 가족 모두를 적극적으로 참여시키기로 한 것은 당연할 결과였는지도 모른다. 무슨 일이든 다른 사람이 결정한 것을 따라갈 때 일이 잘못됐을 경우에는 불평불만이 생기기 마련이다. 온 가족이 힘을 합쳐도 힘든 여행이 될 텐데, 어떻게 불평불만을 감당하겠는가?

마침 우리 가족은 2001년 말부터 한 달에 한 번씩 가족회의를 하고 있었다. 가족회의라고 해서 거창한 것은 아니고, 매년 초에 개인별로 그 해 이루고 싶은 목표 세 가지를 정하고 그것의 진척, 실행 여부를 한 달에 한 번씩 점검하는 것이다. 자기비판을 하고 다른 사람을 비난하는 것이 아니라 서로 격려하고, 칭찬하고, 그 목표를 이루기 위해서 서로 어떤 도움이 필요한지를 자유롭게 이야기하는 것이다.

바로 이 회의를 세계일주의 준비회의로 활용하기로 했다. 아이들에게 세계에 대한 관심과 호기심을 느끼게 하기 위하여, 막내를 뺀 4명의 가족이 각각 대륙을 하나씩 맡기로 했다. 자기가 맡은 대륙에서의 이동경로와 이동방법, 꼭 보아야 할 것, 간략한 역사, 화폐 단위 등의 정보를 조사해서 한 달에 한 번 열리는 가족회의 때마다 발표하기로 했다. 한마디로 각자는 자기가 맡은 대륙에서 우리 가족의 모든 것을 처음부터 끝까지 책임지는 것이었다.

나는 아프리카, 아내는 아시아, 민정이는 유럽, 민수는 남·북 아메리카를 각각 맡았다. 민정이는 조사한 자료를 예쁘게 스크랩해서 발표를 했고, 민수는 파워포인트를 이용해서 자료를 만들어 발표를 했다.

하지만 이렇게 열심히 조사한 자료들이 실제 여행 시에 큰 도움을 주지는 못했다. 이렇게 자료를 조사한 목적은 미리 각국에 대한 호기심을 일으키고 도시 이름들만이라도 익숙해지게 하기 위한 것이었기 때문이었다.

자료조사는 자료조사 자체로 목적을 달성했다. 자료조사를 하면서 정신적으로 한 번 여행한 것으로 충분했다. '자료 조사는 철저히 하되 여행 중에는 그것에 구속받아서는 안 된다' 는 것이 나의 지론이다. 때문에 우리는 자료조사 한 것 중에 가장 핵심적인 것만 정리해서 여행 시 참고를 했을 뿐이다.

가족이 조사한 정보를 기초로 각 나라별로 만든 요약표와 2001년 12월말 가족회의에서 선정한 2001년 우리 가족 10대 뉴스

2001년 우리 가족 10대 뉴스

구분	국가	비자 발급 정보	현지화폐 단위/환전 정보	현지 비상 연락망	숙소 정보	인터넷 사이트
⑤	케냐	공항이나 국경에서 취득 가능 관광비자 비용 : 50$/인 유효기간 : 1개월 ※ 트랜짓비자 비용 :20$/인 유효기간 : 7일 3개월 비자가 $50 입니다. 케냐는 트랜짓 비자가 있는데요 $20 입니다. 케냐에서 체류기간이 길다면 $50 비자를 받는 것이 안전합니다 (박 찬미)	케냐실링(Ksh) 1$=74KES 1KES=15원 여행경비:10$/인 숙박:2~4$, 식비:3$ 교통비:3$	대사관: (254-20) 333581 Nairobi	YMCA Nairobi (T:724116/724070, F:728825) kenyaymca@ net2000ke.com Iqubal hotel (T 254-2-22-0914) The new kenya lodge	
	탄자니아	국경에서 발급. 트랜짓 비자 비용 : 10$ 유효기간 : 12일 ※관광비자 비용 : 20$ 유효기간 : 3개월 3개월 비자가 $20 입니다.(박 찬미)	탄자니아 실링(Tsh) 1$=1010TZS 1TZS=1원 여행경비:12$/인 숙박:4~7$, 식비:4$ 교통비:1$	대사관: (255-22)2600496,2600499 Dar es Salaam	Kilimanjaro Guest House (HP:744 598243) Meru Inn (T:255 27 2507803) meruhouseinn@ hotmail.com 마냐라 Jambo Camp Site Meru Inn Blue Ocean (T:22 33566) Haven guest house (T 255-24-33-454)	

꿈★은 이루어진다

월드컵의 열기로 온 나라가 열광의 도가니였던 2002년 6월. 우리 가족도 상암 경기장에 들어가지는 못했으나 집 주위 공원에 설치된 커다란 프로젝션 화면을 보면서 목이 터져라 응원을 했다. 그 당시에 우리 가족은 사물놀이를 하고 있었기 때문에 언제나 화면이 잘 보이는 앞자리에 앉아 북소리와 꽹과리 소리로 응원을 주도했었다.

사물놀이를 하면서 세계일주를 하기로 이미 결정을 한 우리는 월드컵을 학수고대하고 있었다. 월드컵을 구경하러 온 세계 사람들에게 우리의 사물놀이를 선보일 절호의 기회였기 때문이다. 세계에 나가지 않고도 미리 우리 사물놀이에 대한 반응도 살펴 볼 수 있고, 외국 사람들 앞에서 자신감도 키울 수 있는 기회였기 때문이다.

그러나 우리의 실력이 생각만큼 늘지 않았고 마땅히 공연할 만한 장소도 찾지 못하는 바람에 외국인들을 만날 기회는 거의 가질 수가 없었다. 대신에 우리가 사는 곳 근처의 공원에 나가서 마을 주민들과 열심히 응원을 했다.

8강을 거쳐 독일과의 4강전. 그 당시 또 하나의 커다란 관심은 매 경기 때마다 붉은 악마들이 걸어 놓는 대형 태극기와 카드섹션이었다. 카드섹션 문구는 실제 경기 당일까지 비밀로 부쳐져서 많은 사람의 궁금증을 더욱 자극했다.

인터넷에는 예상 문구가 나돌았고, 방송에서도 다음 경기에서의 카드섹션의 문구는 무엇이 될지 자못 궁금해 했다. 16강전과 8강전에서는 각각 'Again 1962', 'The pride of Asia' 이었던 것으로 기억한다. 과연 4강전에서의 카드섹션 글자는 무엇일까? 이것도 경기 못지않은 큰 관심거리였다.

드디어 상암 월드컵 경기장이 연결되고 경기 시작 직전 대형 태극기와 함께 카드섹션의 글자가 선보였다. 순간 나는 숨이 막히고 온몸이 전율하는 것을 느꼈다.

'꿈은 이루어진다'

　이 한마디는 바로 우리 가족에게 던지는 붉은 악마들의 선물이었
다. 경기를 지켜보면서 나는 줄곧 우리 가족의 꿈이 반드시 이루어질
것이라는 생각에 흥분을 감출 수 없었다. 비록 경기에 패했지만 '꿈은
이루어진다'는 비전과 용기를 심어준 그날을 지금도 잊을 수 없다.

　경기가 끝난 후 집으로 오면서 아내와 아이들에게 물어보았다. 가
족 모두가 그 카드섹션 글자를 보는 순간 우리 가족의 꿈이 이루어진
다는 확신을 갖게 됐다고 털어놓았다. 우리 가족의 꿈을 이루려는 의
지는 그만큼 강렬했고 절실했던 것이었다.

　이렇게 맺어진 붉은 악마와의 인연은 우리가 세계일주를 하는 중에
도 이어졌다. 그리스 올림픽 기간에 아테네를 찾은 우리 가족은 살인
적인 숙박비 때문에 올림픽 경기 응원도 포기하고 바로 터키의 이스
탄불로 향하고 있었다.

　도중에 테살로니키라는 그리스의 제2의 도시에서 하루 머물고 가기
로 했는데, 마침 그날이 테살로니키에서 우리나라와 말리의 축구경기
예선전이 열리는 날이었다. 아테네에서 응원도 못하고 와서 너무 아
쉬웠는데, 정말 잘 된 일이었다.

　숙소에 여장을 풀고 휴식을 취하고 저녁에 시간을 맞춰 일찌감치
운동장을 찾아갔다. 운동장 입구에는 이미 붉은 악마 수십 명이 응원

1. 우리 가족에게 '세계일주 꿈
은 이루어진다'는 강렬한 메
시지를 전해준 카드섹션

2. 세계일주 중 그리스 테살로
니키에서 한국 대 말리의
올림픽 축구 예선전에서 붉
은 악마와 함께 응원했다

연습을 하고 있었고, 우리도 북과 장구 등 사물놀이 악기를 들고 응원 연습 대열에 합류했다. 붉은 악마 응원은 국내 있을 때 TV를 통해 많이 보아 왔으나 함께 응원을 해 보기는 처음이었다.

정말로 대단한 열정이었다. 경기 시작해서 전후반 100여 분 동안 하프타임에만 잠깐 쉴 뿐 계속 서서 응원을 한다. 나는 북을 들고 있었기 때문에 100분 내내 서서 북을 치면서 응원을 했다. 항공권도 자기가 돈을 내고 직접 끊어서 이곳까지 왔다는 붉은 악마들……. 정말 자신이 좋아하는 일을 한다는 것이 얼마나 큰 힘을 발휘하는 것인지를 유감없이 보여 주었다.

막내 현정이도 한복을 곱게 입고 서서 꼬마 장구로 장단을 맞추며 목이 터져라 응원을 했다. 현정이는 관람객과 각 언론으로부터 무수한 카메라 플래시 세례를 받으면서도 의연하게 끝까지 흐트러짐 없이 응원을 했다. 그 어린 나이에 조국이 무엇인지 아는 것일까?

이날 무리를 한 탓인지 터키 이스탄불에 도착하자마자 감기 몸살에 온 가족이 며칠을 끙끙 앓아 누웠다.

여행 경험자들을 만나다

우리가 세계일주 여행을 떠나기로 결정하고 나서 가장 먼저 한 것은 여행기를 읽는 것이었다. 여행지의 정보를 소개하는 여행기부터 각국의 문화 등을 소개한 책에 이르기까지 여행에 도움이 되는 책이라면 모두 읽었다.

그러나 사물놀이를 하면서 온 가족이 세계일주를 해야 하는 우리의 궁금증을 완전히 풀어주는 책은 찾을 수 없었다. 우리에게 가장 필요한 정보는 어느 나라에서 자유롭게 길거리 공연이 가능한지, 공항이나 육로로 국경을 넘을 때 악기가 문제가 되지는 않는지 등 일반 여행자들에게는 좀처럼 일어나지 않는 일에 대한 궁금증이었던 것이다.

그리고 개인 배낭여행이 아닌 가족이 함께 움직이는 경우의 주의점 등에 대한 정보도 부족했다. 결국 우리는 여행의 경험자들을 집으로 초대해서 살아있는 여행 경험을 직접 듣기로 했다.

이성 선생님 부부를 집으로 초대해서 여행에 대한 많은 정보를 얻었다

　가장 먼저 집으로 초대한 분은 몇 년 전 온 가족이 배낭여행을 하고 오신 이성 선생님, 내가 세계일주 여행을 결심하게 한 장본인이었다. 이성 선생님 부부는 여행을 마치고 돌아온 지 얼마 되지 않은 터라 마치 다시 한 번 여행을 하는 듯, 수많은 실질적인 정보들을 생생하게 알려주셨다.

　이성 선생님도 우리와 같이 다섯 식구가 세계일주를 했기 때문에 우리에게 큰 도움이 되었다. 특히 그동안 외국에 나가서 식사, 치안, 숙소 등 여러 가지 걱정거리가 떠나지 않던 아내에게 커다란 용기를 주었다.

　막내 현정이가 너무 어려서 여행을 제대로 할 수 있을지 걱정을 하는 아내에게 '현정이를 통해서 세계의 많은 여행객들과 더 친해질 것이고, 현정이 때문에 훨씬 즐거운 여행이 될 것'이라면서 희망을 주었다. 또한 일단 밖으로 나가면 모든 것이 우리 가족을 위해 예비되어 있으니 두려워하지 말고 떠나라는 말로 우리를 안심시켜 주었다.

　'모든 것이 우리를 위해 예비되어 있다'는 이 말은 우리가 여행을 준비하면서, 여행을 하면서 가장 많이 되짚은 말인데 사실이 그랬다. 모든 것이 우리를 위해 예비되어 있었다. 심지어는 여행을 끝내고 돌아온 후에도……. 아마도 이 말은 우리의 삶에도 들어맞는 말인가보다. 인생은 여행이라고 하지 않던가?

　이후 이성 선생님과는 수차례 서로 집을 오가면서 만났고 그때마다 우리의 흔들리는 마음을 용기로 충전시켜 주셨다. 우리가 세계일주를 출발하기 전날도 맛있는 점심을 사 주시면서 무사히 잘 다녀오라고 격려를 해 주셨다. 우리의 여행에 가장 정신적인 도움을 많이 주신 분을 꼽으라면 단연 이성 선생님 가족이다.

우리 가족이 궁금했던 여행 정보에 대해서는 이성 선생님 내외분께 많은 도움을 얻을 수 있었으나, 외국에 나가서 사물놀이 공연을 어떻게 할 것인지, 악기 운반을 어떻게 하면 좋은지에 대해서는 여전히 막막했다. 우리는 사람들이 많이 모이는 광장이나 길거리에서 공연하기를 원하지만 그게 과연 가능한지도 알 수가 없었다. 그러나 뜻이 있는 곳에 길이 있었다.

우연히 라디오 토크쇼 프로그램을 듣던 중 대학생 5명이 사물놀이 악기를 매고 1년 동안 세계를 돌면서 사물놀이 공연을 하고 돌아왔다는 소식을 접하게 됐다. 유럽에서 길거리 공연을 하다가 경찰에게 쫓겨난 이야기 등 세계일주를 하며 겪은 에피소드를 재미있게 들려주었다. 그들이 바로 우리가 품고 있는 궁금증을 정확하게 해결해 줄 사람들이었다.

우리는 지체없이 인터넷을 뒤져 전화번호를 알아내고 전화를 해서 집으로 초대했다. 바로 우리의 전통음악인 사물놀이를 세계에 알리고 돌아온 '아리 코리아' 라는 동아리였는데 세계일주 여독이 풀리지 않아서 총 5명의 대원 중, 김형준 대장과 배재훈 대원 두 명만이 집으로 찾아왔다. 우리는 궁금한 것들을 쏟아 냈고, 그들은 따끈따끈한 정보를 제공해 주었다.

우리는 그들에게서도 중요한 정보 몇 가지를 얻을 수 있었다. 입국시에 악기 때문에 문제가 되는 나라는 없으며, 길거리 공연을 하려면 원칙적으로는 허가를 받아야 하나, 허가없이 해도 대부분 나라에서는 큰 문제가 없었다는 것이다. 그리고 악기 운반 때문에 고민을 하던 우리에게 악기는 항상 몸에 지니고 다녀야 공연하고 싶은 곳 어디서든지 판을 벌일 수 있을 것이라며, 다른 짐을 줄이더라도 악기는 항상 가지고 다니라고 조언을 해 주었다. 사실 당시 우리는 미리 악기를 각 대륙별로 아는 사람들에게

런던 템즈강과 국회의사당.
바람이 몹시 불어서 흩날리는 머릿카락을 밀쳐내며 그렸다. 빅벤의 커다란 시계가 인상적이었다.

한 세트씩 보내 놓으면 어떨까? 아니면 대사관 등에 부탁해서 한 세트씩 준비를 요청해볼까? 현지에서 교민들이 파는 곳을 알아볼까? 하는 등 악기 운반의 여러 가지 방법을 궁리하고 있던 터였다.

이렇게 여행과 사물놀이 공연에 대한 소중한 정보들을 우리 가족은 하나도 빠뜨리지 않고 메모를 하며 들었고, 아이들의 초롱초롱한 눈빛에서 우리는 사물놀이 세계일주가 더 이상 꿈이 아니라 현실로 우리 앞에 다가와 있음을 느꼈다.

우리가 만난 사람들은 비단 여행 정보를 얻기 위한 사람들만이 아니었다. 세계에 나가서 외국인들과 좀 더 빨리 친숙해 지기 위해서 미리 세계의 여러 나라 사람들과 접촉할 필요가 있었다. 외국 사람에 대한 막연한 두려움을 없애기 위해 외국인들을 집에 초대하기로 했다.

우선 코리아 헤럴드 기자로 있으면서 우리 가족이 지하철역에서 공연하는 모습을 신문에 실었던 캐나다인 타드 기자를 초대했다. 처음 무슨 말을 할지 서먹해 하던 아이들도 친해지자 이내 아는 영어를 몇 마디씩 하며 재미있게 어울렸다. 이후 미군병사 두 명을 초대해서 반나절 동안 아이들과 실뜨기 놀이와 트럼프 놀이 등을 하며 즐거운 시간을 보냈는데, 아이들은 영어를 제대로 못해도 외국인들과 재미있게 지내는데 큰 문제가 없다는 것을 깨달았다. 런던대의 기스 하워드 교수는 여름방학을 이용해 우리나라의 사물놀이를 연구하러 왔다가 TV에 한 번 나오는 바람에 아내의 눈에 띄어 집으로 초대되었는데, 유명한 연주회장에서나 들을 수 있는 환상적인 피아노 연주를 들을 수 있었고, 아내의 플루트와 협연을 하기도 했다. 나의 일본 히다찌 동료도 가끔 집에 초대되었고, 그때마다 현정이는 한복을 곱게 입고 아리랑 무용을 선물했다.

이렇게 우리 집에는 외국 사람들이 자주 들락거리게 되었다. 그에 따라 우리 모두는 외국인들에 대한 두려움을 줄일 수 있었고, 외국 사람들에 대해 좀 더 많이 이해할 수 있었다. 우리의 세계일주는 이미 시작된 것이었다.

1. 사물놀이 연주를 하며 세계일주를 했던 아리코리아 팀은 우리에게 외국에서의 공연 경험을 들려주었다
2. 타드 기자에게 세계일주 예상 경로를 지구본으로 설명해 주고 있다
3. 우리 집을 찾은 런던대 기스 하워드 교수님과 함께. 세계일주 중에는 아쉽게도 만날 수가 없었다

우리가 가족 홈페이지를 오픈한 것은 2003년 4월, 세계일주를 출발하기 약 1년 전이다. 공새미라는 가족 이름도 지었고, 명함도 만들었으니 다음은 자연스럽게 홈페이지를 만드는 순서로 들어갔다. 홈페이지를 만들려고 결심한 것은 세계일주를 대비한 사전 포석이었다.

인터넷 시대에 홈페이지는 어디서나 누구나 손쉽게 접근할 수 있기 때문에 세계일주를 하면서 사진과 일기 등을 실시간으로 홈페이지에 올려서 우리를 아는 분들과 여행의 즐거움을 나누고 싶었다. 또한 세계일주 중에 한국에 있는 지인들과 연락 창구로서의 역할도 톡톡히 해내리라고 생각했다. 그리고 사물놀이 공연 활동을 통해 세상에 조금씩 알려지기 시작한 우리 가족은 홈페이지를 통해 우리 가족을 홍보할 필요성도 느끼고 있었다.

처음에는 내가 직접 만들려고 시도하다가 아무래도 디자인 등 미적 감각을 갖춘 전문회사에 맡기는 것이 나을 것 같아서 나는 콘텐츠만 만들어 놓고 홈페이지 제작은 전문회사에 의뢰했다. 의뢰한 지 2개월 만에 나온 홈페이지는 제법 잘 꾸며져 있었다.

우리 가족은 다시 한 번 꿈을 이룬 기쁨을 만끽하며 환호성을 질렀다. 이제는 우리가 원하면 무엇이든지 이룰 수 있다는 자신감으로 넘쳐났다. 우리는 아는 사람들에게 홈페이지 입주 소식을 알렸고 많은 사람의 축하와 격려가 홈페이지에 연일 쏟아졌다. 홈페이지는 우리와 사회를 연결해 주는 통로가 된 것이다.

세계일주 출발을 앞두고, 홈페이지 정비에 들어갔다. '공새미의 세계일주' 라는 코너를 새로 만들고, 세계일주에 대한 여러 가지 콘텐츠도 추가시켰다. 세계일주 하면서 찍을 사진을 올릴 공간도 만들었고, 일기를 올릴 공간도 만들었다. 영문 홈페이지도 새로 만들었다. 앞으로 세계에 나가서 세계인들과 연락을 취하려면 영문 홈페이지가 반드시 필요했기 때문이다. 물론 영문 명함도 새로 만들었다.

2003년 4월에 오픈한 우리 가족 홈페이지의 메인 화면

이렇게 만든 홈페이지는 우리가 세계일주 하는 기간 동안 한국에 있는 지인들과 소식을 주고받고, 우리의 근황을 알리는 훌륭한 역할을 담당했다. 물론 생각만큼 원활하지 못한 외국의 인터넷 사정 때문에 사진을 올리고, 한글을 입력하고, 일기를 쓰는데 어려움을 겪기도 했지만 홈페이지에 올라오는 격려의 글들을 읽으면서 우리가 결코 외롭지 않다는 것을 느꼈다.

세계일주에서 돌아온 지금도 홈페이지는 우리 가족과 사회를 연결해주는 없어서는 안 될 통로이며 우리 재산 1호는 아파트가 아니라 바로 사이버상에 지은 우리의 홈페이지이다.

퇴직

내가 세계일주를 위해서 퇴직을 생각한 것은 2001년 말부터이다. 하나의 팀을 맡고 있는 팀장으로서 무책임하게 어느 날 갑자기 그만

둘 수는 없었다. 때문에 그때부터 팀원들에게는 세계일주에 대한 꿈을 이야기하면서 몇 년 내에 회사를 그만 둘 것 같다는 신호를 보냈다. 팀원들도 당시에는 진지하게 받아들이지 않는 것 같았으나, 우리 가족이 사물놀이 활동을 하고 언론에도 소개되는 것을 보면서 생각을 바꾸는 것 같았다.

　직접적으로는 세계일주 때문에 퇴직을 하기로 결정은 했지만 사실은 당시 많이 지쳐있었다. 새로운 기술이 날마다 쏟아져 나오는 현실의 급변하는 환경에 적응하기에도 너무 벅찼고, 기술자로서 사명의식과 자부심도 점점 줄어들고 있었다. 평소에 '사람은 나아갈 때와 물러갈 때를 잘 알아야 한다'고 생각해 오던 나는 세계일주로 마음을 굳혀서인지 그 당시가 내가 물러날 시점이라고 직감할 수 있었다.
　상대적으로 사장님을 비롯한 윗분들에게는 늦게 알렸다. 직접 말씀드릴 수도 있었지만 이메일을 통해서 먼저 알렸다. 이럴 때는 이메일이 참 편리하다. 처음에는 믿으려 하지 않던 상사 분들도 상세한 계획을 들어보시더니, 자라는 아이들에게는 큰 도움이 될 거라면서 어디서 그런 용기가 나왔느냐며 평소의 나와 다른 행동에 놀라워하셨다.

　퇴직 시기를 놓고 고민하던 나는 마침 전사 조직 개편이 있었던 2003년 7월을 퇴직일로 정했다. 사실 2004년 2월경에 세계일주를 떠날 예정이었기 때문에 아직 여유가 있었으나, 조직개편 시기에 떠나는 것이 회사나 팀원들에게 피해를 조금이라도 덜 줄 것 같았다.
　회사를 그만두기로 결정한 날이 다가올수록 망설여졌다. 과연 세계일주를 떠날 수 있을까? 아직도 수많은 변수가 남아 있었다. 이러다 무슨 일이 생겨 세계일주를 못 가게 되면 어떻게 하나? 다녀와서는 어떻게 생

비가 부슬부슬 떨어지고 있어서 스케치를 서둘러 마쳐야 했다. 판테온 신전의 천장에는 동그란 창이 있는데, 비가 와도 들이치지 않도록 설계되었다고 한다.

활해야 하나? 여행 출발 전의 생활비는 어떻게 감당하나? 여러 가지 걱정거리로 머리가 아파 왔다. 이런 나의 고민을 아내가 눈치챘는지

"여보! 이왕 그만두기로 결정한 것 하루라도 빨리 그만둬요. 여행 다녀와서도 우리가 할 일은 얼마든지 있고, 무엇을 하든지 충분히 먹고 살 수 있어요. 아무 걱정하지 말고 그만두세요."

라는 말로 위로해 주었다. 어려울 때 힘이 된다는 것이 바로 이런 것인가? 이래서 가족이 필요한 것인가? 나는 홀가분한 마음으로 회사의 마지막을 여유롭게 장식할 수 있었다.

회사를 그만둘 때 사장님과 면담을 했는데, 그때 사장님이 하신 말씀은 지금까지도 생생하게 기억난다.

"김 부장, 만약 무슨 일이 생겨 세계일주를 못 떠나게 되면 다른 생각 말고 재입사하도록 하세요."

말씀만으로도 정말 감사했다. 사장님이 그 정도로 나를 신뢰하고 있었다고 생각하니 그간의 회사 생활이 헛되지 않은 것 같았다.

1985년부터 2003년까지 18년 동안의 회사생활은 나에게 잊지 못할 소중한 시간이었다. 수많은 사람과 관계를 맺었고, 이 관계를 통해서 사회를 알아 갔다. 함께 열심히 일하고, 힘들 때는 위로하며, 기쁠 때는 함께 기쁨을 나누었던 동료, 선후배들의 모습은 지금도 나의 마음속에 또렷이 남아 있고 앞으로도 영원히 남을 것이다.

회사를 그만두고 나서 가장 힘들었던 것은 조직의 울타리가 갑자기 사라져 버렸다는 것이다. 회사 건강보험조합에서 탈퇴하고, 지역건강보험에 가입을 하면서 나는 이제 완전히 조직에서 떨어져 나온 개인이라는 것을 실감하게 되었다. 조직에서 떨어져 나온 실업자라는 것을 깨우쳐주기라도 하듯 국민연금보험 관리공단에서는 빨리 연금을 내라고 독촉을 한다. 이 모든 것이 조직에서 떨어져 나와 심란한 마음을 더욱 부채질했다.

생활 패턴이 갑자기 바뀌면 여러 가지 면에서 좋지 않을 것 같아서 일부러 출근 시간에 맞추어 도서관으로 갔고, 퇴근시간에 맞추어 집

회사 퇴직 후, 회사 행사에서
공연하는 모습

으로 돌아왔다. 세계일주 준비를 본격적으로 해야 했기 때문에 항상 시간이 모자라서 시간을 보내는 데는 문제가 없었다.

시간이 있는 틈을 타서 중국어와 스페인어를 독학했다. 혼자만의 생활에 익숙해지면서 지인들이 하나 둘 생겨나기 시작했다. 회사에 있을 때 만났던 동료, 선후배와는 전혀 다른 모습을 한 사람들을 사귀면서 삶이 풍요로워 지는 것을 느꼈다. 내가 살아왔던 삶과 전혀 다른 분야에서 살아온 사람들과의 접촉은 나에게 신선한 충격을 주었고, 세상을 바라보는 시각을 한층 더 넓혀주었다.

지금도 나에게는 회사를 퇴직한 후에 만난 소중한 사람들이 많이 있다. 직업도 제각각이고 개성도 모두 다르지만 공통적으로 인간에 대한 따뜻한 마음을 갖고 있는 사람들이다.

부모님 전상서

지금까지 살아오면서 부모님께 수많은 불효를 저질렀지만 아마도 가장 큰 불효를 저지른 것이 지금부터 이야기하려고 하는 일일 것이다. 우리에게는 세계일주를 위해서 반드시 넘어야 할 산이 두 가지가 있었다. 하나는 회사를 퇴직하는 것이요, 다른 하나는 부모님의 승낙을 받는 것이었다.

회사야 내 앞날이 좀 불안하더라도 퇴직을 하고 그 불안을 감수하면 그만이지만, 장남으로서 온 가족을 다 데리고 1년간 세계일주를 한다고 연로하신 부모님께 말씀드린다는 것은 도저히 엄두가 나지 않았다. 부모님께 모든 것을 먼저 알리고 세계일주 계획을 추진하는 것이 순서인 줄은 알았지만, 다른 것들을 먼저하고 부모님께 말씀드리는 것은 뒤로 미루다 보니 시간만 흘러갔다. 아니 정확하게 말하면 부모님께 먼저 말씀을 드리고 나면 세계일주를 위해 회사를 퇴직하는 것 등을 도저히 추진할 자신감이 없었다. 결국은 그렇게 또다시 꿈을 묻어 버려야 한다는 불안감이 더욱 컸다. 그래서 부모님께는 대단히 죄송스럽지만 일단 퇴직부터 해서, 배수의 진을 치고 세계일주 계획을 말씀드리기로 했다.

퇴직이 결정되자 더 이상 부모님께 말씀드리는 것을 미룰 수가 없었다. 우리 집에서 지내는 할아버지 제사에는 아버지가 항상 올라오시기 때문에 제사 때 올라오시면 말씀드리는 것이 가장 좋을 것 같았다. 그러나 아버지 앞에서 불쑥 말을 꺼내기가 힘들 것 같아 미리 부모님께 편지를 쓰기로 했다. 할아버지 제사가 보름 정도 남았을 때, 아내와 나는 밤늦게까지 고민하면서 편지를 썼다. 편지를 쓰고, 겉봉투에 주소를 적고 우체국에 가서 부칠 때까지의 일련의 과정과 느낌들이 2년이 훨씬 지난 지금까지도 생생하게 되살아난다. 그만큼 우리에게는 힘들고 어려운 일이었다.

그런데 편지를 보낸 지 며칠이 지났는데도 아무 연락이 없었다. 혹시 편지가 제대로 도착하지 않은 것은 아닐까? 부모님이 너무 화가 나서 연락을 안 하시나? 우리가 먼저 전화를 하려고 해도 무슨 말부터 해야 할지 몰라 전화기를 들고 망설이다 내려놓곤 했다. 그 당시에는 온 가족의 모든 신경이 전화기에 가 있었다. 아이들도 전화벨이 울릴 때마다 '혹시 할아버지 전화인가?' 하고 받지 않고 우리에게 넘겨주곤 했다.

그렇게 1주일이 지난 후 드디어 아버지에게서 전화가 왔다. '별일 없느냐? 아이들은 아프지 않고 잘 있느냐?' 라는 말씀이 전부였다. 분명히 편지를 보셨을 텐데 아무 말씀도 없으시고, 뭔가 말씀을 하실 것 같더니 전화를 끊으셨다. 우리는 궁금증이 더 커졌다. '왜 아무 말씀도 없으셨을까? 정말로 편지가 도착하지 않은 것은 아닐까? 아니야, 그럴 리가 없어…….'

다시 1주일이 지나서 아버지는 서울로 올라오셨다. 동생네 식구들과 사촌들이 집에 모였는데도 우리가 보낸 편지에 대해 아버지는 아무 말씀도 없었다. 다음날 동생네와 사촌들이 모두 집으로 돌아간 후에 아버지는 무겁게 입을 열었다.

"회사를 그만둔다는데 어떻게 된 일이냐? 그리고 세계일주가 무슨 얘기냐?"

이제 올 것이 온 것이다. 아내와 나는 아버지 앞에서 자초지종을 말씀드리고 용서를 빌었다.

"결정하기 전에 미리 알려 주었더라면 좋았을 텐데……. 이제 모든 것을 결정한 상태인 것 같은데, 세계 어디 어디를 갈 생각이냐?"

드디어 아버지가 허락을 했다는 신호로 받아들인 나는 우리의 세계일주 계획에 대해 아버지께 말씀드렸다. 평소 세계 여러 나라의 지리, 역사에 대하여 관심이 많으셨던 아버지는 나의 이야기 속으로 빠져들었다. 그러면서 '왜 러시아는 안 가느냐? 중동은 가능하면 가지 말라. 아이들과 같이 가는 것이니 위험한 곳은 가급적 피해라. 너희같이 가족이 함께 세계일주를 한 사례가 있느냐?' 하시며 질문과 충고를 쏟아 내셨다. 말씀을 하시는 아버지의 얼굴 모습은 마치 당신이 세계일주를 떠나는 사람처럼 흥분돼 있었고 호기심에 가득 차 있었다.

이 일이 있고 한참이 지난 후, 우리가 세계일주를 떠나기 전 신문기자가 취재차 우리 집에 온 적이 있는데, 그 신문기자가 아버지께 '아들이, 그것도 큰아들이 가족들을 데리고 세계일주를 간다는 이야기를 듣고 어떠셨어요?' 라고 질문을 하자 아버지께서는 '솔직히 처음에는 많이 섭섭했다. 하지만 만약 젊었다면 내가 진짜 해 보고 싶은 일이었다' 라는 말씀으로 우리를 응원해 주셨다.

부모님의 허락을 받고 나자 우리는 비로소 세계일주에 대한 확실한 비전을 가질 수 있었다. 지금까지 준비를 많이 해 왔지만 부모님의 허락이 떨어지지 않은 상황에서는 항상 개운치가 않았고, 정말 우리가 세계로 떠난다는 확신이 서질 않았다.

이후 우리의 계획은 일사천리로 진행됐고, 우리 가족 모두는 본격적인 준비를 할 수 있었다.

어학공부와 체력단련

　퇴직을 하고 나서 세계일주까지 남은 6개월 동안에 스페인어와 중국어를 공부하기로 했다. 여행자들로부터 들은 이야기를 통해서 중국과 남미에서는 영어가 거의 통하지 않는다는 말을 듣고, 기초적인 것만이라도 공부하면 여행을 하는데 도움이 되지 않을까 하는 생각에서 시작한 것이다.

　특히 우리는 가는 곳마다 사물놀이 공연을 할 예정이기 때문에 현지인과의 의사소통은 대단히 중요한 일이었다. 2003년 여름 방학부터 아이들과 함께 도서관에 나가서 어학공부를 시작했다.

　결과적으로는 이 시기의 어학 공부가 여행에서 많은 도움이 되었다. 특히 중국어의 경우 이 시기에 배운 것을 기초로 해서 주로 현지에서 필담으로 의사소통을 했는데 큰 어려움이 없었다.

　우리 가족의 소개서도 한국어, 영어, 중국어, 일본어, 스페인어의 5개 국어로 만들어서, 코팅을 했다. 우리가 공연을 할 때 구경하는 사람들이 볼 수 있고, 또 입국에 문제가 있을 시에 잘 대응할 수 있을 것 같았다.

　세계일주를 하기 위해서는 체력도 뒷받침해 줘야 하기 때문에 2001년부터 마라톤을 시작했다. 아이들도 함께 뛰곤 했는데, 세계일주를

세계일주 시에 가지고 다녔던 가족 소개서 영어, 일본어, 중국어, 스페인어, 한국어 5개 국어로 작성했다

떠나기까지 3년 동안 풀코스 4번, 하프코스 10회 정도 완주할만큼 열심히 준비를 했다. 이런 준비는 세계일주뿐만 아니라 생활 패턴을 바꾸는데 크게 기여했고, 지금까지도 이 습관을 계속 유지하고 있다.

여행 계획서

우리는 자기 자신에 대해서 얼마나 알고 있을까? 자기 자신을 아는 것이 중요하다는 것을 알지만 그 일이 결코 쉽지 않다는 것도 안다. 스스로 자신을 노출하는 아픔 때문에 자신을 알아가는 여행을 포기하거나, 피상적으로 보이는 모습을 자기 자신이라고 단정해 버리는 일이 많다. 나 또한 나 자신에 대해 그동안 많은 오해가 있었다는 것을 세계일주를 준비하고 정리하는 과정에서 명확하게 알 수 있었다.

먼저 내가 자신에 대해 잘못 이해하고 있었던 부분은 '나는 매우 철저하고, 계획적이며, 꼼꼼하고, 다른 사람들과 잘 어울리고, 현실적이지만, 창의성은 모자란다.' 는 것이다. 그러나 이런 사실들은 실존하는 나, 즉 내면의 나의 모습과는 많이 다르다는 것을 알 수 있었다. 사회에서 어떻게든 생존하고, 적응하고, 인정받기 위해서 무의식적으로 이 부분이 개발되었던 것이다. 진정한 내가 아닌 사회적 필요에 의해 만들어진 나였다. 다른 사람들로부터 이런 말을 듣고, 스스로 '나는 이런 사람' 이라고 생각했던 것이다.

그러나 퇴직하고 세계일주를 준비하는 과정에서 진짜 내 모습을 발견할 수가 있었다. 나는 철저하고 계획적이라기보다는 일을 저지르는 것을 좋아하고, 꼼꼼하고 현실적이라기보다는 덤벙대고 이상주의적인 특성이 훨씬 강했다. 이렇지 않고는 나의 행동들(대책도 없이 회사를 그만두고 온 가족을 데리고 무작정 세계일주를 떠나는 것)을 도저히 설명할 수가 없었다. 하지만 모자란다고 생각했던 창의성은 하고 싶은 일을 하면서는 끝없이 아이디어가 떠올랐다.

내가 여행계획서를 만든 이유도 그것을 통해서 여행을 철저히 준비한다는 의미보다는 여행계획서를 만드는 것 자체를 창조적인 작업으로 즐겼던 것이다. 회사를 퇴직하자마자 이전부터 만들고 있던 여행계획서를 본격적으로 만들기 시작했다. 회사에 근무할 때부터 계획서를 작성하거나, 제안서를 작성하는 일에는 익숙해 있던 터라 전체적인 여행계획서의 윤곽이 바로 머리에 떠올랐다.

우리의 세계일주 목적을 크게 5가지(①삶의 재충전/인생 방향 설정 ②해외 동포 위로 ③우리문화 보급 및 문화의 교류 ④폭넓은 인적 네트워크 구축 ⑤사랑과 희망의 전파/가족 사랑 재확인)로 나누고 온 가족이 함께 참여한다는 의미에서 각각 자신이 생각하는 목적을 적기로 했다. 그리고 온 가족이 여행 중 지켜야 할 열 가지 규정도 함께 정했다.

여행계획서를 작성하는 것은 신나는 일이었다. 실제 세계일주를 하기 전에 먼저 정신적으로 한 번 세계일주를 하는 것이기 때문이다. 나는 여행을 떠나기 전에 준비해야 할 리스트를 꼼꼼하게 모두 발췌했고, 준비 사항을 확인하기 위한 체크리스트도 만들었다.

회사에서는 돈을 벌기 위한 제안서에 골머리를 썩혔던 것에 비하면, 돈을 쓰기 위해 여행 계획서를 작성하는 일은 결과야 어찌됐건 즐거운 일임에 틀림없었다. 수정에 수정을 거듭한 끝에 세계일주를 떠나기 4개월 전 우리의 여행계획서는 최종적으로 완성되었다.

그렇다면 이렇게 만든 여행계획서는 우리의 실제 여행에 얼마나 도움이 됐을까? 결과적으로 말하면 전체적인 일정 외에는 계획서를 거의 참조한 적이 없었다. 즉 여행계획서 따로, 여행 따로였던 것이다.

여행계획서를 만드는 것 자체가 하나의 창조적인 작업이었고, 여행하는 것은 또 다른 창조 작업인 것이었다. 우리는 여행계획서를 만들면서 이미 세계일주를 한 번 했기 때문에, 여행계획서의 임무는 그것으로 족했다.

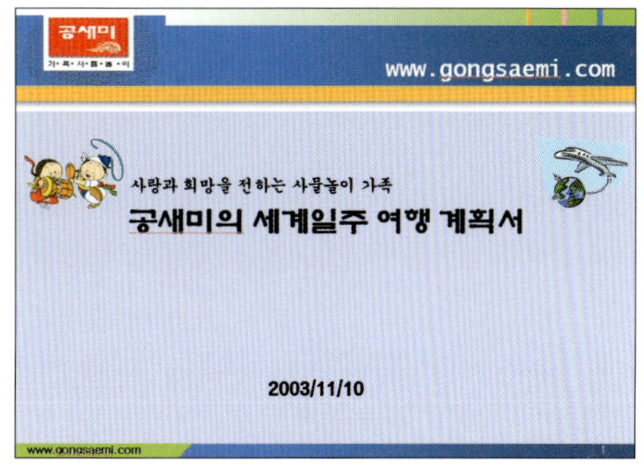

'여행 계획은 철저히 작성하라. 그러나 여행 시에는 여행 계획에 얽매이지 말라' 이것이 나의 여행에 대한 기본 생각이다. 얘기치 못하는 상황이 벌어지는 곳에서 계획대로만 하려는 것은 또 다른 스트레스이고, 우리와 문화가 다른 사람들과 교류하는데도 결코 도움이 되지 않기 때문이다. 여행은 계획을 세워서 그것을 실천하러 가는 것이 아니라, 나 자신의 패러다임을 버리고 다른 사람들 속으로 들어가기 위해 떠나는 것이기 때문이다. 모든 상황에 임기응변으로 대응을 해야 하고, 머릿속은 계획서가 아니라 여행지에서의 삶에 집중을 해야 한다.

그렇다고 계획이 무의미하다는 것은 결코 아니다. 역으로 계획서를 철저하게 작성해 보았기 때문에 오히려 여행계획서에서 자유로울 수 있는 것이다.

어쨌든 꼼꼼하지도, 철저하지도 못한 성격인 나 같은 사람이 여행계획서를 작성하면서 여행을 준비한다는 것은 매우 유익한 일이었다. 내 장점은 그대로 살리면서 약점들을 잘 보완해 주었기 때문이다.

마지막 시련

1년 동안의 장기간의 여행을 위해서 아내와 나는 정밀 정기 검진을 신청했다. 그동안 회사에서 2년에 한 번씩 정기적으로 건강 검진을 받아 왔기 때문에 크게 걱정은 하지 않았지만 그래도 병원에만 가면 항상 불안한 마음을 감출 수가 없었다.

가끔 속이 더부룩하다는 아내는 위 내시경 검사를 하기로 했고, 나도 특별한 이상은 없었으나 좀 더 정밀한 검사를 받아 보기 위해 지금까지 한 번도 하지 않았던 내시경 검사를 신청했다. 비교적 잔병치레를 많이 했던 나였지만 소화 기능만큼은 문제없다고 항상 자신 있어 했던 터라 건강검진을 받은 후에도 전혀 걱정을 하지 않고 결과가 나오기만을 기다렸다.

그러나 상담의사가 꽤 심각한 표정을 지으며 평소에 불편했던 점이 없었느냐고 묻는다. 위 내시경 검사 결과가 좋지 않게 나온 것 같았다. 그제야 내시경을 하면서 조직검사를 하느라 시간이 많이 걸렸던 이유를 알았다. 빨리 결과를 병원에 가지고 가서 재진료를 받고 필요한 조치를 취하라고 했다. 걱정했던 아내는 아무 이상이 없어서 한시름 놓았지만, 나는 망치로 머리를 한 대 얻어맞은 기분이었다.

건강검진 결과를 가지고 집으로 돌아와서는 조직검사 결과에 나와 있는 갈겨쓴 영어 단어를 모두 인터넷에서 찾아보았다. 위암 바로 직전에 나타나는 현상들이 모두 나와 있었다. 또한 건강검진 결과 마지막에 쓰인 '주변에 더 심한 병변이 있을 수 있으니 정밀 재검 바람'이라는 문구는 밤잠을 설치게 했다. 주변에 암이 있을지도 모른다는 말로 해석한 나는 도저히 잠을 이룰 수가 없었다. 병원에 1주일 후 예약을 잡아 놓았는데 기다리기에 너무 길었다.

혹시 잘못해서 위암이 발견된다면 우리 가족의 세계일주의 꿈은 어떻게 되는 것인가? 하나님도 우리 가족의 세계일주 꿈이나 이룬 후에 시련을 주시지……. 퇴직절차를 다 밟아 놓은 회사는 어떻게 해야 하나? 병이 있다면 당장 다른 일도 시작하지 못할 텐데……. 아! 모든 것이 이렇게 끝나 버리는 걸까?

잠자리에 들어 눈만 감으면 온갖 불길한 상상이 머리를 떠나지 않았고, 자다가 벌떡 일어나 미친 듯이 인터넷을 뒤졌다. 위암 초기 발견 시 완치율 95% 이상, 1기일 경우 80% 이상…….

그래, 내 경우는 위암이라 하더라도 초기이기 때문에 바로 수술만 하면 문제는 없을 거야. 그러나 계획을 세워놓은 우리 가족의 세계일주는 어떻게 되는 것인가? 이번이 아니면 온 가족이 함께 세계일주 할 수 있는 기회는 없는데, 결국은 가족 세계일주의 꿈은 사라지는 것인가? 준비를 다 해놓고 포기해야 하다니, 너무 허무했다. 도저히 1주일을 기다리지 못해 병원에 있는 친구에게 연락을 해서, 진료 날짜를 당겨 달라고 부탁을 했다.

의사는 담담하게 내시경으로 촬영한 사진을 보여주면서 아직 암은 아니지만 상당히 좋지 않은 종양이라면서 내시경으로 제거 시술을 해야 한다고 했다. 그대로 두면 암으로 전이될 확률이 매우 높다는 것이다. 지금 상태에서 발견 된 것이 정말 다행이라면서, 위의 다른 부위에는 이상이 없다고 했다. 아내와 나는 안도의 한숨을 쉬었고, 바로 입원 일자를 잡고 내시경으로 종양을 떼어내는 시술을 했다. 재발 여부 확인하기 위해 6개월 후에 다시 위 내시경을 하기로 했다.

6개월 후면 계획상으로는 우리가 바로 세계일주를 떠나기 직전이다. 재발 확률이 2~3%라는 말에 재발 가능성이 없다고 판단을 하고 바로 세계일주 준비에 들어갔다. 아니, 지금 와서 선택의 여지가 없었다. 되돌아가기에는 너무 멀리 와 버렸기 때문이다.

아내는 혹시나 재발하면 어떡하나 하고 걱정을 많이 하는 눈치였다. 특히 우리 집을 전세 놓기 위해 계약을 결정할 때의 아내의 고민은 극에 달했다. 가능성이 아무리 적더라도 재발한다면 원래의 생활로 되돌리기가 너무 힘들기 때문이다.

6개월이 지나서 다시 병원을 찾아가서 위 내시경 검사를 했다. 제발 아무 일도 없게 해 달라고 기도를 했다. '잘 아물었습니다. 1년 후에 다시 오세요' 라는 말을 듣는 순간 아내와 나는 의사에게 감사하다는 말을 수없이 반복했다.

즉시 집에서 초조하게 기다리는 아이들에게 전화로 알렸더니, 수화기 너머에서 환호성을 지르는 아이들의 목소리가 들려 왔다. 아내와 나는 신촌의 2층 어느 커피숍에 앉아 손을 꼭 잡고 우리의 꿈이 이루어지도록 도와준 모든 사람들에게 감사를 드렸다. 바삐 오가는 행인들 머리 위로 1월의 차갑고 눈부신 햇살이 사금파리처럼 부서지고 있었다.

세계일주를 다녀 온 요즘도 우리 부부는 가끔 그 때의 일을 회상하며 세계일주를 떠나지 않았더라면 나의 병도 조기에 발견할 수 없었을 것이고, 세계일주를 떠나기 전에 만약 정밀검진을 받지 않고 갔더라면 돌아오자마자 커다란 불행을 맞았을 것이라며, 모든 것이 우리를 위해 준비된 절차였다고 안도의 한숨을 내쉬곤 한다.

정리하기 & 짐 꾸리기

　세계일주를 떠나기 위해서 준비하고 정리하는 과정에서야 나는 비로소 그동안 얼마나 많은 것에 얽매어 살고 있었는지를 확인하게 되었다. 1년 동안 한국을 떠나 있을 거지만 내가 한국에서 살던 기반을 모두 정리하고 마무리를 해야 했다. 정리할 일들은 끝없이 꼬리를 물고 나타났고, 무엇하나 손쉽게 정리되는 것이 없었다.

　우리 모두의 삶이 어쩌면 이렇게 단단한 끈으로 묶여져서 꼼짝 못하게 되어 있는지도 모른다. 그 끈을 잘라내는 작업이 이렇게 힘든 것은 지금까지 나의 삶이 그만큼 그 끈에 의존하고 있었다는 증거도 되었다.

　건강보험, 국민연금, 아이들의 학교 휴학 문제, 복용중이던 혈압 약의 조달 문제, 살림살이 보관 문제 등, 해도 해도 끝이 없을 것 같던 정리 작업도 마지막으로 살던 집을 전세주고, 150만 원을 주고 세간들을 1년간 보관하는 것으로 일단락되었다.

　그러나 이상한 것은 이렇게 힘든 정리 작업을 하면서도 귀찮다거나, 세계일주를 포기하고 싶다는 생각은 전혀 없고, 오히려 '떠나는 것이 이렇게 힘들기 때문에 아무나 실행을 할 수 없는 것이구나.' 하고 자신을 위로하며 묘한 쾌감을 느낀 것이다. 이렇게 주위의 모든 것을 한 번 정리해 본 경험은 내게 큰 자신감을 심어 주었으며 세계일주 후의 생활 패턴을 완전히 변하게 했다. 오히려 준비하고 정리하는 과정에서 여행할 때보다 더 많은 것을 느꼈다.

　세간들을 모두 차에 실어 보내고 텅 빈집에서 온 가족이 하룻밤을 지냈다. TV나 오디오의 유혹, 컴퓨터, 냉장고, 책의 유혹마저도 없는 조용한 집 안에서 우리 가족은 물질 문명에서 해방되는 자유를 만끽했다. 그리고 아이들이 제안하는 여러 가지 놀이를 하며 가구가 사라져 넓어진 집을 뛰어다니며 하룻밤을 즐겁게 보냈다.

이사 날짜와 세계일주를 출발하는 날짜가 맞지 않아서 세계일주를 떠나기 전 10일 정도는 처남 집에서 신세를 져야 했다. 처남 집에서 세계일주를 위한 짐을 꾸리기 시작했다.

평소 1박 2일 놀러 갈 때도, 엄청나게 많이 준비하는 아내를 보고는 한 달 먹고 살 것을 준비하느냐고 놀려대곤 했는데, 과연 1년 여행을 떠나는 짐이 어느 정도 될 것인지는 여러분도 충분히 짐작을 할 수 있을 것이다. 여행 출발하기 5일 전에 짐을 꾸렸다. 일단 필요한 물건을 다 챙겼더니 예상대로 짐은 이삿짐 수준으로 어마어마했다. 이래서는 여행이 아니라 1년 내내 짐만 나르다가 돌아오게 될 것이라는 위기감을 온 가족이 느꼈다. 그 후 매일 짐을 풀었다 싸기를 반복했다. 짐 하나하나가 꼭 필요한 것인지를 스스로에게 물어보면서……

짐을 풀었다 다시 쌀 때마다 배낭하나 분량이 줄어들었다. 최종적으로 등에 메고 다닐 4개의 커다란 배낭과 손에 들고 다닐 사물놀이 악기인 장구, 북, 징, 꽹과리 그리고 목에 걸고 다닐 귀중품인 노트북, 비디오카메라, 디지털 카메라 등으로 정리가 되었다. 현정이가 끌고 다닐 바퀴 달린 가방도 준비했다. 모든 짐마다 번호표를 붙였는데 번호가 18번까지 나갔다. 떠나기 전날 온 가족이 짐을 메고, 드는 예행 연습을 해 보았다. 일단 모든 짐들이 우리 몸에 붙어 있어서 안심이 되었다. 이렇게 해서 떠날 모든 준비는 끝났다.

지금 생각해 보면 실제 여행하는 기간보다 준비하는 기간이 훨씬 더 힘들었던 것 같다. 여행할 때는 육체적으로는 힘들었으나 정신적으로는 아주 단순한 생활이었기 때문이다. 당장 먹고 자고 움직이는 일에만 신경을 쓰면 되었고, 이곳에서처럼 주위의 일들에 신경을 쓸 일이 없었기 때문이다.

세계일주 짐을 꾸리는 데 나름대로 우선순위를 정했다. 우리의 가장 중요한 목표는 길거리 사물놀이 공연을 하면서 세계일주를 하는 것이기 때문에 우선순위가 가장 높은 것은 악기였다.

해외에 있는 아는 사람들에게 미리 악기를 보내 놓는 방법도 고려했지만, 우리가 직접 들고 다니는 것이 가장 자유롭다는 결론을 내렸다. 길거리 아무 데서나 우리가 마음에 드는 곳에서 판을 벌이려면 악기만큼은 아무리 힘들더라도 몸에 항상 붙어 있어야 했기 때문이다.

우리는 이 많은 짐을 메고, 들고 다녔다

다만 조금이라도 부피와 무게를 줄이기 위해 출발하기 전에 가능한 크기가 작은 악기들로 다시 한 세트를 장만했다. 그러나 악기의 크기에 따라 사물놀이의 음이 좌우되기 때문에 무작정 작은 것으로만 할 수도 없었다. 다른 악기에 비해 파손 위험이 큰 장구와 북은 비행기 기내의 선반의 짐칸에 실을 수 있을 정도의 크기를 구입했다.

그러나 실제 여행 시에는 선반의 짐칸 크기가 작은 비행기가 대부분이어서 장구와 북도 주로 'Fragile'이라는 딱지를 붙이고 짐칸에 싣기가 일쑤였다. 여행 중 유럽에서 북과 꽹과리가 깨졌는데, 다행스럽게 한국에서 프랑스 파리로 오는 사람 편에 새것을 전달 받을 수가 있었다. 예비용 장구피는 계속 가지고 다니다가 미국 뉴욕의 플러싱 한인회에 주고 오기도 했다.

악기의 우선순위가 가장 높은 반면에 옷은 우선순위가 가장 낮았다. 하지만 부피가 만만치 않아서 떠나기 마지막 순간까지 옷을 줄이는데 집중했다. 옷을 줄이기 위해서 여행 계획을 잡을 때 각 나라마다 계절이 여름에 맞도록 정했다. 우리가 떠날 때 한국은 한겨울이었지만 첫 나라인 인도만 해도 초여름이라 두꺼운 옷이 필요 없었다. 그리고 여름옷은 가능하면 현지에 가서 사 입기로 했다. 이렇게 해서 부피가 가장 컸던 옷은 많이 줄일 수가 있었고, 실제 여행을 하면서도 옷이 모자라 불편을 겪은 적은 없다. 현지의 시장에서 옷을 사 입었는데, 이것도 여행의 큰 즐거움이었다.

특히 현지 사람들에게 호감을 줄 수 있어서 좋았다. 현정이의 경우는 인도와 중국 등에서 그 나라 전통 의상을 입고 돌아다녔고, 공연을 할 때도 한복 대신에 그 나라 전통 복을 입고 했는데, 구경하는 사람들이 무척 좋아했다. 여행을 하면서 그 나라 사람들과 친해질 수 있는 가장 좋은 방법은 그 나라 사람들이 먹는 음식을 즐겨 먹고, 그 나라 사람들이 입는 옷을 즐겨 입는 것이다.

여권, 비행기표, 여행자 수표 등 가장 중요한 것들은 개인별로 전대에 나누어서 찼다. 분실에 대비해서 나와 아내의 전대에는 가장 중요한 것을 놓고, 그 다음 중요한 것은 민정, 가장 덜 중요한 것은 민수 전대에 넣었다. 이 전대는 내의 속에 찼는데 여행 중에는 샤워할 때만 빼고는 잠을 잘 때도 차고 잤다. 그래서 더운 나라를 여행할 때는 배에 땀띠가 생길 정도였다.

여행이 거의 끝나 갈 무렵인 남미 아르헨티나의 숙소에서 민수가 샤워를 하고 나서 전대를 그냥 침대 배게 밑에 넣고 온 적이 있었다. 이미 브라질의 국경을 넘고 나서야 그 사실을 알았는데, 민수 전대에는 나와 아내의 국제 운전면허증과 비자 발급용 사진이 들어 있었다. 호주와 뉴질랜드만 남은 시점이라 둘 다 앞으로 거의 필요 없을 것 같아서 포기했다. 결과적으로 덜 중요한 것을 민수에게 맡겼던 것은 잘한 일이었다.

세계일주 항공권

출발하기 전날 드디어 마치 한 권의 책처럼 두꺼운 다섯 사람용의 세계일주 항공권을 손에 넣었다. 1인당 40페이지 분량이니 그 두께를 짐작할 수 있을 것이다. 세계일주 항공권은 각 제휴 항공사마다 판매를 하는데, 각각 조건도 틀리고, 가격도 천차만별이다.

우리는 그 중에서 원월드라는 홍콩의 케세이퍼시픽이 가입되어 있는 제휴 항공사에서 판매하는 티켓을 끊었다. 6개 대륙을 전부 가는 것으로 해서 세금포함 1인당 500만 원 정도였다. 총 20번 탈수 있고 1년 스케줄이 모두 짜여있었다. 즉, 현지에서 필요에 의해서 날짜만 조정을 하면 되도록 되어 있었다.

항공 스케줄을 최종 결정하는 데에는, 출발 1주일을 남겨 놓고서야 최종적으로 스케줄이 확정될 정도로 마지막까지 진통이 있었다. 출발하기 1달 전 예기치 못한 병으로 내가 입원하는 바람에 1주일 정도 출발 날짜가 늦어졌고, 처음 행선지를 동남아부터 했다가 그곳이 조류독감 만연 소식으로 인해 부모님이 걱정하시는 바람에 인도부터 가기로 하고 동남아는 가장 나중에 호주에서 돌아오는 길에 들르기로 했다. 그렇지 않아도 부모님이 여러 가지로 걱정을 하는데 처음부터 부모님께 염려를 끼쳐 드리고 싶지 않았기 때문이다.

결국 동남아는 우리와 인연이 없는지 여행 막바지에 아버지의 교통사고로 일찍 귀국하는 바람에 동남아 일정은 결국 포기할 수밖에 없었다.

세계일주 일정을 짜면서 가장 고려했던 것은 옷의 부피를 줄이기 위해 각 나라마다 여름철에 맞추어서 여행을 할 수 있게 하는 것이었다. 세계일주 항공권의 제약 조건 때문에 쉽지는 않았으나 어느 정도 맞출 수는 있었다.

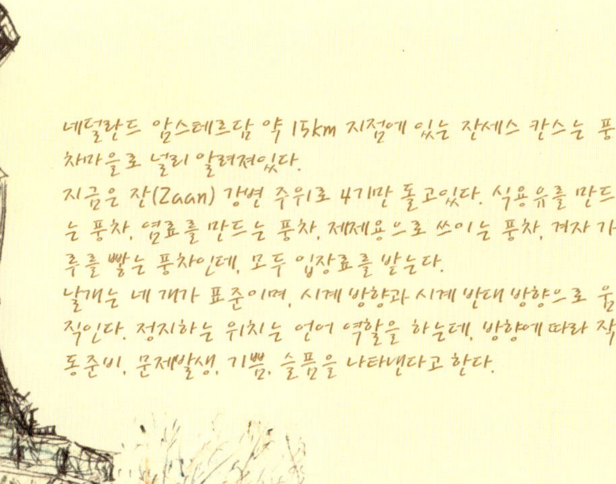

대륙별 여행과
에피소드

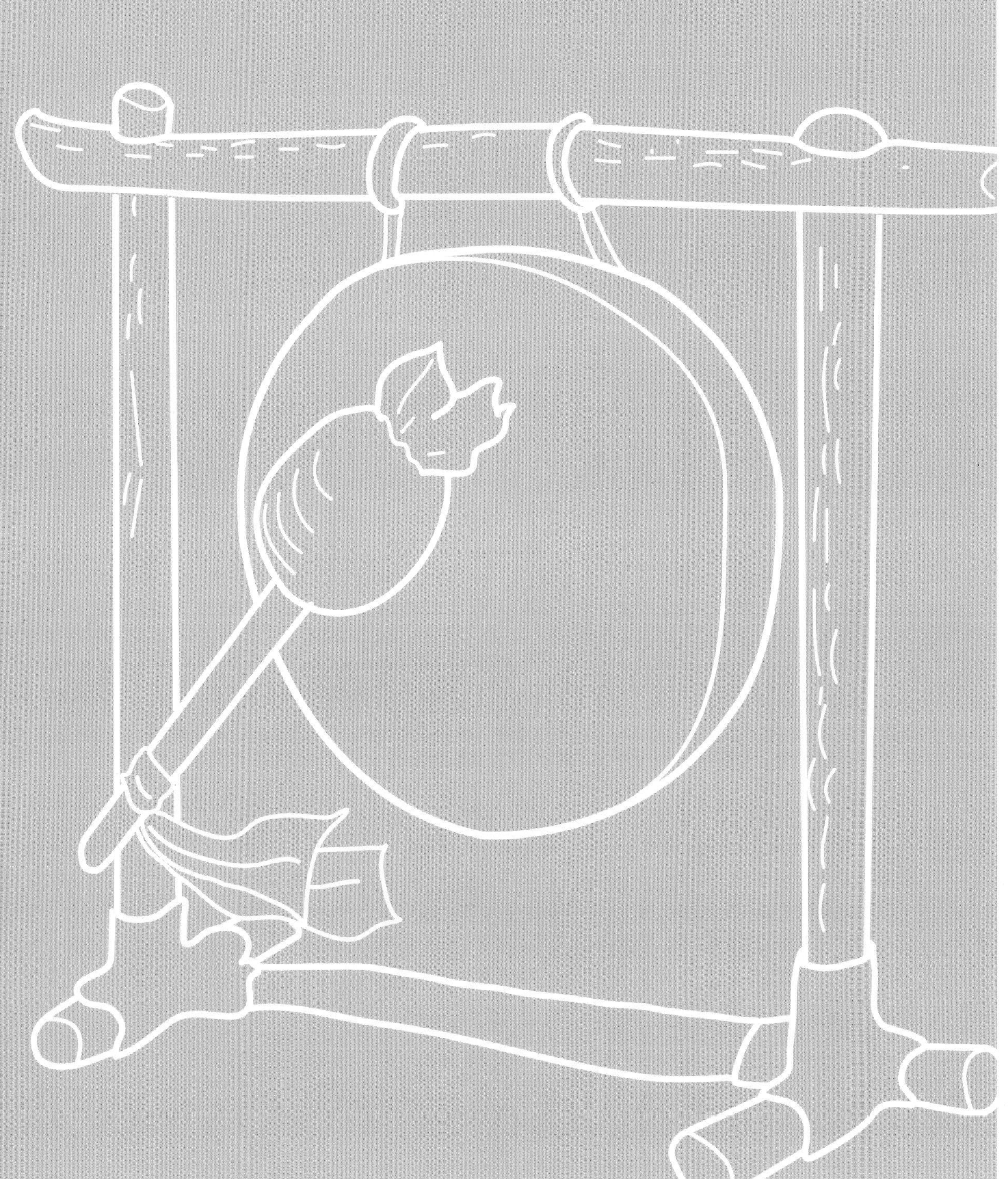

인간과 신이
공존하는 나라, 인도

01 India, It is a country which human coexist with the gods

세계일주의 첫발을 내딛다

2004년 2월 28일 오전 인천 국제공항 행 리무진버스. 깊은 잠에 곯아떨어진 가족들의 얼굴을 가만히 들여다본다. 새벽 6시까지 이삿짐 수준의 여행용 짐을 꾸리느라 잠을 설친 아내. 미지의 세계를 만난다는 설렘으로 유난히 일찍 일어나 부산을 떨었던 큰딸 민정이와 아들 민수. 아무 걱정없이 아침 9시 반까지 잠을 푹 잔 막내딸 현정이는 무엇이 그리 즐거운지 우리를 배웅하러 같이 공항으로 가는 외삼촌 옆에서 연신 재잘거린다.

수십 년 동안 꿈꾸어 왔던 세계일주. 3여 년을 차분하게 준비한 가족 세계일주의 꿈이 지금 막 이루어지고 있는 순간이었다. 설렘과 걱정이 교차한다. 1년 후에나 다시 볼 수 있을 서울 하늘을 물끄러미 쳐다보았다. 을씨년스러운 잿빛 구름이 낮게 드리워져 있다. 인천 공항까지 가는 길에 펼쳐진 황량한 겨울 벌판이 벌써 이국적인 풍경으로 다가온다.

"앗, 맛이 왜 이래?"

민정이가 잔뜩 인상을 찌푸린 채 입을 다물지 못한다. 홍콩에서 델리로 가는 비행기에서 나온 기내식을 한 입 먹은 직후였다. 4년 전 온 가족이 괌으로 5박 6일간 여행을 떠나면서 밤늦게 비행기 기내에서 먹었던 기내식의 환상적인 맛을 잊지 못하고 기내식이 나오기를 기다리고 있던 터였다. 유난히 호기심이 많은 민정이는 인도인들이 즐겨먹는 카레 밥을 시켰고, 그 독특한 향신료가 민정이의 입맛을 자극했던 것이다. 우리 모두는 민정이의 용감한(?) 시식에 경

세계일주 출발 후 첫 기착지인 홍콩의 첵랍콕 국제공항에서

델리 공항 입국 시 주의사항

1. 비자를 반드시 확인(요즘은 단수 비자만 발급됨)하시고, 나중에 입국카드에도 'Visa Na'를 적어야 합니다.

2. 입국카드에는 머무는 숙소를 'Park Royal Hotel'이라고 기재하세요.

3. 좌석 배정 시 가능한 한 앞자리로 배정받으시기 바랍니다. 뒷자리에 앉으면 나중에 도착 시 입국 심사하는 곳에서 오래 기다려야 합니다.

4. 도착 후에는 가능한 한 빨리 입국심사대로 나와서 입국심사를 받으시기 바랍니다. 입국신고서와 여권을 제출하면 별다른 질문없이 도장을 찍어줍니다. 비행기 도착시간이 심야(12시경)이므로 가능한 한 빨리 일을 처리해야 쉴 수 있는 시간이 많아집니다.

5. 입국 심사장을 통과하고 나서 오른쪽으로 나오면 짐 찾는 곳이 있습니다. 그 전에 바로 앞에 짐을 검색하는 X-ray 기계에 수하물을 통과시켜야 합니다.

6. 수하물 찾는 곳에서는 컨베이어 근처도 반드시 확인해 보이야 합니다. 컨베이어가 짧고 좁은 관계로 미리 나온 짐은 공항직원이 바닥에 내려놓습니다.

7. 짐을 찾아 나오면 세관검색대가 있습니다. 별다른 짐이 없으면 그냥 세관 신고서를 주고 지나면 되지만, 요즘은 조금 까다로워져서 무엇이냐고 묻는 경우도 있습니다. 식품 종류를 가지고 있으면 'Korean Dry food'라고 대답하시고(음식도 가지고 들어올 수 있습니다) 다시 X-ray 검색대로 가서 확인하라고 하면 한 번 더 보여주면 됩니다.

8. 공항에서 인도 돈을 조금 환전하는 것이 좋습니다. (1USD = 45 Rs 루피)

9. 세관을 통과하고 나오면 마중 나온 분들이 기다리는 장소가 있습니다. 양쪽에 서있으니 팻말이름을 보시고 Guest House에서 마중 나온 사람과 만나서 이동하시면 됩니다. 만약 마중 나온 사람을 만나지 못하더라도 대기실에서 나오지 마시고 전화를 하세요. 대기실에서 나오면 바깥에는 사람들이 많이 있을 것입니다. (택시 권유하는 사람, 거지, 짐을 들어주겠다고 달려드는 사람 등)

10. 인도여행은 느긋함과 인내가 필요합니다.

11. 물갈이 배탈이 자주 나므로 비상구급약(배탈설사약 필수)과 모기가 많으므로 물파스를 좀 준비하시면 좋겠군요.

12. 밥은 어느 식당에서나 주문이 가능하니 고추장 같은 밑반찬을 준비해 오시면 도움이 됩니다.

-이지은-

의를 표해 주고 안전한 비프와 치킨으로 맛있게 식사를 했다.

여행을 떠나 오기 전, 미리 연락이 닿았던 LG전자 인도 지사의 이지운 부장이 친절하게 메일로 보내준 '델리 공항 입국 시 주의사항' 을 프린트해서 손에 들고, 델리 공항에 내려서 지시한 절차대로 하나 하나 행동으로 옮기고 있었다. 그러나 문제가 발생하고 말았다.

당연히 세관 밖에 마중 나와 있을 것이라고 생각했던 게스트하우스 직원이 보이질 않는다. 좀 늦어지려니 하고 대합실 안에서 느긋하게 기다렸지만 새벽 두 시가 지나고, 우리와 같은 비행기로 도착한 사람들이 모두 떠나고 난 뒤에도 나타나지를 않는다. 아무래도 이상해서 게스트하우스에 연락을 하려고 공중전화 앞에 섰으나 동전이 없다.

나의 당황하는 모습을 보고 뒤에서 지켜보던 인도인이 동전이 필요하냐면서 동전을 넣고는 친절하게 전화번호까지 눌러주었다. 인도 사람과의 첫 만남은 이렇게 시작되었는데 그동안 인도 사람들에 대한 좋지 않았던 선입견이 깨지는 순간이기도 했다.

나중에 알고 보니 확인 메일이 제대로 전달되지 않은 것이었다. 어쨌든 세계일주의 첫 여행지 인도에서의 시작은 이렇게 예기치 않은 일 때문에 당혹과 긴장으로 첫 장을 열었다.

새벽에 델리 공항에서 숙소로 향하는 길은 칠흑 같이 어두운 밤에 가로등만이 드문드문 빛을 발하고 있었다. 우리의 시골길을 달리는 것 같아 긴장되었던 마음도 차

1. 델리에 있는 쿠타브미나르
2. 델리에 있는 SNA 마켓에서

분히 가라앉는다. 3년 이상의 긴 준비 기간을 거쳐 이제부터 기나긴 여행이 시작된다. 그동안 준비하면서 겪었던 순간들이 하나 둘 뇌리에 스쳐 지나가고, 이제 몸과 마음은 한없이 자유롭다. 앞으로 만나게 될 여러 가지 일들에대한 두려움보다는 호기심으로 가슴이 두근거린다. 아이들도 무슨 생각을 하는지 모두 조용하다.

세계일주 첫 공연

"엄마, 너무 긴장하지 마. 아빠도 박자 놓치지 말고."
역시 우리의 리더답게 큰딸 민정이가 가족을 일일이 챙긴다.
"현정이는 기분 괜찮지?"
현정이의 컨디션을 확인하는 것도 잊지 않는다.

막내 현정이의 기분은 우리의 성공적인 공연에 매우 중요한 요소이기 때문이다. 드디어 세계일주 첫 공연. 우리 가족은 무대 뒤에서 손을 모으고 소리 죽여 '공새미! 공새미! 파이팅!' 을 외치고 무대 위로 올라갔다.

바라나시 힌두대학.
교정 벤치에 앉아서 스케치했다.

KSM

1. 델리대 국제여학생 기숙사에
   서 열린 레인보우 축제에서
   세계일주 첫 공연을 했다
2. 공연이 끝나고 베트남 승려
   학생들과 함께

델리대 국제 여학생 기숙사에서 개최하는 레인보우 축제에 우리는 한국 유학생들의 초청으로 세계일주 시작 3일 만에 드디어 첫 번째 무대에 선 것이다. 레인보우라는 말이 의미하듯 세계 각국에서 온 유학생들이 자기 나라의 전통 음악이나 춤을 소개하는 축제였다.

기숙사 앞 커다란 잔디밭에는 커다란 휘장을 뒷 배경으로 한 무대가 만들어져 있고, 앞에는 300여 개의 의자가 나란히 놓여 있다. 의자 주위로는 흰 천이 둘러쳐져 있어서 지금까지 인도에 와서 보아온 것과는 달리 제법 고급스런 공연장 분위기를 자아낸다. 비록 상류층에 국한된 것이지만 영국의 영향을 많이 받아서인지 인도에서도 야외에서 결혼식을 하거나 축제를 하는 문화는 크게 발달했다고 한다.

젊은이들의 주체할 수 없는 열기는 세계 어느 나라에서든 공통적이었다. 특히 타악기 리듬에 익숙한 제3세계 국가의 젊은이들에게 우리의 사물놀이는 딱 어울리는 음악이었다. 따라서 우리의 공연은 이 축제의 마지막을 장식하고 있었다.

우리의 마지막 징 소리에 숨을 죽이고 관람하던 300여 명의 관중의 우레와 같은 박수 소리를 듣고서야 우리는 긴장됐던 세계일주 첫 공연이 무사히 끝났음을 알 수 있었다.

예쁜 한복을 차려 입은 현정이가 아리랑 노래에 맞춰 무용을 하자 젊은 학생들이 일제히 일어나 환성을 질러댔다. 우리 가족은 서로 포

응을 하며 기쁨을 만끽했다. 첫 단추를 잘 끼웠으니 앞으로의 세계일
주 공연도 순조롭게 잘 풀리리라.

공연이 끝나자 현정이와 사진을 찍으려고 수많은 학생이 줄을 서서
기다렸고, 현정이는 피곤해 하면서도 힘들어 하는 기색도 없이 사진
촬영에 응해 주었다. 세계일주 떠나기 전부터 각종 언론매체에 익숙
해 있던 현정이는 울다가도 카메라가 비치면 웃을 정도로 카메라 앞
에서의 포즈에 익숙해져 있었다.

베트남에서 유학 온 승려 여학생들은 현정이를 서로 안아 보겠다고
줄을 서서 기다렸다. 우리도 우리 모습과 가장 비슷하고, 청순한 이미
지의 승려복 때문인지 베트남 승려 여학생들에게 관심이 더 많이 갔
다. 이후에도 만나는 사람마다 우리 가족 공연이 오늘 공연 중에서 최
고의 공연이었다며 악수를 청했다.

평화와 혼란이 공존하는 나라

"이 열차를 타려면 몇 번 플랫폼으로 가야 합니까?"

바라나시 행 열차를 타기 위해 델리 기차역에 도착한 우리는 역 앞
에서 서성거리는 사람을 붙잡고 티켓을 보여 주면서 물어보았다. 그
는 우리의 티켓을 한참 물끄러미 바라보더니, '왜 이 티켓을 끊었느
냐? 이 티켓으로는 열차를 탈 수 없다, 돈을 더 지불해야 한다' 며 자
기를 따라오라면서 앞장섰다. 우리는 이상하게 생각하면서도 그를 따
라 큰 길을 건너서 역 맞은편 건물의 2층으로 올라갔다. 여행 대리점
같은 곳이었는데, 그곳에 있는 험상궂게 생긴 아저씨도 마찬가지로
이 표를 가지고는 열차를 탈 수 없다며 1인당 1,000루피를 더 내라고
한다.

어제 티켓을 끊을 때는 아무 말이 없었다면서 나는 더 이상 돈을 낼
수 없다고 버텼다. 이렇게 승강이를 벌이는 사이에 열차 탑승시간이

다가오고 있었다. 그러자 그들도 어쩔 수 없었는지 6번 플랫폼으로 어서 가라면서 손을 내저었다. 순간 '아차! 사기를 당할 뻔 했구나' 하는 생각에 가슴이 철렁 내려앉았다.

열차 출발 시간이 얼마 남지 않았다. 우리는 커다란 배낭을 하나씩 메고 육교를 건너뛰기 시작했다.

"민수야! 어서 와, 현정이는 엄마 손 잘 잡고, 민정아! 어디 있어?"

델리역의 6번 플랫폼은 피난민을 연상케 하는 거대한 짐과 수많은 인파로 아수라장이었다. 우리는 사람들의 숲을 헤치며 객차를 찾아 이리 뛰고 저리 뛰었다. 넘어져서 다리에 멍이 들고, 팔이 긁혔지만 감각이 없다. 처음에는 서로 헤어지지 않으려고 손을 꼭 붙잡았으나 벌써 흩어진 지 오래다. 소리로만 서로를 확인하며 정신없이 뛰었다. 객차는 왜 그리도 많던지……

드디어 바라나시 행 기차에 몸을 싣고, 자리에 앉아 마음을 진정시켰다. 온 가족이 상기된 얼굴로 서로를 쳐다보며 안도의 한숨을 내쉬었다.

"아! 이제야 인도에 온 것 같군, 이젠 정말 세계일주를 나온 것 같지?"

아직도 잔뜩 긴장해 있는 아이들에게 웃으면서 말을 건넨다. 차창에 스치는 풍경을 여유롭게 보고 있자니, 인도인들이 말을 건네기 시작했다. 조금 전에 사기를 당할 뻔한 기억 때문에 경계심이 가시지는 않았지만, 우리는 이내 마음을 열고 그들과 대화를 나누었다.

개인 여행객에 익숙해진 그들의 눈에 5명의 가족이 함께 여행하는 모습이 신기했는지 어느 나라에서 왔고, 인도에서는 어디를 갈 예정인지, 왜 온 가족이 함께 다니는지 등 질문을 쏟아낸다. 나는 짧은 영어로 설명을 하다가 우리가 준비해 간 영어로 된 가족 소개서를 보여주니, 돌아가면서 읽고는 고개를 끄덕이며 다시 한 번 우리를 쳐다보며 질문을 한다.

엄연히 우리의 좌석임에도 불구하고 아무런 양해도 없이 당연하다는 듯이 우리 옆자리에 와서 비집고 앉는다. 그들의 모습이 오히려 당

1. 인도의 침대 열차
2. 갠지스강에서의 기원

바라나시 갠지스강의 일출

당하고 자연스러워 보여서 처음에는 당혹스러웠다. 하지만 돈이 있는 사람이건 없는 사람이건 앉을 자리가 있으면 누구나 앉아서 가야 한다고 행동으로 말하고 있었고, 이것이 바로 이곳 사람들이 살아가는 방식이었다.

인도를 3주 정도 여행하면서 줄곧 느낀 것이지만 다른 사람들에게 구걸하는 사람들의 표정에도 비굴함이나, 애처로운 눈빛은 좀처럼 찾아 볼 수가 없었다. 돈이 있는 사람은 당연히 없는 사람들과 나누어 가져야 하고, 돈이 많은 나라에서 온 관광객들은 못사는 나라 사람들을 위해서 당연히 돈을 써야 한다는 것이다. 따라서 바가지를 씌우면서도 미안함 같은 감정은 전혀 갖지 않는 것 같았다.

인도에서는 가끔 인간이 완전히 발가벗겨져 있다는 생각이 든다. 모든 예의나 체면 등은 사치에 불과하기 때문이다. 그동안 사회적인 체면, 가식, 위선 등에 의해 감추어져 있던 인간의 본성이 적나라하게 드러나는 곳이 인도이다. 몰염치하게까지 보이는 이기주의가 오히려 인간의 본연의 모습에 더 가까운 것일 것이다.

옆에 앉아 있는 인도의 서민들과 이야기를 주고받고 있으려니 그렇게 마음이 평화로울 수가 없었다. 혼란과 평화는 그렇게 가까이서 공존하고 있었다. 이래서 인도를 인간과 신이 공존하는 나라라고 하는 것일까?

바라나시의 새벽은 언제나 소란스럽게 시작된다. 술 먹은 사람이 고래고래 소리를 지르는 것 같은 고함소리, 으스름하게 들리는 북소리. 옆집에선 매일 밤 축제를 여는지 확성기를 켜놓고 인도 전통 악기와 반주에 맞추어 남성의 알 수 없는 고음(高音)의 노래가 이어진다. 두 소리가 섞여서 묘한 긴장감을 조성한다. 새벽에 짖어 대는 개 짖는 소리까지 더해져서 주위는 온통 소란스럽다.

갠지스강가의 화장터에서 매일 태워지는 육신들과 아침의 태양이 강가를 붉게 물들일 때, 갠지스강의 성스러운 물로 영혼의 때를 벗겨 내는 수도자들의 모습을 보고 있노라면 한없이 신비롭고 평화롭다. 우리도 이른 아침 배를 타고 갠지스강으로 나갔다. 연꽃에 싸인 촛불을 갠지스강 물에 띄워 보내며 우리의 세계일주가 무사히 끝날 수 있도록 기원했다.

고급 점심식사 해프닝

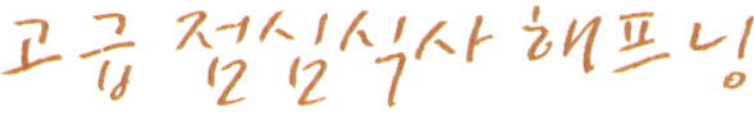

제3세계의 많은 나라가 그렇지만 인도만큼 빈부의 격차가 심한 나라도 드물 것이다. 부자의 자녀들은 무장한 개인 비서까지 대동해서 학교에 다니는가 하면, 같은 나이 또래의 다른 아이들은 길거리에서 구걸로 하루하루를 이어간다. 이런 빈부의 격차는 우리가 델리에서 뭄바이로 이동하면서 이용한 인도 최고급열차인 라즈다니를 탑승하면서도 알 수 있었다.

최고급 열차답게 탑승하자마자 먹을 것이 나온다. 처음에는 먹을 것이 나와서 좋아하던 아이들도 끊임없이 나오는 음식에 질려버렸다.

인도 음식에 좀처럼 적응을 할 수 없었던 나와 아내도 라즈다니 열차에서 나오는 음식만큼은 먹을 만했다. 그만큼 음식의 질이 좋았던 것이다. 사실 인도에서 나는 좀처럼 음식에 입을 대지 못하다가 아이들이 먼저 먹어보고 먹을 만하다는 평가를 받고 나서야 먹곤 했다.

'탈리' 라는 인도 전통 음식에 가장 빨리 적응한 사람은 막내 현정이였다. 그 다음이 민수, 민정. 나와 아내가 가장 적응하기 힘들었다. 그만큼 오랜 세월 우리의 입맛에 길들여져 있기 때문이리라. 어디 음식뿐이겠는가? 사고방식도 그만큼 굳어 있을 것이다. 이것이 우리가 여러 가지 어려움을 무릅쓰고 어린 아이들을 데리고 세상으로 나온 이유이다. 이미 다 채워진 다음에는 새로운 것을 채우기가 힘들기 때문이다.

인도를 여행하면서 여러 가지 곤욕을 치르게 되는데, 그 중에서도 가장 힘든 것은 수십 명씩 따라 붙으면서 돈이나 먹을 것을 달라는 아이들과 여행객을 상대로 바가지를 씌우는 호객꾼들을 물리치는 것이다. 인도 여행에서 바가지를 쓰지 않는다는 것은 아마도 거의 불가능한 일일 것이다.

우리 가족도 처음 인도를 여행할 때 바가지를 쓰지 않으려고 최대한 가격을 깎았지만, 결국은 바가지를 쓴 것을 알고는 마음 상했던 적이 한두 번이 아니었다. 그러나 시간이 지나면서 우리 돈으로 몇 백 원 정도 바가지 쓴 것 때문에 여행의 즐거움이 희생되는 것 같아 신경 쓰지 않기로 했다.

뭄바이에서 배를 타고 1시간 정도 가면 힌두교 석굴 사원으로 유명한 엘리펀트섬이 있다. 큰 배와 조그만 배 두 종류가 있었는데 가격차가 별로 나지 않아서 큰 배를 타고 가기로 하고 표를 끊었다. 배를 타고 가면서 티켓을 자세히 보다 보니 'Luxury launch' 라고 쓰여 있는

1. 뭄바이 센트럴 역 플랫폼
2. 라즈다니 열차 안, 인도 아주머니들과 비슷해진 아내

것이 눈에 확 띄었다. 아니 점심까지, 그것도 고급으로 주기로 되어 있는데 '또 우리를 속이는구나.' 하는 생각에 순간 화가 났다. 주위의 사람들에게도 점심을 제공하는 모습은 보이지 않았다. 옆에 인도인에게 티켓을 보여 주며 물어보았다.

"이것이 고급 점심을 준다는 뜻이 아니냐? 왜 고급 점심을 준다고 해 놓고 안 주냐?, 당신은 받았느냐?"

그 친구는 처음에 좀 어리둥절해 하더니만 이윽고 자기도 그렇게 생각한다며, 자기도 점심을 안 받았다고 맞장구를 친다. 나중에 안 일이지만 인도 사람들은 자기가 잘 모르는 것이라도 웬만하면 '오케이'라고 답하고, 항상 '노 프러블럼' 이라는 말을 입에 달고 산다.

'왜 아무도 항의를 하지 않을까?' 하고 이상하게 생각하며 엘리펀트 섬 관광을 마치고 다시 뭄바이의 부두로 돌아오자마자 티켓을 구입한 여행사로 가서 티켓을 내보이며 '왜 점심을 주기로 되어 있는데, 안 주느냐?' 며 용감하게 따졌다. 그 여행사 직원이 티켓을 보더니

"놋 런치, 론치"

하면서 배에 타는 시늉을 한다. 순간 '아차 내가 실수했구나!' 라는 생각이 스쳤다.

'Launch' 를 'Lunch' 로 잘못 본 것이다.

그만큼 내 머릿속에는 인도 사람들은 항상 우리를 속이려 한다는 불신이 가득했었고, 어떻게든 속지 않으려 하다 보니 이런 해프닝이 벌어진 것이었다.

인도에서 공연 허가받기

　뭄바이로 향하는 라즈다니 열차에서 인도의 초등학교 여자 선생님과 이야기를 나누었는데, 우리의 사물놀이 세계일주 이야기를 듣고는 뭄바이의 타지마할 호텔 앞에서 길거리 공연을 할 수 있을 거라며 가는 방법을 자세히 알려 주었다. 마침 델리에서 길거리 공연을 마음 놓고 하지 못한 터라 내심 기대를 안고 뭄바이에 도착했다.

　숙소를 잡고 다음날 여 선생님이 가르쳐 준 곳을 찾아가 공연을 할 수 있는지 물어보았다. 자기네는 권한이 없고 경찰서에 가서 물어보란다. 어렵게 경찰서를 찾아가니 자기네 지역이 아니라고 다른 경찰서를 가란다. 이렇게 해서 두세 군데 경찰서를 왔다 갔다 하다 보니 어느덧 5시, 문 닫을 시간이 되어버렸다. 하루가 그냥 깨져버린 것이다.

　우리의 1년간의 세계일주 중 하루는 아무것도 아니지만, 1년이라는 기간을 나라로 쪼개고, 도시로 나누다 보니 항상 빠듯했다. 그런데 뭄바이에 머물기로 한 5일 중 하루가 그냥 날아가 버린 것이다. 여기서 우리는 우리 같은 여행객이 공연 허가를 받으러 갔을 때 순순히 허가를 내 줄 나라는 우리나라를 포함해서 지구상 어디에도 없다는 것을 깨달았다. 앞으로는 차라리 그냥 길거리에서 공연을 하면 했지 절대

언제나 만원인 뭄바이 전철

로 경찰서나 관공서에 허가받으러 가지 말자고 스스로 다짐했다. 공연을 허가한다는 의미는 공연하는 사람의 안전까지도 어느 정도 보장을 해 준다는 것을 의미하는 것인데, 세상의 어느 나라 공무원이 귀찮음을 감수하면서까지 꼬마까지 있는 가족이 길거리에서 하는 공연을 보장해 주겠는가?

기본적으로 인도에서는 길거리 공연이 불가능하다고 했다. 아직 먹고사는 것조차 해결할 수 없는 상황에서 길거리 공연문화는 사치이고, 또한 수많은 실업자가 넘치는 길거리에서 공연을 한다는 것 자체가 사회 불안을 조성하는 행위라는 것이다. 즉, 흥분한 군중이 언제 폭발할지 모른다는 것이다.

엘리펀트섬의 석굴

그래서 궁여지책으로 델리의 대표적 대학인 델리 대학과 네루 대학에 다니는 한국 유학생들의 주선으로 대학 내에서 길거리 공연을 할수 있었다. 처음 보는 음악에 몇몇 학생들이 관심을 보이면서 우리 음악에 대해서 학술적인 질문은 했지만, 역시 서로 흥을 주고받는 교감은 느낄 수가 없었다. 평범한 사람들과 길거리에서 우리 문화의 흥겨움을 공유하고 싶었던 우리는 첫 나라 인도에서는 그 뜻을 이루지 못했다. 역시 먹고사는 것이 문화의 욕구보다 우선이기 때문일 것이다.

우리는 이후에 치안이 아주 좋지 않은 멕시코 등 몇 나라를 제외하고는 아무 허가도 없이 그냥 길거리에서 판을 벌였다.

"처음에는 너무 긴장해서 인도의 진면목을 느낄 수 없었는데 갈수록 매력이 느껴져요. 대학생이 되면 혼자서 꼭 한 번 배낭을 메고 인도에 다시 오고 싶어요."

3주간의 인도 여행을 마치고 홍콩으로 향하는 비행기 안에서 큰딸 민정이가 한 말이다. 온 가족이 바짝 긴장되어 있을 때, 그리고 조금이라도 날씨가 선선할 때 세상에서 가장 여행하기 힘든 곳 중에 하나라는 인도를 여행하자는 나의 전략은 정확히 맞아떨어졌다. 우리가 마지막으로 뭄바이를 떠나던 날 기온은 38도를 오르내리고 있었다.

중국 대륙의 시간 여행
02_Time travel in the Old Continent, China

홍콩 해양공원의 케이블카

'불행 끝 행복 시작'

큰딸 민정이의 3월 22일자 일기 제목이다.

3월 22일, 3주간의 인도 여행을 마치고 마지막까지 뭄바이 공항에서 인도의 모기들을 위해 헌혈(?)을 한 우리 가족은 방콕을 거쳐 홍콩의 첵랍콕 국제 공항에 도착했다.

비행기에서 내려 화려한 대합실에 들어서는 순간, 아이들의 눈이 휘둥그레지고 벌린 입을 다물 줄 모른다. 우리 가족의 모습은 영락없이 시골에서 거대한 짐을 지고 무작정 상경을 해서 서울역 앞에 내려 두리번거리는 시골뜨기들의 모습이었다.

"3주 만에 완전히 촌놈들이 되었네."

하며 아이들을 놀려 댔다. 그러나 기쁨과 설렘도 잠깐, 홍콩 시내로 가기 위해 버스표를 사는 순간 인도에 비해 엄청난 물가에 주눅이 들고 말았다. 그동안 인도의 저렴한 물가, 천천히 흐르는 시간, 우리 가족을 향해 쏟아지던 부담스러운(?) 관심에 익숙해졌던 우리는 홍콩의 살인적인 물가, 정신없이 돌아가는 시간, 냉담하리만큼 상대방에 무관심한 환경에 적응해야 했다. 그러나 오랜 시간이 필요치는 않다. 여행자의 마음은 항상 열려 있고, 변화는 오히려 여행자를 즐겁게 하기 때문이다.

홍콩에 오기 전부터 아이들은 홍콩에 가면 해양공원(ocean park)에 꼭 가야 한다고 노래를 불렀다. '놀이기구는 우리나라에도 많은데 무슨 해외에 나와서까지 놀이기구야! 해외에 나왔으면 좀 더 그 나라의 문화를 보고 배울 수 있는 곳을 둘러봐야지' 하고 한마디로 일축했지만 아무래도 이번만큼은 내가 져 주어야 할 것 같다. 여행은 즐거워야 한다. 아이들에게는 아이들 나름의 즐거움의 기준이 있고, 어른들에게는 어른들 나름의 즐거움의 기준이 있다.

1. 홍콩 해양공원 정문 입구
2. 해양공원에서 즐거운 한때

가족이 함께 여행하면서 아이들에게 교육적으로 도움이 되는 것을 보여준다는 명목 하에 어른들 기준으로 모든 것을 결정하는 것이 아이들 입장에서 보면 얼마나 부당한 일인가? 해양공원은 10시에 문을 여는데 아이들이 아침부터 서두르는 바람에 9시 반부터 공원의 입구에서 기다렸다. 마음껏 놀고 싶은 아이들의 마음이 얼마나 절실했는지 이해가 갔다. 나도 아이들의 성화에 못 이겨 청룡열차 비슷한 것을 탔다가, 무서워서 눈 한 번 제대로 못 뜨고 비명만 지르다 내려왔다. 아이들이 나중에 사진을 보며 깔깔대며 놀려댄다.

하루종일 마음껏 해양공원에서 즐긴 후, 우리를 실은 케이블카는 산 하나를 넘어 두 번째 산을 향해 가고 있었다. 케이블카가 한참 정점에 다다랐을 즈음 '덜컹' 하는 소리가 나더니 그 자리에 멈추어 섰다. 유난히 겁이 많은 아내는 밑을 내려다보지도 못하고 얼굴이 새파랗게 질려있다. 나도 가슴이 철렁했지만 이내 안정을 되찾고 아내와 아이들에게 괜찮다고 안심을 시켰다. 그렇게 한참을 서 있던 케이블카는 아무 일도 없다는 듯이 출발했다.

"엄마! 왜 갑자기 케이블카가 멈추어 섰는지 알아? 지금까지 살아온 인생을 한 번 생각해 보라고 그런 거야"

큰딸 민정이의 말이다. 아내와 나는 세계일주 나온 이래 정신적으로 훌쩍 자란 아이들을 대견해 하며 숙소로 돌아왔다.

중국 기차에서 만난 사람들

상하이에 거주하는 우리 교민들로부터 사물놀이 공연을 요청받은 것은 우리가 인도를 한참 여행하고 있을 때였다. 홍콩에서 바로 기차를 타고 상하이로 갈 수도 있었지만 구이린, 시안 등을 돌아서 천천히 상하이로 들어가기로 했다. 구이린의 절경과 시안의 찬란한 문화 유적들이 우리를 유혹한 탓도 있지만, 그보다는 이동 시간과 경로를 늘

1. 해양공원의 케이블카
2. 비 내리는 광저우역에서. 익숙한 '통일조국' 이라는 간판이 보인다

려서 기차 여행 중에 좀 더 많은 현지인과 만나고 싶은 욕망이 더 컸다. 이동하는 기차 안에서 현지인들과 함께 어울리는 것도 여행의 큰 즐거움 중 하나이기 때문이다.

늦은 밤 보슬비가 내리는 광저우(廣州)역을 뒤로 하고 우리는 구이린 행 열차에 몸을 실었다. 열차의 형태는 인도와 비슷한데 외양과 내부는 훨씬 깨끗했다. 이미 인도에서 침대차에 익숙해진 아이들은 너무 좋아서 어쩔 줄을 모른다. 서로 꼭대기 침대를 차지하느라 한동안 실랑이를 벌이다 결국 막내인 현정이가 차지했다.

상·중·하 3개의 침대가 마주보는 형태로 되어 있고, 6개의 침대가 한 칸인데, 우리와 같은 칸에 탄 중국 아가씨가 맨 위 침대 위에서 재미있게 놀고 있는 현정이를 걱정스럽게 바라보다가 조심스럽게 나에게 말을 건다.

도저히 말이 통하지 않아 내민 수첩에 '小孩子在頂鋪不太安全. 如要調換,我是中鋪' 라고 쓴다. 세계일주 출발하기 전에 6개월여 동안 중국어를 공부한 보람이 있어 뜻은 이해할 수가 있었다. '어린이가 침대 위 칸에 있으면 위험하다. 나는 중간 침대인데 원하면 자리를 바꿔 주겠다' 는 뜻이었다.

"쎄쎄!"

인사를 하고는 내친김에 계속 필담으로 이야기를 나누었다. 이름은 왕수앙(王霜)이고, 구이린에 있는 남자친구를 만나러 가는 길이라고 했다. 왕수앙과는 이때의 인연으로 지금까지도 이메일을 통해서 계속 연락을 주고받는 사이가 되었다.

이렇게 필담의 위력을 체험한 나는 이후에도 여러 중국 사람들과 필담으로 이야기를 나눌 수 있었다. 구이린역 앞에는 왕수앙의 남자친구가 마중을 나와 있었고, 우리가 여행가이드 책에서 보아 둔 숙소를 이야기하자 찾아주겠다며 앞장선다. 여관 프런트에서 직원과 한참을 이야기하더니 비수기라서 40%를 할인해 주기로 했다고 알려주었다. 여관방에 짐을 풀고 왕수왕과 남자친구를 따라 구이린의 명물인 쌀국수

기차 안에서 만난 중국인들. 현정이를 안고 있는 아가씨가 왕수왕

1. 계림에서 마지막 날 밤 우리
를 찾아온 왕수왕과 리젠숑
2. 한 폭의 동양화 같은 구이
린의 절경

를 먹으러 번화가로 향했다. 여행 중 우연히 만난 외국인 친구와 함께 이렇게 낯선 도시를 돌아다니는 것도 묘한 즐거움을 안겨준다.

우리가 구이린을 떠나기 전날 밤에도 왕수앙과 그의 남자 친구는 아이들에게 줄 선물을 한아름 사서 다시 여관으로 찾아왔다. 처음 만났을 때부터 아이들은 '언니'라 부르며 잘 따랐는데 오늘 귀한 선물까지 받고 나니 모두 너무 좋아 어쩔 줄을 모른다. 여관방에서 기념사진을 찍고 밖으로 나왔다. 이대로 헤어지기가 너무 아쉬웠다. 여관 주위의 밤거리를 돌아다니다 길거리 맥주집에서 시원한 맥주를 한잔하며 이별의 아쉬움을 달랬다.

구이린에서 다음 목적지인 시안(西安)까지는 무려 30시간의 열차 여행이 기다리고 있었다.

중국인들은 열차에 오르자마자 준비해 온 음식들을 꺼내 놓는다. 뜨거운 음식을 좋아하는 중국인들은 열차 안에서도 김이 모락모락 나는 음식을 즐겨 먹는다. 음식 냄새가 객차 내를 진동하고, 식사가 끝나자 여기저기 아는 사람들끼리 모여 왁자지껄 떠들어댄다. 이런 소음은 여행자의 마음을 오히려 편안하게 해준다.

열차를 탄 지 얼마 안 돼서 우리 칸에 있는 중국인들은 가족이 함께 여행하는 것이 신기하게 보였는지 우리에게 하나 둘 말을 걸어오기 시작했다. 중국어로 준비한 우리 가족 소개서를 보여 주며, 사물놀이를 하며 세계일주를 한다고 했더니 모두 놀라며 입을 다물 줄 모른다.

산아 억제 정책 때문에 대부분의 가정에 아이들이 하나밖에 없는 그들의 눈에는 아이들이 셋이나 되는 우리가 부러움의 대상이었는지도 모른다. 우리 아이들이 귀엽다며 쓰다듬는 모습이 어쩐지 쓸쓸해 보인다.

가장 많이 받은 질문은 아이들의 공부는 어떻게 하고 나왔느냐는 것이다. 교육에 관해서 만큼은 중국도 우리 못지 않은 것 같다. 1년을 휴학한다고 했더니 이해가 가지 않는 듯 고개를 갸우뚱하는 사람도 있다. 두 번째로 많이 받은 질문은 세계일주 비용이다. 한국 근로자의 급여 등을 이야기해 주었더니 역시 한국이 잘 산다며 부러워한다.

주로 의사소통은 필담으로 진행되었는데, 이제 나의 조그만 노트는 필담을 주고받는 아주 중요한 의사소통의 도구가 되어 있었다.

기차에서 만난 중국인들은 거의 대부분이 영어를 전혀 못했다. 우리의 여행 일정을 설명하는 중에 아프리카, 유럽, 아메리카 등 고유명사를 이야기하는데도 전혀 알아듣지 못해 열심히 중국어 전자사전을 찾아서 보여 주어야 했다.

우리 가족을 둘러싼 중국인들의 관심에 더욱 신이 난 아내는, 이 사람들을 위해서 우리도 뭔가 선물을 해야겠다고 생각했는지 '현정아! 딱 한 번만 노래를 해 줄래?' 하며, 현정이를 설득했다. 관중이 많을수록 더욱 자신 있게 노래를 부르는 현정이는 '아침햇살 곱게 내리면 들려오는 맑은 물소리~'로 시작되는 '숲 속 풍경'과 '아기다람쥐 또미' 등 아름다운 우리의 동요를 3곡이나 부르고 꼬마 장구도 쳤다. 아름다운 노랫소리와 장구소리를 듣고 객차 안의 사람들이 몰려들기 시작했다. 현정이의 앙증맞은 입 모양을 신기한 듯 쳐다보면서 모여든 사람들도 마치 노래를 따라 부르듯 함께 움직인다.

현정이의 노래하는 모습을 보기 위해 어떤 사람들은 짐 싣는 선반 위에까지 올라간다. 노래와 장구의 연주가 끝나자 모두 박수를 치며 즐거워한다. 뜻도 모르는 외국 동요이지만 노래를 부르는 현정이의 모습이 예뻤는지 '피야오량, 피야오량(예쁘다)'을 연발했다.

우리 가족은 오늘 기차 안에서의 현정이 공연을 공식 공연 리스트에 포함하기로 했다.

꼭 우리 가족 모두가 모여서 사물놀이를 해야만 공연이 아니다. 작은 것이지만 외국 사람들에게 우리의 것을 보여 줄 수 있다면 우리의 목표는 달성된 것이다. 마침 상하이와 시안에서 공연이 예정되어 있는 우리 가족에게 오늘 기차 안에서의 공연 경험은 훌륭한 예행연습이 되었다.

1. 우리 가족과 친해져서 많은
   필담을 나눈 역무원 아가씨
2. 구이린에서 시안 가는 열차
   안에서 노래를 하는 현정

이후 현정이는 자신을 예뻐하는 중국 아줌마들의 등쌀에 못 이겨 여기저기 객차를 돌아다니면서 아름다운 우리의 동요로 긴 여행에 지친 중국 사람들의 무료함을 달래 주었다.

열차 안에서 하룻밤을 지내고 아침에 일어나니 밖의 풍경이 확연히 달라져 있었다. 밤 사이에 나무들의 키는 작아지고 군데군데 건조한 황토빛 언덕들이 붉은 속살을 드러내고 있었다.

황토빛 언덕 너머 일출을 물끄러미 보고 있으려니, 귀에 익은 음악이 스피커에서 흘러나온다.

"와! 신기하다. 한국 노래가 중국 기차에서 나오다니……. 아빠! 아까 나온 노래는 클릭비 노래고, 지금 나오는 노래는 이정현 노래야"

하며 민정이, 민수는 신이 나서 노래를 따라 부른다. 자세히 들어보니 우리 곡에 가사는 중국말로 나오고 있었다. 한류 열풍은 여기까지 거세게 불고 있었다. 흐뭇해하는 민정이와 민수의 얼굴에서 자랑스런 한국인으로서의 자부심을 읽을 수 있었다.

건릉 가는 길

시안은 역대 중국 왕조 중에서도 최고의 전성기를 구가했던 한나라와 당나라의 수도였기 때문에 당시의 역사 유물이 수없이 많다. 특히 시안 근처에는 당나라, 한나라 황제의 무덤들이 많다. 시안 여행 세 번째 날 우리는 우리의 역사에도 자주 등장하는 인물들인 당 태종, 당 고종, 한무제 등의 무덤을 둘러보기로 했다.

황제의 무덤들이 시안 도심에서는 많이 떨어져 있고, 또한 각 무덤 사이도 상당한 거리여서 대부분 여행사에서 운행하는 투어버스를 이용해서 돌아보는데, 우리는 좀 불편하지만 대중교통을 이용하기로 했다. 현지 사람들과 부대끼며 돌아다니는 것도 여행의 묘미이기 때문이다. 그러나 대중교통이 제대로 정비되어 있지 않은 중국이나 인도에서의 나 홀로 여행은 항상 긴장이 뒤따른다.

숙소 앞의 장거리 버스정류장에 가서 당 고종 무덤인 건릉까지 가는 버스를 알아보았더니 건릉 행 버스는 없어졌다며 수십 명이 달려들어 관광버스로 가자고 팔을 잡아끈다. 겨우 뿌리치고, 시내버스를 타고 가이드북에 나와 있는 장거리 버스터미널을 찾았으나 터미널이 다른 곳으로 이전했다고 한다.

난감했다. 당 고종의 무덤인 건릉은 시안에서 90km정도 떨어진 곳에 있어서 가는데 만도 최소한 1시간 반은 잡아야 하는데……. 그래도 버스터미널을 물어물어 찾아가서 건릉까지 가는 버스를 겨우 탈 수 있었다. 결국 다른 곳은 포기하고 건릉만 다녀오기로 마음을 굳혔다.

중국에는 개인이 운영하는 미니버스가 많다. 가는 곳곳마다 차장이 내려서 호객행위를 한다. 버스는 손님이 거의 채워져야 출발을 한다. 시간은 자꾸 흘러가고 마음은 조급해진다. 버스에서 내려서도 문제가 생겼다. 버스에서 내린 건현 정류장에서 건릉까지는 5km정도 떨어져 있어서 걸어가기에는 너무 멀었다.

버스 운전수가 소개해준 택시를 탔는데 건릉보다 더 좋은 곳이 있다면서 그 곳부터 먼저 들렀다 가자고 했다. 인도에서 많이 당했던 수법이라 나는 단호하게 건릉으로 가자며 택시 운전사의 제의를 일축했다. 한참을 가다가 건릉이 바로 여기라면서 택시를 세워 준다. 건릉이라는 글자만 보고 표를 끊고 들어갔는데, 아무래도 이상해서 검표원 아가씨에게 다시 물어 봤더니 건릉은 저기에 있고, 여기는 옛날 당 고종과 측천무후의 궁전 모습을 재현한 '건릉지궁' 이라고 했다.

아침부터 버스터미널을 찾기 위해 이리저리 뛰어다니며 쌓였던 감정이 드디어 폭발했다. 감정을 억누를 수 없어 표를 찢어버렸다. 처음에는 얄밉게 웃던 택시 운전사도 표를 찢는 것을 보고는 차비도 안 받고 슬그머니 차를 몰고 가버린다. 민정이와 민수는 표를 반환해야지 왜 찢느냐며 나무란다. 검표원 아가씨도 표를 찢어버려서 반환이 안 된단다.

순간의 감정을 이기지 못한 모습을 가족들에게 보인 자신이 갑자기 부끄러웠다. 사실 생각해 보면 중국말을 제대로 못하는 나에게도 책임이 있었다. 세계 여행을 오기 전 몇 달 동안 공부한 중국어로 의사소통을 하려니 머리가 아프다. 차라리 전혀 못했다면 다른 방법을 찾았을 텐데……. 질문은 가능하지만 한 번 질문하면 거기에 따라오는 많은 대답을 이해하는 것이 너무 어려웠다.

조그만 경운기 같은 것을 타고 건릉으로 가면서 아직까지도 남아있는 화와 가족들 앞에서 보인 추한 모습을 어떻게 추슬러야 할지 난감했다. 가족들 간에도 서먹서먹한 분위기가 이어졌고, 아내도 내 모습

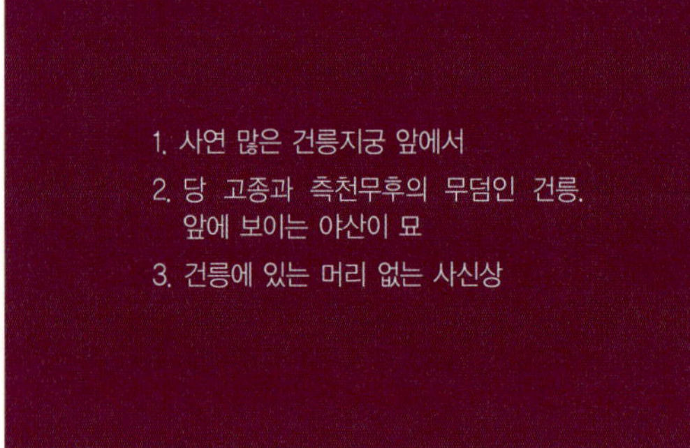

1. 사연 많은 건릉지궁 앞에서
2. 당 고종과 측천무후의 무덤인 건릉.
   앞에 보이는 야산이 묘
3. 건릉에 있는 머리 없는 사신상

에 실망한 표정이 역력했다. 이럴 때 분위기를 풀어주는 것은 역시 아이들이다. 막내인 현정이가 이런 분위기를 아는지 모르는지

"택시 아저씨, 잘못 데려다 주고 건릉이래? 나쁜 택시 아저씨네."

하며 계속 조잘거린다.

건릉은 하나의 산으로 되어있다. 즉, 산 자체가 하나의 무덤인 셈이다. 산 전체를 무덤으로 이용한 것은 고종의 아버지인 당 태종의 묘 소릉(昭陵)부터라고 하는데, 당 태종이나 고종은 우리 역사에도 많이 등장하는 친숙한 인물들이다. 사실 오늘 시안에서 90여 km나 멀리 떨어진 이곳 건릉에 온 것도 이곳에서 우리나라의 아픈 역사를 돌아보기 위해서였다.

당 태종 이세민은 사실상 당을 건국한 인물로, 우리에게는 고구려를 침공했다가 안시성에서 양만춘 장군이 쏜 화살에 한 쪽 눈을 잃고 퇴각한 인물로 알려져 있다. 죽을 때에는 다시는 고구려를 침공하지 말라는 유언까지 했다는데, 이 말은 나에게 우리 역사의 강성한 대국이었던 고구려에 대한 커다란 자부심을 갖게 했다.

그런 당 태종이 중국 역사상 가장 위대한 황제 중의 하나였다는 것을 안 것은 그리 오래 전의 일이 아니다. '정관정요', '정관의 치' 등 처세술 관련 서적들이 바로 당 태종의 통치술을 연구한 책이라는 사실을 알면서부터이다. 그런 위대한 황제가 통치하던 당나라에 당당히 맞선 고구려가 자랑스럽다.

그러나 고종의 묘인 건릉을 보면서는 이와는 사뭇 다른 감정이다. 백제와 고구려를 멸망시킨 장본인이 바로 여기에 묻혀 있는 고종이기 때문이다. 고종은 사실 아버지의 유지를 받들어 적극적으로 고구려를 공략할 생각은 없었을 것이다. 그러나 신라가 계속 도움을 청하는 바람에 손쉽게 백제와 고구려를 멸망시켰고 드디어 한반도의 일부를 당나라의 통치권 하에 둘 수 있었다. 결국 우리 민족은 내분에 의해서 외세를 끌어들였고 결국은 외세의 지배를 자초하는 꼴이 되고 만 것이다.

비석의 숲, 비림 입구

나는 우리 역사상 고구려만큼 외세로부터 자주적으로 존재했던 시기는 없었다고 생각한다. 신라가 삼국을 통일함으로써 우리 역사상 최초로 위대한 통일국가를 완성했다고 역사 시간에 수없이 들었지만 그것은 반쪽의 통일이었고, 자주적인 우리 역사를 마감하는 순간이었다고 생각한다.

나중에 다시 찾은 '건릉지궁'에는 당나라 때의 영토가 커다랗게 표시되어 있었는데, 우리나라 고구려 땅에 '안동도호부'라고 크게 쓰여 있고, 우리나라 전체가 당나라 영토에 포함되는 것으로 되어 있다. 신라라는 나라는 눈을 씻고 찾아 봐도 없었다. 이것만 보아도 당시 신라의 존재가 어떠했는지를 쉽게 짐작할 수가 있었다.

고종과 그의 부인이었던 측천무후의 합장묘인 건릉에는 돌로 만든 61개의 머리 없는 사신상이 있는데, 고종의 죽음을 애도하고자 죽은 고종에게 충성을 바치는 소수 민족 지도자들의 형상이라고 한다.

백제의 의자왕이 수많은 가솔들과 함께 머리를 조아리고 술을 따르는 모습이 눈앞에 어른거린다. 의자왕과 그의 가솔들은 머나먼 이국 땅인 이곳 시안에서 무슨 생각을 하며 여생을 보냈을까? 아버지인 당 태종의 눈부신 업적과 한반도의 내분을 등에 업고 한반도를 거저 얻어 태평성대를 구가했던 고종이 얄밉게 느껴진다.

중국 문화의 자존심, 비석의 숲 '비림'

어젯밤 PC방에서 나오면서 걸었던 전화 속의 목소리가 우리 가족에게 힘을 불어넣어 준다.

전화를 걸자마자 어머니께서 반갑게 받으셨고, 이어서 아버지께서 호기심에 찬 목소리로 중국의 이것저것을 물어보신다. 중국에 대해 해박한 아버지를 대신해서 중국에 와 있는 느낌이었다. 돌아가며 장모님의 건강한 목소리까지 들은 가족의 표정은 한결 밝아졌다.

　성곽으로 둘러싸인 시안은 크게 성내와 성외 지구로 나눌 수 있는데 성내는 시안의 중심지답게 종루, 고루, 비림 등의 문화재가 많고, 성 외곽에는 공원, 절 등이 많다.

　시안은 옛것과 최신의 것이 한데 어우러진 도시였다. 조그만 뒷골목으로 들어가면 수천 년 전부터 이어온 전통이 숨 쉬고 있고, 시내의 광장에는 최첨단 빌딩 사이로 젊은이들의 활기찬 움직임이 있다. 그 중에서도 가장 나의 관심을 끈 것은 남문 근처에 있는 중국문화의 자존심이자 비석들의 숲인 '비림'이었다.

　비림은 옛날의 공자묘(孔墓) 자리에 1,000여 년 전인 송나라 때에 전국 각지에 있는 각종 비석들을 모아서 전시한 것이 시초가 되었는데, 그 후에도 계속 비석들이 추가 되서 현재는 한대(漢代)에서부터 근대에 이르기까지의 돌 비석과 묘비, 비문 등 약 7,000여 개가 전시되어 있는, 말 그대로 비석들의 숲이다.

　비석들을 하나하나 자세히 살펴보는 순간 중국인들의 문화에 대한 자존심이 바로 여기로부터 나옴을 알 수 있었다. 비석 하나에 수천, 수만 자의 유교경전을 수록한 아주 세밀한 글씨부터, 비석 하나에 '壽'라는 한 글자를 물결치듯 써 내려간 것까지 이루 헤아릴 수 없이 많은 비석들의 숲이 보는 사람을 압도한다.

　종이나 대나무에 쓴 글씨가 오래 가지 않는다는 것을 안 중국의 선조들은 어떻게 하든 자신들의 문화를 후손들에게 전하기 위해 돌을 쪼기 시작했으리라. 자신들의 문화를 오래도록 글로서 전하려 했던 중국인들의 열정과, 장구한 역사 속에서 면면히 이어져 내려온 그들의 장인 정신 또한 아름답다. 이 비문의 글자와 그림들은 중국뿐만 아니라 우리 인류 모두의 위대한 유산이라는 생각이 머릿속을 떠나지 않았다.

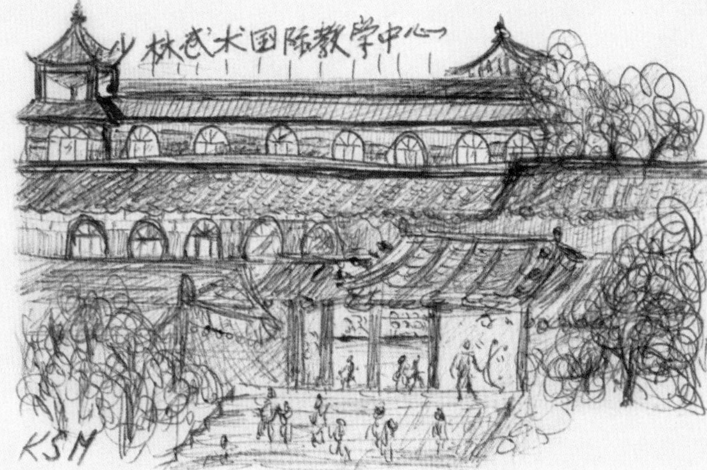

소림사의 무술학교.
때마침 점심시간이라 학생들은 손잡이가 있는 커다란 법랑컵 하나씩을 들고 식당으로 모여들었다. 이곳저곳에서 3~4명이 짝을 지어 운동을 하는 모습도 볼 수 있었다.

시안에서의 설레였던 공연

시안 여행 3일째 되는 날, 우리 가족은 사물놀이용 복색을 갈아입고 악기를 하나씩 들고 숙소를 나섰다. 어제 시안 시내를 여행하면서 보았던 분수대가 있는 넓은 광장에서 길거리 사물놀이를 공연하기 위해서였다. '과연 사회주의 국가인 중국에서 아무런 허가도 없이 광장에서 공연을 할 수 있을까?' 하는 일말의 두려움이 없는 것은 아니었지만, 세계일주 나온 이래로 순수하게 우리 가족의 힘만으로 길거리에서의 공연을 처음 시도한다는 설렘을 막을 수는 없었다. 나중에 알고 보니 이 광장은 바로 산시성(陝西省) 성정부(省政府) 청사 앞에 있는 신성 광장이었다. 마침 일요일 오전이라 광장에는 가족 단위로 나들이 나온 사람들이 많이 눈에 띄었고, 어린이들은 롤러스케이트를 타며 넓은 광장을 질주하고 있었다.

"아빠! 먼저 장구만으로 설장고를 연주해 보고, 뭐라고 하는 사람이 없으면 본격적으로 사물놀이를 연주하는 게 어때?"

분수대 옆에 사람들이 가장 많이 모여있는 곳에 자리를 잡고, 악기를 꺼내면서 민정이가 제안했다. 아직도 아이들 눈에는 긴장된 빛이 역력하다. 이곳은 아직까지 엄연한 사회주의 국가가 아닌가? 그것도 성정부 청사 앞 광장에서……

그러나 아내의 장구 소리를 듣고, 순식간에 몰려든 사람들을 보면서 우리의 가슴은 설레기 시작했다. 성공적인 공연을 예감했다. 네 가지 악기로 연주하는 사물놀이 연주가 시작되자 훨씬 더 많은 사람이 모여 들었다. 설장고를 끝내고, 웃다리에 들어갔다. 점고를 하자 사람들이 북소리에 따라 박수를 치기 시작한다. 오히려 한국에서보다 반응이 더 좋다. 그러나 사람들에게서 흥이 나는 표정은 볼 수 없고, 신기하다거나 흥미로운 표정만 볼 수 있을 뿐이다. 모두 신기한 눈으로 우리 가족 얼굴 하나하나를 뚫어지게 쳐다보면서 중국어로 소개된 우리 가족의 소개서를 번갈아 가며 읽는다.

마치 우리나라 70년대 후반의 사람들 모습을 연상할 정도로 덥수룩한 머리에 꾀죄죄한 사람들의 모습이 나에게는 더 친근하게 다가왔다. 공연이 끝났으나 흩어지지 않는 사람들을 향해서 '쎼쎼, 짜이지엔'을 연발하며 정리한다.

성공적으로 공연을 마친 우리는 이대로 오늘 공연을 마무리하는 것이 못내 아쉬웠다. 내친 김에 종루(鐘樓)와 고루(鼓樓)가 있는 시안의 중심부 광장으로 향했다.

일요일 정오를 넘어선 시간이라 그곳에는 더욱 많은 사람이 눈에 띄었다. 적당히 자리를 잡아서 아내의 설장고부터 연주를 시작했다. 시작하자마자 구름처럼 많은 인파가 몰려든다. 더욱 신이 난 우리가 흥에 겨워 사물놀이 연주가 최고조에 달할 무렵, 우리를 둘러싼 군중을 헤집고 한 눈에 봐도 경찰이라고 알 수 있는 사람이 우리 앞에 나타났다. 우려했던 일이 발생했음을 직감한 우리는 연주를 멈추었다. 순간 긴장감이 우리를 감쌌다.

얼른 중국어로 된 가족소개서를 보여 주었고, 이것을 읽어 본 경찰관은 한결 부드러워진 얼굴로 손을 사방으로 가리키면서 알아듣지 못하는 중국어로 한참을 이야기한다. 우리가 중국어를 못 알아듣는 것을 눈치채고는 이번에는 둘러선 관중들을 향해서 이야기 한다.

처음에는 우리의 공연이 좋다고, 계속하게 해 달라고 경찰관에게 항의를 하던 관중도 경찰이 사정조로 이야기하자 고개를 끄덕이며 경찰관의 말에 수긍을 표시했다. 어떤 관중은 아까 공연을 구경할 때와는 표정이 완전히 달라지면서 '이 사람들이 허가도 받지 않고 공연했느냐, 그러면 안 되지'라며 경찰의 말에 적극 동조하기도 했다.

다행스럽게도 경찰서로 끌려가는 것은 면했지만, 공연은 중단할 수밖에 없었다. 악기를 챙겨 우리를 둘러싼 관중을 뚫고 쓸쓸하게 빠져나오는데 한 청년이 조심스럽게 뒤를 따라오면서 말을 건다. 대학생이라고 자신의 신분을 밝힌 이 청년은 공연을 다 하지 못하고 가는 우리의 모습이 안쓰러웠는지 서툰 영어로 '대단히 훌륭한 공연이었다.

1. 시안의 산시성 성정부 청사 앞에 있는 신성광장에서 공연을 마치고 시안 시민들과 함께
2. 시안성 정부청사 앞에서 공연을 마치고 시안 시민들과 우리 가족을 따라오면서 위로 해 주었던 중국 대학생

나는 이런 공연을 제지하는 경찰을 이해할 수 없다' 며 우리를 위로하려고 애를 쓴다. 우리는 이 청년의 아름다운 마음에 공연을 못한 아쉬움은 이내 사라지고 오히려 가슴이 따뜻해지는 것을 느꼈다.

시안의 중심부에서 두 차례의 공연을 했지만, 관중이 우리 가락에 흠뻑 빠져드는 느낌은 받지 못했다. 사람들이 엄청나게 모여들었지만 우리 음악에 관심이 있어서 함께 느끼고 싶어서라기보다는 마치 싸움 구경하듯, 불구경하듯 다른 사람들이 몰려가니까 무슨 구경거리가 있나 해서 우르르 몰려 온 것이다.

때문에 열심히 공연을 해도 우리 가족을 신기한 듯 멀뚱멀뚱 쳐다볼 뿐, 좀처럼 마음을 열어 가락에 빠져들려고 하지 않는다. 역시 아직도 중국은 폐쇄적인 사회라는 사실을 이를 통해서 충분히 느낄 수 있었다.

그러나 시간이 지날수록 굳어 있던 표정들이 조금씩 밝아지고 나중에 끝나고 사진을 같이 찍자고 하면 수줍어하면서도 동참하는 것을 보면, 분명 우리가 그들의 마음을 여는데 조금이나마 기여했다고 생각해 본다.

매력적인 도시 상하이

시안에서 만났던 중국 사람들의 모습이 우리의 70년대 후반의 모습이라면, 상하이에 사는 중국 사람들의 모습은 현재 우리들의 모습이다. 마치 타임머신을 타고 이동한 기분이다.

상하이는 매력적인 도시였다. 내가 그리던 상하이의 모습은 화려하지만 그늘이 드리운 모습이었다. 아마도 우리 근대사와의 관련이 이렇게 규정하는데 큰 역할을 했을 것이다. 그러나 상하이는 서울보다 훨씬 자유분방하고, 움직임이 활발한 도시였다. 도시의 어느 곳에서나 건설중인 건축물을 볼 수 있고, 시내의 중심부는 젊은이들로 넘쳐

난다. 택시 운전사의 외국인들을 대하는 태도 또한 서울보다 훨씬 개방적이다. 이곳이 사회주의 중국의 도시라고는 믿겨지지가 않는다.

상하이에서 10년 이상을 살고 계신 김경희 원장의 말에 의하면 몇 년 전까지만 해도 서울에 있다가 상하이에 오면 답답하고 불편했는데, 요즘은 거꾸로 상하이에 있다가 서울로 가면 답답하다고 한다.

그 좁은 땅덩어리에서 전라도니 경상도니 하면서 아옹다옹 집안 싸움이나 하고 있는 사이에, 개방 중국의 상징인 상하이는 아시아의 중심이라는 자존심을 회복하기 위해 밖으로 눈을 돌린 것이다.

우리나라 사람들은 아직도 우리의 가치만 보편적이라 여기고, 외국의 보편적인 가치를 받아들이지 못하는 경향이 있다는 한 교민의 이야기가 오래도록 뇌리에 남는다.

물론 빌딩의 화려함, 거주하는 외국인의 수 등만으로 도시의 국제화를 판단할 수는 없겠지만, 내가 보기에 상하이는 서울보다는 훨씬 국제화된 도시였다. 특히 상하이는 젊은 모험가들에게 매력적인 도시로, 활력이 넘치고 사업의 기회가 많은 기회의 땅이다. 하루가 다르게 변하는 상하이의 모습을 보며 중국의 중심은 북경이고, 아시아의 중심은 상하이라는 말이 실감이 난다.

이런 매력적인 도시에 한국 교민이 없을 리 없다. 한국 교민의 숫자도 도시의 팽창 속도만큼이나 늘어나 2년 전까지만 해도 2만 명이었던 것이 지금은 그 배인 4만 명으로 늘었다고 한다.

인도와 중국을 여행하다 보니 다시 한 번 우리의 왜소함을 느낀다. 우리가 우리보다 잘 살지만 싱가포르나 홍콩을 경쟁상대로 보지 않듯이, 중국이 우리를 보는 눈은 중국 한 귀퉁이에 붙어 있는 잘사는 조그만 나라에 불과한 것 같다. 중국의 입장에선 우리는 이미 경쟁 상대가 아닌 것이다.

그러나 아직도 진정한 선진국이 되기 위해서는 중국도 갈 길이 먼 것 같다. 중국에서는 비교적 엘리트들이 모여 사는 상하이이지만, 교통질서 등 공공질서에 대한 의식은 우리보다도 한참 뒤져있다. 우리

1. 상하이 루쉰공원에 있는 윤
   봉길의사 사당
2. 상하이의 야경

중국 상하이 한국학교에서의
공연 모습

나라도 공공질서 의식이 높은 수준이 아니지만 중국은 우리보다 한참
뒤처져 있다. 국민의식이라는 것이 하루아침에 바뀌는 것이 아니라는
것을 감안할 때 많은 시간이 걸릴 것이다.

여행을 다니면서 얻는 것 중에 가장 큰 것이 바로 자신의 주위를 돌
아보면서 비로소 자신의 정체성을 확인하는 것인데, 인도와 중국을
여행하면서 우리의 위치와 정체성을 확인할 수 있었다. 국민의 의식
을 기준으로 본다면 한국은 일본과 중국의 중간이며, 중국은 한국과
인도의 중간에 위치하는 듯했다.

상하이에서 만난 어린 한국 유학생들

대부분의 중국학교가 쉬는 토요일에만 수업하는 학교가 있다. 바로
상하이에 있는 한국 주말학교이다. 상하이 한국학교의 교정을 빌려 상
하이에 있는 중국학교나 외국인학교에 다니는 한국 학생들을 대상으로
1주일에 한 번, 토요일 오전 4시간을 한국어, 역사 등을 가르치는 학교
이다. 선생님들도 대부분 다른 직업을 갖고 있는데, 우리 후손들에게
조금이라도 우리의 얼을 심어주기 위해 나섰다고 한다.

우리 가족도 이 주말학교에서 한국 문화를 접할 기회가 별로 없었
던 교민 2세 학생들에게 우리의 전통 음악인 사물놀이를 공연하기로
했다. 상하이에서 가장 뜻깊은 공연이 될 것 같다. 수업 시작 전인 8
시 40분부터 약 1시간 동안 공연을 했는데, 그 어느 공연 때보다도 학
생들의 태도가 진지하고 눈빛이 초롱초롱했다. 우리의 문화에 그만큼
목말라 있었다는 반증일 것이다. 공연이 끝난 후 먹은 얼큰한 한식은
기름기 많은 중국음식에 질렸던 입맛을 돋우어 주었다.

우리 선조가 빼앗긴 나라를 되찾기 위해 임시정부를 최초로 세웠던
상하이, 선조의 숨결이 살아 숨 쉬는 이곳에서 사물놀이 공연을 하며
함께했던 교민들과 학생들의 모습은 오래도록 우리 가족의 가슴속에
기억될 것이다.

1. 진시황 병마용
2. 상하이 박물관의 불상
3. 낙양의 용문석굴
4. 역대 소림사 주지스님들의 사리를 모신 탑림

미지의 땅, 아프리카
03 The land of the unknown, Africa

보츠와나 불법 입국 사건

2004년 4월 25일. 남아공의 요하네스버그에서 4일간의 공연과 여행을 마친 우리 가족은 아프리카에서 가장 고급스러운 2층 버스를 타고 다음 행선지인 보츠와나의 수도 가보로네로 향했다. 보츠와나에 살고 계시는 서 목사님과는 미리 연락이 돼서 우리 가족의 비자를 국경에 가지고 나오기로 약속이 되어 있던 터라, 차창 밖으로 보이는 낯선 아프리카의 풍경을 한껏 여유롭게 즐기며 여행의 즐거움을 만끽할 수 있었다.

그러나 문제는 버스가 국경에 예정 시간보다 1시간 일찍 도착하면서 일어났다. 국경의 출입국사무소에 가서 혹시나 하고 우리를 마중 나온 한국 사람을 찾아보았으나 있을 리가 없었다. 서 목사님 댁에 전화를 했더니 국경에 도착하려면 40분은 족히 걸린단다.

버스 기사에게 '우리는 비자가 없어서 못 간다. 누군가가 비자를 가지고 우리를 픽업하러 오기로 했으니 우리 짐은 여기에 내려 달라' 고 요청 했다. 그러나 짐이 너무 많고 우리 짐이 가장 안쪽에 들어 있어서 우리 짐만 따로 내릴 수가 없다고 난색을 표한다. 다른 사람들은 모두 버스를 올라타서 출발하기만을 기다리고 있었다.

이미 남아공 국경을 넘어 보츠와나 측에 정차해 있는 버스 앞에서 서성거리던 우리는 주위 사람들과 운전사의 재촉에 못 이겨 버스에 올라타고 말았다. 버스는 우리를 싣고 보츠와나의 수도 가보로네를 향해 달리기 시작했다.

세상에 태어나 처음으로 육로를 통해 국경을 넘은 경험을 한 우리는 아무런 저지없이 국경을 넘었다고 의기양양해 하며 아프리카 국가의 국경 관리의 미숙함을 비웃었다. 국경을 출발한 지 1시간 만에 버스는 가보로네 버스터미널에 도착을 했고, 우리를 마중 나온 서 목사님과 반갑게 인사를 나눴다.

1. 남아공 요하네스버그에 있는 레세디 문화촌
2. 세계에서 가장 위험한 도시 중 하나인 요하네스버그 다운타운

버스에 싣고 온 짐을 서 목사님 차에 옮겨 싣고 있는데, 거대한 체구의 험상궂은 흑인 두 사람이 뒤에서 내 어깨를 붙잡더니, 자신들과 함께 가자며 자신들 차에 타라고 한다. 흑인들이 한참을 설명했지만 무슨 말인지 귀에 들어오지 않았다.

불법으로 국경을 통과하는 우리의 모습을 지켜본 불량배 집단이 그 약점을 미끼로 우리에게 돈을 요구하고 있는 거라는 생각이 번뜩 머리를 스쳤다. 겁이 덜컥 났다. 내 머릿속에 있는 아프리카에서는 그런 일들이 비일비재하게 일어나고 있었기 때문이었다.

서 목사에게 도움을 청했더니 서 목사도 이런 경우는 처음이라며 일단 이 사람들은 나쁜 사람들 같지는 않으니 차를 타라고 하신다. 우리를 따라갈 테니 걱정하지 말라지만 혼자서 그 건장한 흑인들 사이에 타기가 싫어서 아내와 함께 타겠다고 했더니 순순히 승낙해 준다. 만약에 경우 낯선 곳에 끌려간다고 해도 아내와 함께 있고 싶었다.

나와 아내를 태운 9인승 봉고차는 불빛 하나 없는 비포장도로를 쉬지 않고 달렸다. 나의 온 신경은 뒤에 우리를 따라오는 서 목사님 차에 가 있었다. 커브를 돌 때마다 뒤에 차 불빛이 보이지 않아 불안했다. 국경까지 가는 시간은 불과 40분에 불과했지만 내가 느끼기에는 생애에서 가장 긴 시간이었다.

온갖 불길한 생각들이 머리를 스쳐갔다. 불법 입국한 죄는 얼마나 큰 것일까? 추방만 당하면 그만인가? 아니면 구속이 될 것인가? 안 그래도 여행경비가 빡빡한데 벌금은 얼마나 물어야 될까? 우리의 공연을 준비하고 기다리고 있는 보츠와나의 교민들에게는 어떻게 사죄를 해야 하나?

걱정스러운 눈빛으로 우리는 앞으로 어떻게 되느냐고 옆에 앉은 흑인들에게 물어보았더니, 자신들은 잘 모르지만 큰 문제는 없을 거라며 우리를 위로해 준다. 그 한마디가 나와 아내에게 커다란 힘이 되었고, 그 따뜻한 말 한 마디에 처음 보았던 험상

궂은 얼굴이 순하고 부드럽게 보였다. 나중에 보츠와나에 사는 교민들에게서 들은 이야기인데, 아프리카 남부 지방에서는 보츠와나 사람들이 가장 친절하고 순하다고 했다.

드디어 차는 몇 시간 전에 통과했던 국경으로 다시 돌아왔다. 입국관리소 여자 직원의 깐깐하고 사무적인 질문이 이어지고, 앞으로 다시 이런 일이 발생하면 엄벌에 처하겠다는 상투적인 경고와 함께 우리는 입국 도장을 받고 정식으로 보츠와나 국경을 통과할 수 있었다. 국경 입국관리소에 있는 우리 가족의 공연 소식이 나와 있는 보츠와나 현지 신문도 큰 도움이 됐다.

요즘도 가끔 어두운 시골길을 차로 달릴 때면 보츠와나에서 우리를 연행(?)해 갔던 건장한 흑인 청년들의 얼굴과 그 짧은 시간에 느꼈던 공포감과 안도감이 순간 스치고 지나간다.

보츠와나 'Korean Culture Festival'

우리가 우여곡절 끝에 입국한 보츠와나에서는 20여 가구 우리 교민들이 그동안 준비한 잔치가 열렸다. 행사 전에 도착한 우리도 이곳의 교민들과 함께 '한국 문화 페스티벌'을 준비했다. 이곳 교민 역사상 한국 문화를 소개하는 행사는 이번이 처음이라고 한다.

우리가 이곳을 방문한 것을 계기로 행사를 개최하게 되었고 우리 가족의 사물놀이가 메인 이벤트였지만 이곳에 있는 한글학교 학생들의 솜씨 자랑 또한 빼놓을 수 없었다. 어제와 그제, 이곳 한글학교 학생들이 연습하는 모습을 지켜보면서 눈시울이 뜨거울 정도로 감명을 받았다. 한국에 살고 있는 우리보다 우리 문화에 대한 사랑이 뜨거웠고, 배우려는 의지 또한 대단했다.

역시 아이들은 아이들끼리 만나야 즐겁다. 그동안 빡빡한 여행 일정에 항상 긴장 상태 속에서 여행을 했던 민정, 민수, 현정이는 이곳

보츠와나에서 4일 동안 묵었던
보츠와나 한인회장님 댁

에서 또래들을 만나자 천방지축 정신없이 뛰어 논다. 이렇게나마 여행의 긴장을 풀 수 있다는 것이 얼마나 다행스러운 일인가?

이곳에 사는 교민들의 생활수준은 매우 높다. 대지가 수백 평이나 되고 건평도 보통 50~60평은 족히 되는 커다란 집에 대부분 가정부를 두고 있다. 우리는 한인 회장님 댁에 묵었는데, 교민들이 돌아가면서 우리에게 식사를 제공해 주셨다.

우리가 아프리카 사람들이 어느 나라 사람인지 구분하지 못하는 것처럼 이곳 사람들은 동양인을 구분하지 못하고 모두 중국사람으로 간주한다고 한다. 그러나 초창기에 이민 온 중국인들이 이곳 사람들을 상대로 장사를 하면서 좋지 않은 인상을 남겨, 중국인에 대한 인식이 아직까지도 좋지 않다고 한다. 우리 교민들은 중국인과 같은 취급을 받는 것이 억울하여 한국인이라는 것을 강조해도 오히려 한국은 중국의 일부가 아니냐고 반문한다고 한다.

중국인과의 차별성을 부각시키기 위해서라도 이곳 사람들에게 꼭 한 번 우리 전통 문화를 소개하고 싶었던 차에 우리 가족이 방문해서 뜻깊은 행사를 하게 됐으니 우리 가족에게도 매우 의미 있는 행사였다. 우리 가족이 세계일주 공연을 하면서 이루고자 했던 것이 바로 이런 것이었다.

오후 7시 드디어 막이 올랐고, 시작한 지 10분 정도 지나자 좌석은 초청한 외국인들과 신문을 보고 찾아온 현지 사람들로 채워지기 시작했다. 내·외빈 인사에 이어서 1부가 시작됐는데 첫 순서는 보츠와나 한글학교 어린이들이 예쁜 한복을 입고 '부모님 은혜' 와 '대장금 주제곡' 을 합창하는 것이었다. 역시 우리의 한복은 아름답다. 특히 어린이들이 입은 모습은 더욱 아름답다. 보츠와나 신문, 방송 기자들의 플래시가 정신없이 터진다.

이어서 우리 가족의 설장고와 웃다리 사물놀이가 이어졌다. 여기저기서 터져 나오는 박수소리와 함께 우리의 사물놀이 장단에 맞추어 어깨를 들썩거리는 모습들이 눈에 들어온다. 지금까지 인도와 중국에서의 반응과는 사뭇 다르다.

인도와 중국에서는 음악 자체를 즐기는 것이 아니라 우리 가족의 모습을 구경한다는 느낌을 받았었다. 그리고 구경하는 사람들은 우리의 가락에 빠져서 동화되는 것이 아니라 조금은 경계하는 듯한 눈빛을 느낄 수가 있었다. 그러나 오늘의 관객은 우리와 함께 가락에 빠져들고 있었다. 덕분에 우리도 더욱 신명나게 공연을 할 수 있었고, 관중과 하나가 될 수 있었다.

2부는 현정이의 동요로 시작됐다. 또랑또랑한 목소리가 울려 퍼지자 여기저기서 환호한다. 그러나 뭐니 뭐니 해도 이날의 하이라이트는 관객이 함께 참여한 길놀이였다. 악기를 연주하며 객석을 한 바퀴 돌았는데, 우리를 따라 무대로 올라온 관객들은 서로 흥겹게 어우러졌다.

국적도 얼굴 생김새도 모두 다르지만 오직 사물놀이 장단에 몸을 맡긴 채 몸을 흔들어 댔다. 꼬마들이 양손을 올려서 만든 조그만 문을 고개를 숙이고 통과하는(동대문놀이) 그들의 얼굴에는 웃음꽃이 활짝 피었다. 우리와 보츠와나 그리고 세계가 하나가 되는 순간이었다. 우리 사물에 아프리카의 유연한 엉덩이춤이 그렇게 잘 어울리는지는 오늘에야 알았다.

영원히 잊지 못할 아름다운 보츠와나의 밤은 이렇게 깊어 갔다. 공연이 끝난 후에도 우리는 감동을 억누를 수 없어서 밤늦게까지 교민

1. 보츠와나 현지인들을 사로잡았던 민정이와 민수의 승무북 공연
2. 모든 참가자가 함께 한 길놀이

들과 함께 이야기꽃을 피웠다. 보츠와나 한국문화 페스티벌 공연은 지금까지 한 공연 중에서 가장 의미 있고 멋있는 공연이었다. 이 한 곳에서 공연을 한 것만으로도 우리의 세계일주 목적은 달성되었고, 충분한 보상을 받았다.

프란시스타운의 아름다운 밤

보츠와나 가보로네를 떠나는 날이다. 지금까지 머물렀던 한인회장 집 아이들과 이별이 아쉬웠는지 어젯밤에는 아이들이 재잘거리는 소리가 새벽까지 들렸다.

9시가 되자 허은영 선생님을 비롯한 한글학교 선생님들이 아침식사를 준비해서 집으로 찾아 왔다. 시원한 새우를 푸짐하게 넣어서 끓인 얼큰한 새우 매운탕이었는데 국물이 정말 시원했다. 마지막 가는 날 아침까지 이렇게 챙겨주시니 감사할 따름이다. 각자 집에서 준비해 온 재료를 넣고 빠른 손놀림으로 우리가 기차를 타고 가면서 점심으로 먹을 김밥도 싸 주셨다.

기차 안으로 짐을 모두 실은 다음 마지막 작별의 인사를 나누었다. 아내는 허은영 선생님과 한참 동안 포옹을 하더니 끝내 눈물을 글썽인다. 모두 눈시울이 붉어졌다. 정말 고마웠다고, 남은 여행 잘하라고 서로 인사를 나누고 보이지 않을 때까지 손을 흔들었지만 그래도 마음이 허전하고 가슴 한구석에 뭉클한 아쉬움이 남는다.

보츠와나 열차의 특등석은 우리의 무궁화호 열차 정도의 수준이었는데 의자 앞에 커다란 테이블이 있어서 식사를 하거나 책을 받쳐 놓기에 좋았다. 열차를 타자마자 아이들은 이내 곯아떨어졌고 나는 앞으로의 여행 스케줄을 다시 짜기 시작했다.

당장 내일 어디로 가야 할지도 정해지지 않은 상황이다. 그러나 오히려 이런 자유가 좋다. 무엇에도 얽매이지 않고 그때그때의 상황에 따라 스케줄을 조절해 나가는 여행, 이것이 내가 지금까지 꿈꾸던 여행이었고 나는 지금 그 여행의 중간에 와있다. 나는 지금 여행의 자유를 만끽하고 있다.

프란시스타운은 광활한 사바나의 끝에 세워진 이름만큼이나 아담하고 조용한 도시이다. 관광지가 아니라 호객꾼이 없어서 좋고, 만나는 사람들에게 무엇을 물어보아도 친절하게 잘 가르쳐준다. 시내에서 멀리 떨어진 이곳은 밤이 되니 온갖 풀벌레 소리가 요란하다. 구름 한 점 없는 하늘에는 청명한 반달이 떠 있고, 별은 금방이라도 쏟아질 것 같다.

분위기 있는 바에서 쏟아져 내리는 별빛을 맞으면서 아내와 맥주를 마시며 그동안 지나온 일정들을 되돌아보았다. 오랜만에 느끼는 여유에 마음은 한없이 자유롭고 밤은 깊어 간다. 주위에 맥주를 마시면서 즐겁게 웃는 흑인들의 웃음소리는 우리가 정말 아프리카의 한복판에 있다는 사실을 실감나게 한다. 흑인들과 이야기를 주고받으며 우리는 마음을 열고 친구가 되었다.

프란시스타운 숙소에서

아프리카 버스 여행에서 만난 빌리

세계 3대 폭포 중 하나인 빅토리아 폭포는 짐바브웨와 잠비아의 국경에 위치해 있다.

총 길이가 1,700여 미터에 달하는 빅토리아 폭포는 크게 5개의 폭포로 이루어져 있는데 그 중 세 개가 짐바브웨 쪽, 나머지 두 개가 잠비아에 속해 있다. 산업 시설이 열악한 두 나라 모두 빅토리아 폭포를 이용한 관광 산업이 나라 경제의 큰 비중을 차지하고 있으므로 서로 자기 나라에서 보는 빅토리아 폭포의 모습이 아름답다고 자랑하는 것은 당연할지도 모른다.

1. 2km 밖에서 본 빅토리아 폭
   포의 위용
2. 세계 3대 폭포 중 하나인
   빅토리아 폭포

　잠비아 사람들이 그렇게 아름답다고 강조하는 잠비아 쪽에서의 빅토리아 폭포 모습을 보기 위해 일찍 숙소를 나섰다. 짐바브웨의 절반 가격인 1인당 10$의 입장료를 내고 들어갔지만 전체적인 경치는 짐바브웨 쪽보다 나은 것 같았다. 유유히 흐르는 잠베지강의 거대한 물줄기가 천 길 낭떠러지로 곤두박질칠 때는 마치 나도 같이 빨려들어가는 착각을 느꼈다.

　특히 강의 협곡 사이에 놓인 나이프에지 브리지(Knife edge bridge)를 건널 때에는 마치 폭풍우에 비바람이 몰아치는 것처럼 앞이 하나도 보이질 않았다. 온몸이 물에 빠진 생쥐 꼴이 되어서야 겨우 빠져나올 수가 있었다.

　온 가족이 짐을 메고 오후 1시 루사카 행 버스를 타기 위해 버스정류장으로 향했다. 짐을 한 번 옮기는 일이 보통이 아니다. 택시를 타더라도 트렁크에 다 실을 수가 없어서, 일부는 들고 타야하고, 가족 수가 5명이기 때문에 택시 안도 여유가 없다. 그러나 여행 중 모든 일은 스스로 하는 것이 가장 안전하고, 모든 짐은 가능하면 몸 가까이에 지니는 것이 가장 자유롭다는 생각이 이런 불편함을 사소하게 느껴지게 한다.

　짐의 절반은 악기인데, 이것은 우리가 자유롭게 어디서든 공연을 하고 싶은 곳에서 할 수 있게 한다. 설사 공연을 하지 못하더라도 그런 자유를 가졌다는 생각만으로도 마음이 여유롭다.

　버스 안에까지 들어와서 손목을 붙잡고 얼굴을 비비며 정답게 작별 인사를 나누는 이곳 사람들의 모습을 보고 있으려니 우리의 옛날 모습이 떠올라 나도 모르게 빙그레 웃음이 나온다. 버스 안에는 우리 가족 외에는 모두 흑인들이다.

　밖의 풍경과 아프리카 지도에서의 현재 위치를 머릿속에 그리면서 저장을 해나간다. 차가 거의 보이지 않는 왕복 2차선 도로를 버스는 시원하게 질주한다. 햇볕은 따가웠지만 쾌청하다. 어느덧 석양이 내리고, 하루 일을 마치고 집으로 돌아가는 사람들로 양쪽 길가는 분주해지기 시작한다. 삼삼오오 짝을 지어서 걸어가는 모습과 하나, 둘 집에서 연기가 피어오르는 모습이 마냥 평화롭게 보인다. 힘든 밭일을 마치고 허리를 펴고, 집으로 돌아갈 때의 뿌듯한 기분은 아마도 경험해 보지 않은 사람은 모를 것이다.

밖은 이미 캄캄해져 있다. 아직도 갈 길은 멀고, 숙소도 예약이 안 됐는데……. 마음이 조금씩 불안해진다. 갈 곳 없는 나그네 마음이란 이런 걸까? 아이들은 마냥 즐거워 떠들어대고, 아내는 말없이 밖을 바라본다. 아내도 불안해하는 눈치다.

8시가 넘어서 루사카 버스정류장에 도착했는데, 버스 안에서부터 우리에게 관심을 보이며 말을 걸었던 흑인 아저씨 '빌리'가 다가오더니 오늘 밤은 어디서 잠을 잘 거냐? 내가 뭐 도와줄 일이 있느냐며 친절하게 말을 붙인다. 날도 어둡고 불안했던 터에 감사하게 생각하며, 가이드북에 나와 있는 백팩커스에 머물려고 한다고 대답했다.

그러자 택시를 잡아주면서 택시운전사에게 이야기를 해 주고 짐도 같이 실어 주었다. 아무런 대가도 없이 친절하게 도와주는 그에게 너무 감사했다.

백팩커스에 도착해서 간단하게 빵으로 저녁을 때우고 있었는데, 매니저가 전화를 붙들고 '미스터 킴!, 미스터 킴!' 하고 소리친다. '나에게 전화를 할 사람이 없는데?' 의아하게 생각하며 전화를 받았는데, 조금 전에 우리를 도와주었던 빌리였다. 수화기를 통해서 우리가 무사히

1. 빅토리아 폭포가 있는 잠비아와 짐바브웨의 국경 다리
2. 잠비아 리빙스턴 버스정류장

잘 도착했는지 확인을 하려고 전화를 했다는 말을 듣고는 가슴이 뭉클했다. 어느 나라 사람이든 대부분의 사람은 친절하고, 오히려 가난한 나라 사람일수록 정이 많다는 것을 새삼 다시 확인했다.

특히 아프리카 대륙 사람들에 대한 잘못된 선입견은 이곳에 온 후로 계속 깨지고 있었다. 빌리는 내일은 몇 시에 출발하느냐고 묻더니 내일 시간에 맞추어서 버스정류장에 나오겠다며 지금 숙소로 찾아가고 싶지만 너무 늦었으니 내일 보자면서 전화를 끊는다.

다음날 아침 빌리는 약속 시간에 버스정류장에 기다리고 있었다. 버스 티켓도 끊어주고 짐도 저렴한 가격에 버스에 실어 주었다. 아프리카에서는 짐을 버스에 싣는데도 짐삯을 따로 받는데 아무래도 현지인들에게는 싸게 받는 것 같았다. 너무 감사해서 어떻게 하면 좋겠느냐고 묻자 쑥스러운 얼굴로 어서 버스에 타라면서 손을 내젓는다.

여행사에 근무를 한다는 인텔리 차림의 친절한 빌리의 모습은 지금도 아프리카 하면 떠오르는 사람으로 우리에게 남아 있다.

천천히 흐르는 시간, 아프리카 열차 여행

50시간이나 걸리는 탄잔 열차는 하루에 딱 한 편, 오후 3시 30분에 잠비아의 카포리음포시를 출발해서 탄자니아의 수도 다르에스살렘으로 향한다. 1등실 내부는 비교적 안락했고, 양쪽으로 2층 침대가 있고, 통로에는 문도 있다. 짐 도난 걱정을 안 해도 되고, 가족만의 공간이 독립되어있어 좋다. 지금까지 중국과 인도에서 했던 기차 여행보다도 훨씬 안락했다. 앞으로 2박 3일을 이 열차 안에서 보내야 한다.

저녁 6시가 넘자마자 컴컴해지고, 이후 긴 밤을 암흑 속에서 보내야 하기 때문에 열차에서 보내는 밤은 무척 길다. 좀처럼 전기가 공급되지 않기 때문이다. 정차할 때마다 열차가 심하게 요동을 치는 바람에 몇 번이나 잠에서 깼다. 몇 시간씩 꼼짝없이 서 있는 경우도 있다. 아프리카의 시간은 이렇게 느긋하게 흘러간다.

이튿날 아침이 되자 무료함을 달래기 위해서 말벗이라도 할 만한 친구를 찾아서 열차의 이곳저곳을 돌아다녔다. 마침 요하네스버그에서 MBA 과정을 밟고 있는 캐나다 학생 아론 존슨이라는 친구가 바로 우리의 옆 칸에 있었는데, 자연스럽게 만나서 이야기하면서 친해졌다. 존슨은 졸업을 앞두고 캐나다로 돌아가기 전에 아프리카 동남부를 여행하고 있단다. 한국도 여행한 적이 있다고 하는 그는 우리나라에 대해서도 상당히 좋은 인상을 갖고 있었다.

이제 외국 사람들에게 익숙해진 아이들은 아예 존슨이 있는 칸에 가서 깔깔거리며 논다. 말이 정확히는 통하지 않지만 서로 의사소통을 하는 데는 전혀 문제가 없나보다. 열차가 정차할 때마다 상인들은 그 지방에서 나는 농작물을 한 아름씩 머리에 이고 열차 옆으로 몰려들고 어린이들은 볼펜을 달라고 손을 내민다. 무엇에 쓰려는지 모르겠지만 빈 페트병도 서로 달라고 아우성을 친다.

여행 출발 전에 여행사에서 얻은 볼펜 몇 개를 나누어 주었더니 순식간에 수십 명이 몰려들어서 아수라장이 됐다. 열차는 무엇을 수리하는지 공구를 가진 사람들이 바퀴 밑으로 들락거린다. 해는 중천에 떠 있고, 날씨는 무더운데 열차는 철로 가운데에 서 있다. 시간이 이대로 멈추어 버린 것 같다.

탄자니아 국경을 지나 얼마를 가자 탄자니아 출입국 공무원이 열차를 돌아다니며 비자를 내주고 입국 스탬프를 찍어준다. 1인당 20달러씩 하는 비자 Fee만 지불하면 입국 절차는 모두 끝난다. 캐나다 인에게는 50달러를 받는데, '캐나다는 잘사는 나라이기 때문에 더 많은 비자 Fee를 내야한다'는 공무원의 설명에 존슨은 이해할 수 없다는 표정을 지으며 불평한다.

휘영청 밝은 보름달 아래 열차는 또다시 이름 모를 마을에 멈추어 섰다. 온 동내 어린이들이 다 몰려든 듯하다. 아이들과 서로 노래를

1. 잠비아와 탄자니아를 연결하는 탄잔 열차. 무려 50시간을 탔다
2. 탄잔 열차에서 맞은 일출
3. 세렝게티 사파리 시 요리사였던 존 가족과 함께
4. 탄잔 열차가 한 번 지날 때마다 엄청난 수의 상인들이 몰려든다
5. 탄잔 열차 주위에 몰려든 아이들
6. 빅토리아 폭포 상류인 잠베지강의 석양

주고받았다. 우리가 아리랑을 한 구절씩 부르면 어린 아이들이 따라
부르고, 아이들이 부르는 노래를 우리가 따라 부른다. 아이들의 깔깔
대는 웃음소리가 어둠 속에서 오랫동안 계속되었다.

아프리카의 진주, 잔지바르섬

　다르에스살람에서 배를 타고 4시간을 가면 아프리카의 진주라는 잔
지바르섬에 도착한다. 잔지바르는 18~19세기, 흑인 노예시장으로 유
명한 곳인데 지금도, 그 당시 노예무역으로 엄청난 부를 쌓았던 아랍
상인들의 돌로 만든 화려한 저택이 즐비하게 남아있다.
　노예시장이 있던 자리에는 지금은 성당이 세워졌는데, 성당 가까이
가니 아프리카 흑인들의 구슬픈 영가가 들려오는 듯했다.
　아내는 아이들에게 영화 '뿌리' 의 킨타쿤테 이야기를 자세히 들려
준다. 잔지바르섬 주위에는 몇 개의 섬들이 흩어져 있는데, 그 중에서
말썽을 부린 노예들을 따로 감금했었다는, 프리즌섬(감옥섬)을 찾았
다. 천천히 걸어도 30분이면 한 바퀴 돌 수 있는 조그만 섬인데 그 섬
의 넓은 모래사장에는 오직 우리 가족만이 있었
다. 마치 섬 주인이 된 기분이다. 바다에
서 조개도 줍고, 물속의 열대어들
과 숨바꼭질하다가 지친 우리는
준비해온 점심을 먹고 잎이 넓
은 열대 나무 아래에 누워 맑
고 아름다운 바다를 바라보
며 느긋한 오후를 즐겼다.

1. 노예들을 가두었던 프리즌섬
   의 해안

2. 잔지바르 해변의 아이들

3. 잔지바르의 풍성한 열대 과
   일 시장

고향이 제주도라 그런지 세계일주를 하면서도 웬만큼 아름답다는 해변도 성에 차지 않았는데, 이곳 프리즌섬에서 바라다보는 오염되지 않은 바다는 정말 아름다웠다.

오래도록 이런 모습을 유지해 주었으면 하는 마음 간절했다. 돌아오는 길에는 어시장에 들러 싱싱한 오징어를 사다가 숙소에 와서 오징어 매운탕을 끓였다. 우리는 오랜만에 고추장에 고춧가루를 잔뜩 풀어놓은 얼큰한 매운탕을 정신없이 먹었다. 아프리카의 외딴 섬 잔지바르에서 먹었던 오징어 매운탕의 맛은 아직까지도 우리 가족의 세계일주 단골 이야기 메뉴로 남아 있다.

동물들의 세상 응고롱고로

버스 요금을 흥정해야 하는 아프리카에서는 버스를 타는 것이 곧 한바탕 전쟁을 치르는 것이다. 호객꾼들이 달려들어 이리저리 끄는 바람에 우리는 곧잘 이산가족이 되곤 했고, 막내 현정이는 무섭다고 울음을 터뜨린다. 값을 깎고 깎아서 표를 사고 버스의 앞자리에 앉았는데 출발할 생각을 않는다. 분명히 11시에 출발하는 버스라고 했는데, 오후 1시가 지나도 떠날 생각을 않는다. 한참을 더 기다리니 다른 버스로 옮겨 타라고 한다. 버스에 승객이 다 차지 않자 다른 버스 승객과 합치는 것이었다.

아프리카에서는 버스에 승객이 다 차지 않으면 출발하지 않고, 버스 시간은 아무 의미가 없다는 사실을 새롭게 알았다. 운송업은 아프리카에서만큼은 서비스업이 아닌 것 같다. 사람들은 버스를 이용해서 집으로 갈 수 있는 것만도 감사한 일로 생각하는 것 같았다. 이런 사람들에게 버스 시간은 아무 의미가 없고 하루 내로 집에만 데려가 주면 감사한 일일 것이다. 아프리카는 시간은 남고 돈은 부족한 곳이기 때문이다.

세렝케티 초원의 동물들과 일출.
자연 앞에 선 인간은 만물의 영
장이 아니라 자연의 일부였다

1. 세렝게티의 톰슨 카젤 가족
2. 세렝게티의 일출
3. 산으로 둘러싸인 응고롱고
   로의 버펄로

대부분의 버스는 한 줄에 5명이 앉도록 되어 있는데, 엉덩이가 큰 아프리카 사람들이 그 비좁은 의자에 꼭꼭 붙어 앉아 머리만 의자 등받이 위로 삐죽이 내민다. 이 모습이 마치 닭장에서 닭들이 모이를 쪼으려고 고개를 철망 밖으로 내민 모습과 비슷하다 하여 아프리카 버스를 일명 치킨버스라 부른다.

탄자니아 북부에 있는 아루샤는 세렝게티 사파리와 아프리카 최고봉 킬리만자로 등반의 출발점이 되는 도시이다. 아루샤에서 세렝게티 사파리를 준비하던 중에 탄잔 열차에서 만났던 캐나다 유학생 아론 존슨을 우연히 거리에서 다시 만났다. 2박 3일간 기차에서 함께 지내면서 정이든 우리는 반갑게 포옹을 하고 그동안의 안부를 물었다. 민정, 민수, 현정이가 너무 좋아한다. 우리 가족과 존슨이 한 팀이 되서 2박 3일의 세렝게티 사파리에 나섰다. 가이드 겸 운전사 고디와 요리사 존까지 일행은 모두 8명이다.

영화에서나 보던 뚜껑이 열리는 사파리 전용 지프를 타고 세렝게티 대평원을 달리는 동안 내내 가슴이 뛴다. 길을 가다가 기린 아저씨들이 길을 막아서는 바람에 마냥 기다렸다. 세렝게티공원 내에서는 자동차 경적을 울려서도 안 되고, 모든 것이 동물 우선이다. 마치 기린들이 우리를 보고 신기한 듯 긴 목을 빼고 물끄러미 쳐다보는데, 우수에 찬 것 같은 물기를 머금은 기린의 커다란 눈이 정말 아름다웠다.

세렝게티 국립공원 바로 옆에는 세계에서 가장 큰 분화구라는 응고롱고로 자연보호구역이 위치하고 있다. 해발 2,500여 미터의 산 위에 남북으로 16km, 동서로 19km의 평평한 분화구는 주위의 3~400m의 산으로 둘러싸여 있는데 산의 경사가 심해서 동물들이 이동을 할 수 없다고 한다. 이 분지 내에서 완벽하게 동물들의 먹이 사슬이 만들어지고, 이곳에서 태어난 동물들은 마치 이곳이 세상의 전부 인줄 알고 이곳에서 살다가 생을 마감하게 된다. 이 응고롱고로에 없는 동물은 사람뿐이라고 할 정도로 아프리카에 있는 동물들은 대부분이 다 있어서 일명 동물 백화점이라고 부른다.

"민정아! 너희도 세계일주를 나오지 않았으면 여기 있는 동물들이 응고롱고로가 세상의 전부라고 느끼듯, 우리나라가 세상의 전부인 것처럼 생각하며 그곳에서 끝없이 경쟁하면서 힘겹게 살아갈 텐데, 밖의 세상을 보고 나니 생각이 달라지지?"

하고 넌지시 물었더니

"아빠! 그걸 말이라고 해? 세계일주가 나를 얼마나 바꿔 놓았는데"

라고 웃으며 대답한다.

밤에는 멀리서 들려오는 버펄로의 울음소리가 무서운지 현정이는 잠을 못 이룬다. 겨우 달래서 잠을 재우고는 아내와 함께 텐트 밖으로 나와서 오랜만에 손을 잡고 주위를 거닐며 둘만의 시간을 가졌다. 칠흑같이 어두운 아프리카의 밤하늘에서는 무수한 별들이 쏟아지고 있었다.

킬리만자로의 표범

아내와 현정이만 아루샤에 남겨 놓고 민정, 민수와 함께 5박 6일간의 킬리만자로 등반에 나섰다. 일행은 캐나다 여성 메리와 가이드 2명, 포터 및 요리사 3명, 총 9명. 드디어 나의 세계일주 중에 가장 이루고 싶었던 꿈(킬리만자로 정상에서 조용필의 '킬리만자로의 표범'을 부르는 것)이 이루어지는 순간이었다.

첫날은 해발 2,700m 지점에 있는 만다라헛까지 올라가서 그곳에서 1박을 했다. 밤에 잠을 자려고 눈을 감았으나 아루샤에 두고 온 아내와 현정이 생각에 잠이 오질 않는다. 무슨 일이 있는 것은 아닐까? 여행객들이 많이 머무는 커다란 숙소라 조금은 안심이 되었지만 그래도 아는 사람이 아무도 없는 곳에 5일 동안 아내와 현정이만 남겨 놓고 온 것이 마음에 걸린다.

민수가 등산을 할까 말까 망설였었는데, 차라리 민수를 데리고 오지 말 걸……. 전화라도 있으면 연락이라도 할 텐데, 연락할 방법이

1. 미랑구게이트에서 만다라헛 가는 길. 케나다 여성 메리와 포터
2. 구름 속에 잠긴 만다라헛

1. 해발 3,720m에 위치한 호롬
   보헛
2. 호롬보헛에서 바라다본 킬
   리만자로 정상인 키보봉

없다. 등산하느라 몸은 피곤했지만 정신은 더욱 맑아지고 겨우 1시간 정도 선잠을 잔 후 깨서 좀처럼 잠을 이룰 수가 없다. 내일도 1,000m 이상을 올라가려면 잠을 자 두어야 하는데, 잠을 자려고 하면 할수록 정신은 더욱 또렷해진다. 민정이와 민수도 엄마와 현정이 생각을 하는지 침낭 속에서 몸을 뒤척인다.

다행히 두 번째 날 올라가는 코스는 그렇게 힘이 들지 않았다. '바람처럼 왔다가 이슬처럼 갈 순 없잖아, 내가 산 흔적일랑 남겨둬야지~.'라고 조용필의 '킬리만자로의 표범'을 흥얼거리며 천천히 발걸음을 옮겼다. 고산지대에 적응하기 위해서는 가능한한 천천히 걸어야 했다.

출발한 지 6시간 만에 두 번째 헛인 호롬보헛(해발 3,720m)에 도착했다. 뜨겁게 내리쬐는 태양 아래서 여기저기 빨빨거리며 돌아다녔더니 뒷머리가 조금씩 아파온다. 고산병의 증세가 나타나기 시작한 것이다. 고산병을 예방하기 위해서는 마치 우주인들이 달나라에서 움직이듯 천천히 움직여야 한다고 가이드가 수없이 강조한다.

햇빛이 사라지고 밤이 되자 이제는 너무 추워서 잠을 이룰 수가 없다. 또다시 아내와 현정이의 얼굴이 떠오른다. 세계일주를 나온 후에 한 번도 떨어져 본 적이 없던 우리 가족은 처음으로 헤어짐의 아픔으로 열병을 앓고 있는 것이었다. 민정이는 낮에 찬물에 양말을 빨아 널고는 감기 기운이 있는지 감기약을 먹고 몸이 아프니까 엄마가 더 보고 싶다고 눈물을 글썽이더니 이내 깊은 잠에 빠졌다.

낮에는 뜨거운 태양빛으로 온몸이 따갑던 이곳은 새벽이면 주변에 얼음이 얼 정도로 일교차가 심하다. 다음날도 고도에 적응하기 위해 이곳 호롬보헛에서 하루 더 머무르고, 네 번째 날 아침 드디어 마지막 헛인 키보헛(해발 4,770m)으로 출발했다. 고산병 때문에 더욱 천천히 발걸음을 옮기며, 달나라처럼 풀 한 포기 없는 황량한 벌판을 지나 키보헛에 도착했다. 이제 이곳에서 밤 11시에 출발해서, 8시간 정도 올라가면 정상에서 일출을 보면서 '킬리만자로의 표범'을 부르면 내

꿈은 이루어지는 것이다. 그러나 그런 기쁜 상상도 잠시, 간식으로 나온 감자 칩을 먹으려니 자꾸만 구역질이 나고 뒷머리가 아프기 시작했다.

'아! 며칠동안 잠을 제대로 못 잤더니 드디어 고산병 증세가 심해지는 구나' 라고 걱정하며 가이드에게 증상을 이야기했더니 누구나 겪는 고산병이라며 그 정도는 괜찮을 거라며 잠을 푹 자두라고 한다. 감기약을 먹으면 잠이 잘 올 것 같아 감기약을 먹고는 잠을 자려고 자리에 누웠는데, 심장이 터질 것 같이 뛴다. 도저히 참을 수가 없었다. 잠을 자는 민정이와 민수를 깨웠다.

"아빠는 심장이 터질 것 같아서 도저히 참을 수가 없구나. 지금이라도 내려가야 할 것 같다."

컨디션이 좋지 않았던 민수는 나를 따라나서겠다고 하고, 민정이는 나는 꼭 정상에 가야 한다며 혼자만이라도 정상에 가겠다고 한다. 한편으로는 걱정이 되면서도 공새미 가족을 대표해서 누군가 킬리만자로 정상에 도전했으면 하는 바람도 있던 터라,

"민정아! 그럼, 조심하고 가다가 너무 힘들면 내려와"

황량한 벌판 뒤에 우뚝 솟은
키보봉

하며 눈물로 포옹을 했다. 우리 셋은 그 자리에서 손을 모으고 조그만 소리로 '공새미 파이팅' 의식을 치렀다. 민정이는 우는지 고개를 숙이고 있고, 민수와 나는 떨어지지 않는 발걸음을 옮겼다.

　밤 9시가 지난 시간, 세상은 암흑 천지였다. 가이드의 머리에 쓴 전등 불빛에 의존해서 민수와 나, 그리고 포터 두 명이 아무 말 없이 밤·길을 걸어 내려왔다. 오직 네 사람이 내는 발자국 소리만 '저벅 저벅' 규칙적으로 들릴 뿐 사방은 너무나 고요했다. 호롬보헛에 도착할 때까지 세 시간 동안 누구 하나 입을 여는 사람이 없었다. 정상을 눈앞에 두고 내려와야 하는 비참함과 한밤중에 포터들을 고생시키는 미안함 때문에 입을 열 수 없었다. 갖가지 생각들이 어지럽게 머릿속을 휘젓는다. 일생 동안 기다려 왔던 꿈이 순식간에 물거품이 되는 것이 슬프기도 했다. 그러나 그보다는 혼자 정상에 가도록 두고 온 민정이와 멀리 아루샤의 숙소에 있을 아내와 현정이에 대한 걱정이 더 앞섰다.

킬리만자로의 정상인 키보봉의
모습

민정이의 일기

[5/19, 20] 달나라를 향하다

아빠가 부르시는 소리에 잠을 깨보니 옆에 가이드가 있었다. 아빠는 도저히 안 되겠다며, 너는 어떻게 할 거냐고 물으신다. 여기까지 왔고, 아직까지는 이상이 없는데 안 갈 수가 없었다. 민수도 아빠를 따라 내려가 겠단다. 가이드에게 말했더니 그럼 지금 당장 짐을 싸서 내려가란다. 꼭 지금 당장이어야 하나 하는 생각을 했지만 아빠의 상태가 심각해서 바로 내려가도록 조치를 취해야 했다. 아빠는 가면서 나에게

"민정아 미안해. 아빠가 심장이 터질 것 같아서……."

하시며 꼭 안아 주셨다. 민수도 눈물을 글썽거리며

"누나 잘해!"

하며 포옹을 했고, 짐을 다 싸고 나갈 때는 악수로 인사를 대신했다. 눈물이 나오는 걸 꾹 참고 있었던 터라 마중은 나가지 못했다.

문밖으로 아빠와 민수가 나가는 순간 나는 참지 못하고 침낭 속으로 들어가 소리 없이 울었다. 아빠가 포기하실 줄은 몰랐는데…… 아빠가…….

잠도 오지 않아서 그냥 시간을 보냈다. 11시 정도 되자 나는 스스로 불을 켜고 등산화 끈을 꽉 조여 매고 있었다. 있는 옷을 모두 껴입고, 모자에 장갑을 쓰고 지팡이를 들자 준비가 완료되었다. 드디어 출발이다!

가이드의 희미한 손전등 불빛만 따라갔다. 처음에는 컨디션이 너무 좋아 이대로라면 우후루피크까지도 문제없이 거뜬히 가겠다고 생각했는데 시간이 지나자 그게 아니었다. 한 30분쯤 지났을까? 길맨스 포인트까지는 아직도 5~6시간이나 남았는데 몸이 허락하지 않는다. 갑자기 속이 울렁거리면서 불빛만 보고 가려니 더 이상 못 참겠다. 결국엔 먹은 것을 모두 토해내고 말았다. 먹은 거라곤 커피밖에 없는데…… 가이드가 바위에 앉으란다. 그러면서 괜찮냐고 묻는다. 내가 아까보다는 괜찮아졌다고 하자 계속 갈 거냐, 아니면 내려갈 거냐를 묻는다. 아직 포기하기엔 이른 것 같아 계속 가겠다고 서슴지 않고 말했다.

10분쯤 지났을 때 처음과 똑같은 증세가 또 나타났다. 세 번째로 토를 한 순간 가이드는 나에게 내려갈 것을 권했다. 그런데 이상하게도 포기하겠다는 생각은 전혀 들지 않았다. 끝까지 올라가고 말 거라는 자신감에 가득 차 있었다.

"할 수 있다! 할 수 있다! 갈 수 있다! 갈 거야!"
큰 소리를 내어 나를 독려했다.

정상 우후루피크로 가는 길은 눈으로 덮여 있었다. 아니, 눈이라기보다는 빙하였다. 길맨스 포인트까지 왔던 길과는 달리 너무나 멋진 경치에 빠져 힘든지도 모르고 올라갔다. 머리는 깨질 것 같고, 속은 울렁거렸지만……

여기서 죽는 사람도 있느냐는 나의 질문에 가이드는 걱정하지 말라고 답해주었다. 마지막 힘을 내어 몇 발자국 내 디뎠는데 저기에 표지판이 보인다. 저기가 우후루피크이구나! 하며 깨닫는 순간 나의 발은 아프리카에서 가장 높은 5,895m의 우후루피크에 닿아 있었다.

언제부터 쌓여있었던 눈인지, 온통 새하얀 눈은 그 두께와 넓이를 가늠할 수 없었다. 그리고 떠오르는 붉은 태양. 그 감격의 순간을 가족과 함께하지 못해 아쉬웠다.

"엄마, 아빠 사랑해요! 민수야 현정아 사랑해! 야~호!"
라는 외침을 비디오에 담았다. 또 아빠의 꿈이었던 킬리만자로의 표범을 큰 목소리로 불렀다.(가사는 다 틀렸다. -ㅅ-;)

그러고 나니 가족들이 너무나 보고 싶었다. 나는 빨리 호롬보헛으로 가고 싶어서 발걸음을 서둘렀다.

가는 길에 멀리서 아빠와 똑같은 사람이 가이드와 얘기를 나누고 있었다. 가까이 오는 걸음걸이를 보니 아빠다! 너무너무 반가워 눈물이 나려 했지만 꾹 참았다. 선글라스를 핑계 삼아 겨우 참고 있는데 아빠가 팔을 쫙 벌리고 나에게 다가왔다. 너무너무 반가워서 가까이 갔더니 아빠가 '성공했구나!'라며 꾸욱!! 껴안아주었다.

그때 봤던 아빠의 눈에 맺힌 눈물을 지금까지 잊을 수가 없다.

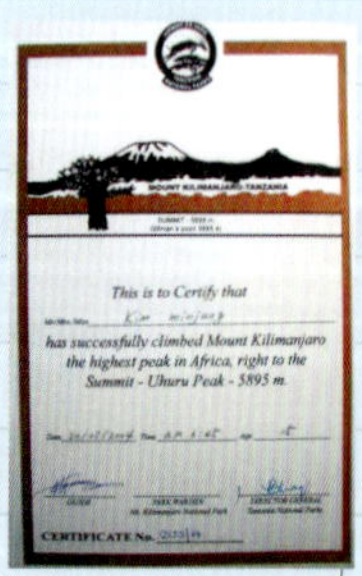

다음날 몸은 피곤했지만 자리에 그대로 누워 있을 수가 없었다. 민정이를 마중하기 위해 아침 일찍 민수와 함께 다시 어제 올라갔던 길을 따라 올라갔다. 멀리서 지팡이에 의지해 절뚝거리며 내려오는 민정이의 모습이 보이기 시작했다. 거리를 좁히면서 생각했다. '과연 정상 등정에 성공했을까? 성공하지 못했더라도 상관없었다. 이렇게 건강하게 와 준 것만 해도 얼마나 감사한 일인데.'

멀리서 민정이가 나를 알아보고는 소리쳤다.
"아빠! 해냈어!"
"민정아! 성공했구나!"

우리 부녀는 한참을 껴안고 울었다. 민정이는 우리와 헤어진 후 이불 속에서 펑펑 울다가 밤 11시에 가이드와 단둘이서 키보헛을 출발해 7시간의 사투 끝에 아프리카 최정상 우후루피크(5,895m)에 선 것이었다. 그리고 아빠의 소원이던 '킬리만자로의 표범' 을 불렀고 그것을 고스란히 비디오테이프에 담아왔다.
"엄마, 아빠 사랑해! 민수야, 현정아 사랑해!"
라는 외침과 함께…….

버스 차창 밖으로 숙소 앞에서 기다리고 있는 아내와 현정이 얼굴이 눈에 들어왔다. 순간 눈물이 핑 돌았다. 버스에서 내려 우리는 서로 부둥켜안고 울었다. 마치 몇 년 만에 만난 사람들처럼……. 다시는 헤어지지 말자고 서로 다짐을 했다. 그동안의 힘겨웠던 일들이 눈물로 녹아내렸다.

한편 그렇게 걱정을 했던 아내와 현정이는 6일 동안 이곳에 머무르면서 완전히 현지 사람이 되어있었다. 시골 시장 상인들과 어느새 친해져서 동네에서 모르는 사람이 없을 정도였고, 사파리 때 요리사였던 존의 집에도 초대를 받아 다녀왔다.

5/16

아침 일찍 식사를 마치고, 남편과 민정이, 민수는 여행사에서 받은 이마에 끼우는 플래시, 두꺼운 등산 양말과 등산화, 침낭 등을 들고 1층으로 내려가 토터가 맬 가방에 짐을 넣는다. 9시 출발 시간을 맞추어 1층으로 모두 내려갔다. 현정이는 언니에게

"언니, 힘들면 빨리 그냥 내려 와. 알았지?"

라며 언니와 잠시 떨어지는 것이 아쉬워 언니 옆에 꼭 붙어 있다. 남편은 현정이와 내게 가볍게 포옹 하고 차에 올랐다. 애써 태연한 척 멀어지는 차를 보다가 방으로 돌아왔다. 현정이는 침대에 누워 하얀 시트를 끌어당겨 훌쩍거리다가 언니가 보고 싶다며 엉엉 운다. 나 역시 힘들고 어려운 등반을 하겠다고 나서는 남편과 아이들을 말릴 수도 없었지만, 보내 놓고 나니 걱정으로 마음을 가눌 수가 없다. 허리에 있는 남편, 하필 이면 이때 늘 다래끼가 난 민정이, 비염이 심해 코가 막혀 낑낑 거리는 민수는 감기가 심해져 너무나 걱정이 된다. 현정이 옆에 함께 누워 실컷 울었다.

여보! 지금 시각은 밤 10시 10분이에요. 당신과 민정이 민수는 단잠에 빠져 있겠죠? 오늘은 얼마나 걸었는지, 비는 내리지 않았는지…… 점심과 저녁 식사는 어땠는지, 모든 것이 궁금해요.

현정이는 배웅을 한 후 침대 위에서 벌써 언니가 보고 싶다며 하얀 침대 커버를 끌어다 흐르는 눈물을 닦아내요. 세계일주를 시작하고 가족이 며칠 간 떨어져 본 일이 처음인데, 그동안 함께 움직이고 같이 한다는 것이 이렇게 클 줄은 미처 몰랐어요. 저도 허전한 마음을 가눌 길이 없어요. 행운과 의지로 좋은 결과가 오기만을, 당신과 민정이 민수 모두 건강하게 돌아오기만을 기원, 또 기원합니다. 현정이도 나도 마음만은 함께일게요. 힘내서 내일 본격적으로 시작 되는 등반차근차근 잘 해 내세요.

민정이 민수와 함께 하는 또 다른 체험의 시간 속에서 더욱더 색다른 경험과 멋진 전경들 가슴 속에 많이 담아 오세요. 꿈 속에 만나 포옹하고, 따스한 힘으로 하루를 여시길 바려요. 현정이와 파이팅 할게요.

힘내세요, 여보! 힘내라 민정이, 민수 힘내라!

공새미! 공새미! 파이팅!

5/18

사파리 할 때 우리의 요리사였던 존이 나와 현정이를 집으로 초대했다. 우리의 숙소에서 2km 정도 떨어진 존의 집으로 걸어가면서 존은 자신의 아이들 교육 이야기며, 요리사답게 지나가다 마주치는 야채들의 조리법과 나무들의 이름을 내게 자상하게 이야기해 주었다. 햇볕도 뜨겁고 찻길 위를 달리는 마타투(봉고버스로 현지인들의 교통수단)가 내뿜는 매연과 뿌연 먼지가 사정없이 입안으로 들어와 입이 텁텁하다. 존이 살고 있는 마을에 가까워지자 존을 아는 사람들이 하나 둘 말을 걸어온다.

허술하게 지은 집들을 지나 더 좁은 골목을 벗어나니 낡은 슬레이트를 비스듬히 세운 문이 나타나고, 안으로 들어가서 커튼을 문으로 삼은 세 번째 집이 존의 집이었다. 존은 커튼을 들어올리며 '웰컴, 웰컴!' 하면서 어색하게 손을 집 안쪽으로 가리켰다. 기대하지는 않았지만 흙바닥에 낡은 소파들이 벽을 따라 놓여 있는 모습에 조금은 당황했다.
스펀지 방식으로 된 긴 천 소파가 하나, 1인용 소파 2개가 양쪽 벽에 붙어 마주보고 있다. 테이블보도 소파도 나름대로 손님을 맞기 위해 준비한 듯 청결한 체크 천으로 씌워 놓았다. 오래된 시골집에서나 볼 수 있는 찬장 속에 그릇들이 정리되어 있고, 찬장 옆에는 작은 라디오도 보인다. 지붕도 슬레이트가 그대로 노출되어 있어 비가 오면 틈새로 비가 샐 것만 같다.
존의 아내 레지나와 큰딸인 14살의 엘리자베스, 둘째 딸 12살 수지, 막내아들 5살 젠스가 수줍게 웃고 있다. 레지나와 악수를 나누고, 수줍어하며 한쪽 편에 선 아이들을 안아주니 모두 환하게 미소를 짓는다. 하얀색 블라우스에 때가 꼬질꼬질하게 긴 스커트를 입은 아이들은 낡고 찢어진 옷을 입었어도 밝고 순수해 보였다.

오늘은 아프리카를 여행하며 현지인이 생활하는 모습을 볼 수 있었던 특별한 날이다. 보여 주기 어려웠을, 가난하지만 행복한 집으로 초대해 준 존이 고맙다. 적게 가지고도 열심히 생활하는 모습에서 난 또 하나를 배우게 된다. 없지만 인심만큼은 후한 이곳 사람에게서 우리 시골 사람들의 정을 느낀다.
오늘도 감사한 하루를 보냈다.

5/21

드디어 오지 않을 듯 버티던 6일이 지났다. 김치를 담고 뼈를 우려 국도 만들었다. 남편과 아이들 걱정에 잠도 설쳤다. 시간은 갑자기 왜 이리 더디 가는지 시계 바늘이 원망스럽다. 남편, 아이들과 함께 갔던 캐나다 여성 메리는 어제 등반을 무사히 마치고 돌아와서는 카메라에 담긴 남편과 아이들을 보여 주었다. 메리의 카메라에 담긴 남편과 아이들의 모습을 대하자 마음이 놓였다. 눈 쌓인 킬리만자로에서 환하게 동터 오는 모습이 담긴 동영상은 환상에 가까웠다.

현정이는 온통 언니 생각만 하며 언니에게 줄 만화를 그리고 있다. 제목은 킬리만자로에 다녀온 언니이다. 눈에 익은 버스가 시야에 들어오고 긴장되는 순간이 지나, 열린 창문 안을 들여다보니 민정이의 모자 쓴 모습이 보인다. 민속 옷을 입고 있었다.
"민정아, 민정아~"
말할 수 없는 반가움과 안도로 우리는 서로를 번갈아 가며 얼싸 안았다. 보박 6일간의 등반으로 모두 산 사람(?)의 모습으로 나타났다. 남편은 수척하고 파리한 입술과 꺼슬꺼슬한 수염이 난 모습으로 "민정이만 공새미 대표로 등반을 성공 했어." 하면서, 눈물을 보였다. 순간 그렇게도 소원하던 등반 성공의 꿈을 이루지 못한 허탈한 마음에 얼마나 고통스러웠을까 생각하니 내 마음이 찢기는 듯하다.
"괜찮아! 괜찮아! 무사히 돌아와 주어서 너무나 고마워." 하고 남편에게 안겨 울먹였다.

민정이의 얼굴을 보니 눈물이 더 난다. 세상에 이렇게 장하고 대견 할 수가…… 자랑스 럽다 내 딸 민정이. 체력 단련에 힘 쓴 아빠도 포기했건만…… 세계일주를 하며 공새미의 리더로서 그 힘든 일을 해내고야 말다니, 하나님께 감사드린다. 민속 역시 거의 끝까지 오르며 마지막 난코스에서 포기해야 했지만, 아빠와 누나와 함께 했던 시간들이 소중한 체험의 시간으로 영원히 기억 되리라.
다리를 절룩이며 의연한 모습의 민정이가 얼마나 크게 보였는지 모른다. 태산 같던 남편의 빈자리가 채워지니 얼마나 기쁜지. 우리는 숙소에 돌아와 돌아가며 더욱 깊고 따스한 포옹을 오랫동안 나누었다.

여행할수록
심해지는 갈등, 유럽
04_Thrown in mental confusion, Europe

숨 막히는 런던의 물가

1. 템즈강에서 본 런던탑 야경
2. 트라팔가 광장에 있는 네셔널 갤러리

케냐 나이로비에서의 무리한 일정 때문에 감기 기운까지 있던 아내는 10시간 가까이 되는 비행기 여행에 지쳐서 런던 히드로 공항에 도착했을 때는 몸을 가누지도 못할 정도로 기진맥진해 있었다. 그러나 우리를 더욱 힘들게 만든 것은 무시무시한 런던의 물가였다.

지금까지 여행하기 힘든 나라들인 인도, 중국, 아프리카를 거쳐 온 우리는 드디어 선진국인 유럽의 여러 나라를 편안하게 여행할 꿈에 부풀어 있었다. 그래서 나이로비를 떠나올 때도 런던에 있는 숙소를 예약하지 않았다. '굳이 숙소를 예약하지 않아도 공항에 도착해서 여행자 인포메이션 코너에 문의를 하면 싼 숙소를 상세하게 알려 주겠지. 바가지를 쓸 염려도 없겠고, 이것이 바로 후진국과 선진국의 차이가 아닌가?' 라고 안일하게 생각했던 것이다. 아내와 아이들을 대합실에 앉혀 놓고 여행자 인포메이션에 가서 숙소를 알아보았다. 그러나 가장 싼 숙소가 5가족이 1박당 100파운드(당시 약 22만 원) 정도로, 아프리카에서의 거의 1주일의 숙박비에 해당하는 가격이었다.

조금이라도 돈을 아껴야 하는 우리 가족의 입장에서는 엄청난 금액이었다. 한국 사람들이 하는 민박이 싸다는 정보를 들은 기억이 있어서 수첩을 뒤져 민박집 몇 군데에 전화했지만 모두다 만원이란다. 다행히 마지막으로 전화를 건 민박집에 방이 있어서 하루에 70파운드씩 5일 동안 머물기로 했다.

이렇게 시작된 런던 여행은 익숙해지지 않는 물가 때문에 그다지 즐겁지 않았다. 움직이는 것 자체가 돈이고 점심때가 되면 조금이라도 싼 음식점을 찾아다니다 보니 힘이 들고 짜증만 났다. 1일권 교통카드를 구입해서 전철과 2층 버스를 타고 다니면서 열심히 돌아다녔다. 그나마 대영 박물관, 내셔널 갤러리 등 세계적인 인류 문화유산들을 모아 놓은 박물관, 미술관의 입장료가 없어서 위로가 됐다.

듣던 대로 런던의 여름 날씨는 예측하기 힘들고 낮은 무척 길다. 하루에도 몇 번씩 날씨가 급변하고, 밤 10시가 지났는데도 밖이 훤하다. 여행객이 훤한 날씨에 숙소에만 있기가 뭐해서 돌아다녔다. 런던에 온 지 2~3일이 지나자 피곤함이 밀려온다.

처음으로 시도한 Tip Box 공연

영국에서의 첫 공연은 런던에서 약 100km 떨어진 대학도시로 유명한 케임브리지에서 하게 되었다. 이미 우리 홈페이지를 통해서 케임브리지에 다니는 유학생으로부터 공연 요청을 받고 기꺼이 응했던 것이다.

아침 일찍 일어나 악기를 챙기고 숙소를 나섰지만 가는 날이 '주말이라 표가 없으면 어떻게 하나' 하는 걱정 때문에 빅토리아 코치 스테이션으로 가는 내내 심기가 불편했다. 어제 미리 표를 예매해 놓았어야 하는데……. 이곳에서는 예매가 기본이라는 것을 뻔히 알면서도 아직 습관이 되어있지 않다보니 실천하기가 어렵다.

케임브리지는 도시 전체가 대학이라고 할만큼 도시와 대학이 하나로 되어 있다. 우리를 이곳에서 공연할 수 있도록 초대한 노선희씨의 안내로 케임브리지의 세인트존스 대학, 킹스 대학, 퀸스 대학 등을 둘러보았다. 500년 역사를 자랑하는 중후한 건물들 사이를 뉴턴, 베이컨, 바이런 그리고 러셀이 거닐었을 것이다. 이 길을 우리 가족도 천천히 걸었다.

타운 중심에 자리를 깔고 사물놀이를 시작했다. 아내가 설장고를 연주할 때 관중이 하나 둘 모여들기 시작하더니, 웃다리 사물놀이를 시작하자 길 가던 많은 사람이 걸음을 멈추었다. 그들의 얼굴에 화색이 돌기 시작했고, 사물놀이의 흥겨움에 빠져들었다.

드디어 꼬마 하나가 우리 앞에 놓인 현정이 모자에 동전을 놓기 시작하자 많은 사람이 뒤따라서 동전을 놓는다. TIP Box에 던져지는

1. 케임브리지 퀸스 대학의 수학의 다리
2. 케임브리지 킹스 대학 앞 광장
3. 케임브리지 거리의 악사들

1. 케임브리지 시내 중심부에
   서의 공연
2. 우리의 사물놀이에 관심이
   많았던 백발의 노부부

동전 소리는 우리의 공연을 더욱 신나게 했다. 가던 길을 멈추고 공연을 구경하다 동전을 던져주고 또다시 갈 길을 재촉하는 사람들을 보면서 우리가 그들에게 제공하는 즐거움의 가치를 생각해 보았다. 우리는 즐거움을 제공했고, 그들은 그 대가로 돈을 지불하는 것이었다. 그들은 돈을 지불했기 때문에 분명히 돈을 지불한만큼의 즐거움은 안고 돌아갔을 것이라 생각하니 우리가 놓은 Tip Box가 결코 부끄럽지 않았다.

공연이 끝나자 머리와 수염이 온통 백발인 신사가 다가오더니 '옷에 맨 끈은 무슨 뜻이 있느냐? 이 악기의 이름은 무엇이냐? 이 공연은 무슨 공연이냐?' 등 수없이 질문을 퍼 붇는다. 역시 영국 사람들의 분석적인 성격은 음악을 감상하는데도 그대로 나타나는 듯했다.

두 번째 공연은 대학 앞 마켓 마을에서 했는데, 1차 공연보다 더 많은 사람이 모였다. 우리나라 배낭여행객도 많이 눈에 띄는데, 어깨를 들썩이며 즐거워한다. 한 서양인은 '원더풀 뮤직'이라고 입에 침이 마르도록 칭찬한다. 조용하고 부드러운 음악에 익숙한 그들에게 박력 있는 사물놀이는 분명히 그들의 내면에 잠자고 있는 인간의 원시성을 일깨워 주기에 충분했을 것이다. 그들의 점점 밝아지는 얼굴 모습들을 보면서 이 사실을 분명히 확인할 수가 있었다. 자신의 내면을 좀처럼 들어내지 않는 영국인들이 우리의 사물놀이 앞에서 본래의 모습을 조금씩 드러내기 시작한 것이다.

두 번에 걸친 공연으로 받은 무거운 동전을 들고 버스정류장 앞 공원 잔디밭에 와서 분류 작업에 들어갔다. 약 80파운드(약 17만 원)의 적지 않은 돈이 모였다. 처음에는 재미 삼아 시작했지만 물가가 비싼 유럽에서는 우리의 여행에 꽤 도움이 될 것 같았다.

코벤트 가든은 런던 길거리 문화의 중심지로서 모든 장르의 길거리 예술가들이 모여 있는 곳이다. 마임하는 사람, 바이올린을 연주하는 사람 등을 천천히 구경하며 코벤트 가든의 중심으로 갔다. 테라스가 딸린 건물들로 둘러싸인 중앙 광장은 마치 중세 영화에서나 보던 전통적인 느낌의 아름다운 모습이다. 테라스에는 수많은 사람이 광장에서 하는 1인 무언극을 지켜보고 있었다.

우리도 광장에서 조금 떨어진 길가에 자리를 깔고 앉아 공연을 시작했다. 웃다리의 짝쇠 부분을 신나게 연주하고 있는데 둘러선 관중을 헤치고 점잖게 생긴 신사 한 분이 다가온다. 뭔가 잘못이 있음을 직감한 우리는 잠시 연주를 멈추었다.

"Do you have a license?" (허가가 있습니까?)
"No."
라고 대답하면서 우리는 영문으로 된 가족 소개서를 보여 주었다.
"We have a license. If you perform here, you need a license."
자기네는 허가서가 있기 때문에 이곳에서 공연이 가능한 것인데, 당신들도 여기에서 공연을 하려면 허가가 있어야 한다는 것이다. 그러면서 자기는 중앙 광장에서 하는 1인 무언극의 매니저인데 우리의 소리가 너무 커서 사람들이 모두 우리가 있는 곳으로 빠져 나가서 진행이 힘들다고 덧붙였다. 우리는 악기를 챙기기 시작했다. 그랬더니 우리 주위에 몰려있던 사람들이 웅성거리더니 '당신들이 뭔데 좋은 공연을 못 하게 하느냐' 며 신사에게 항의를 하기 시작했다.

런던 타워 브릿지의 야경을 찍기 위해 밤 10시까지 기다렸지만 어두워지지 않아 애를 먹었다. 오후가 되면서 바람도 많이 불고 쌀쌀해져서 스케치하기도 쉽지 않았다.

런던 중심부에 있는 코벤트 가든에서의 공연 모습

얼굴이 벌겋게 상기된 이 신사는 잠깐 기다리라고 하며 어디엔가 다녀오더니 자기네가 하는 공연 중간에 우리가 15분 정도 공연을 해주면 안 되겠느냐고 물어본다. 우리는 기꺼이 수락했다. 사실은 우리도 중앙 광장에서 수많은 사람이 지켜보는 데서 공연을 하고 싶었는데 애기치 않게 이루어진 것이다.

그 신사는 중앙 광장으로 나가더니 '한국에서 온 유명한 음악 패밀리'라며 우리 가족을 소개하며 분위기를 띄워 주었다. 중절모를 우리의 공연하는 앞에 Tip Box로 갖다 놓았다. 우리의 공연이 끝나자 신사는 중절모를 갖고 다니면서 팁까지 걷어다 주었다. 우리에게는 정말 의미 있는 공연이었다.

민폐를 끼치는 공연

영국 런던의 타워브리지 밑에 있는 잔디밭에서 공연을 하고 있을 때였다. 아랍계의 구경꾼 몇 사람을 앞에 놓고 열심히 흥을 돋우고 있는데, 한 백인 아가씨가 우리 곁으로 다가와서는 왜 이런 음악을 연주하고 있느냐고 물어왔다. '아! 우리 음악에 관심이 있어서 물어보는구나' 라고 생각한 우리는 연주를 얼른 멈추고, 우리의 영어로 된 소개서를 보여주며

"이 음악은 한국의 전통음악인 사물놀이라는 것이고, 우리 가족은 1년 동안 세계를 일주하면서 이 음악을 알리고 있다"

고 웃으면서 자랑스럽게 이야기를 했다. 그러면서 이 음악이 괜찮으냐고 물었다. 그러자 아가씨는

"이곳은 모두가 휴식을 취하는 조용한 장소인데 당신들 때문에 너무 시끄러워서 휴식을 취할 수가 없다. 내가 말하는 것은 왜 하필이면 이곳에서 이런 음악을 연주하느냐는 의미다"

라며 정색을 하고 이야기를 한다. 순간 나는 부끄러워서 얼굴을 들 수 없었다. 미안하다는 말과 함께 우리는 서둘러 악기를 정리하고 숙

소로 돌아왔다. 숙소로 돌아오면서 나는 우리 음악은 모든 사람들이 당연히 좋아할 거라고 우리들 입장만 생각하고 용감하게 공연을 했던 일들이 너무나 부끄러웠다. 다른 사람들 생각도 나와 같을 것이라는 착각이 우리를 용감하게 했는데, 많은 사람은 시끄럽다는 이야기를 하지 않고 그냥 피해 갔을 뿐이었다.

아무리 우리가 의미 있는 일을 하더라도 그 일이 남에게 피해를 끼쳐서는 안 된다는 당연한 진리를 이 아가씨의 한 마디로 깨우칠 수 있었다. 그러나 그런 일이 있었음에도 불구하고 우리의 길거리 공연 형태는 크게 바뀌지 않았다. 길거리에 있는 사람들의 의사를 모두 물어보고 공연을 할 수 있는 것도 아니고, 그렇다고 공연을 포기할 수도 없었다. 결국 우리가 택한 것은 우리 음악을 듣고 싶지 않으면 그냥 가면 된다고 생각을 하고 공연을 했던 것이다. 이것이 바로 길거리 공연의 개방성이다.

웨스트민스터 성당

내가 런던에 오면 꼭 가보고 싶은 곳 중의 하나가 바로 웨스트민스터 성당이었다. 역대 영국의 유명한 국왕과 정치가, 과학자, 성직자 등이 지하에 묻혀 있는 성스러운 장소이기 때문이 아니다. 바로 웨스트민스터 사원에는 나의 삶을 바꾼 유명한 묘비명이 있는 곳이기 때문이었다.

이름도 잘 알려지지 않은 어느 주교의 묘비명은 내 삶의 패러다임을 바꾸는데 큰 역할을 했다. 나는 웨스트민스터에서 내 눈으로 그 묘비명을 꼭 확인해 보고 싶었고, 가능하면 사진으로도 찍어오고 싶었다.

내 마음을 사로잡았던 묘비명의 문구

웨스트민스터 사원에 들어가기
위해 줄을 선 사람들

아내와 민정이, 현정이는 버킹엄궁 앞 공원에서 쉬도록 남겨두고 민수만 데리고 공원을 가로 질러 웨스트민스터 성당으로 향했다.

성당 앞에는 긴 줄이 늘어서 있었는데, 한참을 기다린 후에 입장을 할 수 있었다. 그러나 성당 안으로 들어서는 순간 규모가 생각보다 어마어마하게 크다는 것을 알고는 그 유명한 묘비명을 찾는 작업은 일찌감치 포기해야 했다.

정해진 견학 루트를 따라 미로처럼 얽힌 성당 내부를 엄숙한 마음으로 돌아보고 나왔지만 내가 찾으려고 했던 묘비명을 찾지 못한 아쉬움에 발걸음이 떨어지지 않았다. 그러나 '이미 그 묘비명은 내 마음속에 있는데, 실물을 확인하는 것이 무슨 큰 의미가 있을까?' 하는 생각에 아내와 두 딸이 기다리고 있는 공원으로 가볍게 걸음을 옮겼다.

칼레에서의 위기

우리 가족이 세계일주를 나선 지도 벌써 4개월째로 접어들었다. 인도, 중국, 아프리카, 영국으로 이어지는, 항상 긴장을 늦출 수 없는 환경 속에서 우리 가족은 몸과 마음이 점점 지쳐가고 있었다. 낯선 곳에 적응하자마자 다시 낯선 곳으로 떠나야 하는 스트레스가 우리 가족을 짓누르고 있었다.

"여보, 좀 쉬면서 여행하자. 여행 나온 이래로 하루도 푹 쉬어본 적이 없는 것 같아. 1주일에 한 번은 쉴 수 있을 줄 알았는데, 우리가 고생하러 온 것도 아닌데……."

그동안 평균 3일에 한 번 꼴로 짐을 풀었다 꾸렸다를 반복하면서도 불평 한마디 없던 아내가 드디어 입을 열었다.

"나도 쉬면서 천천히 여행하고 싶지만 어렵게 나온 여행인데 보고 싶은 곳은 많고, 시간은 없고……."

나는 이렇게 대답하면서 우리가 여행을 나온 목적을 다시 한 번 되새겨 보았다. 우리 여행의 가장 중요한 목적이 가족과 함께하는 시간이라는 아내의 말에도 충분히 일리가 있다. 그러나 여행을 하면 할수록 미지의 세계에 대한 갈증은 점점 커져 갔고, 이것이 결국 무리한 스케줄로 이어지는 것이었다. 이 상황에서 말다툼이 더 진전이 되면 그동안 긴장으로 억눌렸던 감정이 폭발할 것이란 것을 서로 잘 알고 있었기 때문에, 더 이상의 말은 없었다. 그렇게 불안한 평화는 계속 유지되고 있었다. 그러나 칼레에서 그동안 억눌렸던 감정이 드디어 폭발하고 말았다.

좀 더 편하게 운전하기 위해 자동기어 렌터카를 찾아서 하루종일 칼레 시내를 돌아다니다 호텔로 돌아온 나는 또 아까운 하루가 날아갔다는 생각에 신경이 날카로워져 있었다.

호텔로 돌아와서 민정이의 행동이 눈에 거슬러 '민정아 좀 제대로 해' 라고 잔소리를 했더니, 민정이가 대뜸 '아빠! 왜 또 잔소리야' 하면서 투덜댄다. 나는 '아빠에게 그게 무슨 말버릇이냐' 며 민정이에게 달려들었고, 민정이도 지지않고 말대꾸를 했다. 아슬아슬했던 평화의 균형이 깨지자 억눌렸던 감정이 터져 나왔다.

사물놀이 리더로서 활동하는 민정이의 태도가 평소에 신경을 거슬렸던 터라, 세계일주도 중요하지만 사춘기를 지나는 아이를 바로잡아야겠다고 생각했다. 평소와 다른 거친 모습에 놀란 아내는 말리다가 자기가 잘못했다고 빌었다. 민수와 현정이는 무서워서 방구석에서 쪼그린 채 훌쩍거리고 있었다. 나도 정도를 지나친 것을 알았지만 한번 터진 화는 쉽게 멈춰지질 않았다. 민정이는 아빠의 평소와 같지 않은 모습에 겁이 났는지 겁에 질린 모습으로 '아빠 잘못했어요' 하고 용서를 빌었다. 순간 아무것도 아닌 일에 크게 화를 낸 자신이 너무 초라하고 부끄러웠다.

"민정아! 아빠가 너무 신경이 예민해져서 아무것도 아닌 일에 또 화를 내고 말았구나. 민정아, 많이 놀랐지? 아빠가 미안하다."

민정이가 내 품에 안겨서 엉엉 소리 내어 울었다. 이어서 아내와 방구석에서 훌쩍이던 민수와 현정이도 달려와서 함께 껴안고 울었다. 다섯 식구는 그렇게 서로 껴안고 한참을 엉엉 울었다.

칼레의 공원에서

그동안 인도, 중국, 아프리카를 거쳐 오면서 항상 팽팽한 긴장감 속에 힘겨운 여행을 하며 쌓인 스트레스가 한순간에 날아가는 것 같았다. 한바탕 울고 난 우리는 마음속이 깨끗이 정화되는 것을 느꼈고, 그동안 지고 있던 무거운 짐을 내려놓은 것 같은 홀가분한 기분이 되었다. 이 사건을 계기로 가족 간의 사이는 더욱 좋아졌고, 더욱 깊게 이해하게 되었고, 앞으로 어떤 갈등도 극복할 수 있다는 자신감도 갖게 되었다.

좌충우돌 렌터카 여행

우리 가족처럼 인원이 많고 악기 등 짐이 많을 때, 유럽 여행은 렌터카를 이용하는 것이 가장 효율적이다. 칼레에서 어렵게 자동기어 렌터카를 빌린 우리는 저녁 늦게 칼레를 출발했다. 오늘 밤을 어디서 보내야겠다는 계획도 없이 그냥 우리가 원하는 차를 빌렸다는 기쁨에 나는 지도를 보고 아내는 운전대를 잡고 남으로, 남으로 향했다.

고속도로가 아닌 국도를 탔는데 아름다운 석양을 바라보며 파스텔 톤의 들판과 멋스러운 시골 건물들의 조화를 마음껏 즐길 수 있었다. 가다가 아무데나 마음에 드는 마을에 들러 하룻밤을 보내는 것이야말로 렌터카 여행의 진수이고, 그런 낭만적인 생각은 우리의 드라이브를 더욱 즐겁게 했다.

그러나 저녁 8시가 넘어가면서 시골 마을들은 마치 한밤중인 것처럼 조용했다. 해가 지려면 아직도 멀었는데 대부분의 호텔은 문이 닫혀 있고, 캠핑장을 찾아갔으나 텐트가 없는 우리로서는 숙박할 수가 없었다. 그냥 계속 차를 몰고 가는 데까지 가보는 수밖에 없었다. 10시가 넘어서 조금씩 어두워지기 시작하자 점점 불안해져 온다. 차라리 칼레에서 하룻밤 더 자고 올 걸 하고 후회했지만 이미 늦었다. 그렇다고 길거리에 차를 세워 놓고 잠을 잘 수도 없고, 이제는 안전하게 차를 주차할 수 있는 곳만 있어도 좋겠는데……

시간은 11시가 지나가고 있었고 다행히 옆에 캠핑장이 보였다. '그래, 이곳에서 하룻밤 차만이라도 주차할 수 있도록 부탁해 보자. 차 안에서라도 자면 되니까' 하는 생각에 캠핑장 주인을 깨워서, 우리는 차 안에서 잘 테니 하룻밤만 주차하게 해 달라고 부탁했더니 순순히 그러라고 했다. 우리는 고맙다고 몇 번 인사를 하고 좁은 차 안에 앉아서 잠을 잤다. 6월이지만 밤은 추웠고 자리가 불편해서 계속 잠이 깼다.

새벽 5시에 잠이 깬 우리는 빨리 어디 가서 따뜻한 식사라도 하려고 주인을 깨워서 나가려고 한다고 이야기했더니 20유로를 달라고 한다. 공짜로 주차 시켜준다는 줄 알고 여기 왔다고 이야기를 해도 20유로를 내지 않으면 문을 열어주지 않겠단다. 캠핑장을 빠져나오며 아내와 마주보며 '세상에 공짜가 어디 있어?' 하며 웃었다.

나중에는 텐트를 하나 구해서 차에 싣고 다니며 캠핑장에서 생활을 했는데 그때야 비로소 차 한대에 20유로, 텐트 하나에 10유로, 사람 1인당 3유로 하는 캠핑장 사용료를 알고 우리가 주차료로 20유로를 지불했다는 것을 이해하게 됐다.

8시경에 아침식사를 하기 위해서 루앙이라는 도시에 들렀다. 출근 길 시민이 붐비는 시내에는 오직 빵집만 문이 열려 있었다. 따뜻한 커피가 생각나서 빵과 같이 먹으려고 시켰더니 간장 종지만한 조그만 컵에 한 모금도 안 되는 진한 커피가 나온다. 길거리 카페에 앉아 잠깐 휴식을 취한 우리는 다시 파리를 향해 출발했다.

그러나 손쉽게 진입할 수 있을 줄 알았던 고속도로는 나타나지 않고 우리가 있던 자리만 벌써 세 번째 맴돌고 있었다. 길을 잃어버려 한참을 갔다고 생각했는데 있던 자리로 되돌아왔을 때의 난처한 기분은 당해본 사람만이 알 수가 있을 것이다. 루앙 시내를 벗어나지 못하고 2시간 이상을 헤맸다. 루앙 시내의 상세한 지도는 있었으나 너무 복잡했고, 눈에 익지 않은 프랑스어 때문에 더욱 보기 힘들다. 2시간이 훨씬 지나서 결국 파리로 가는 고속도로에 진입할 수 있었는데, 방법은 간단했다. 아내의 제안에 따라 사람들에게 물어본 것이었다.

1. 100년 전쟁의 영웅 잔 다르크가 화형당한 도시인 루앙의 아침
2. 루앙의 길거리 카페에서 아침식사

괜히 알지도 못하는 길을 스스로 찾겠다고 고집을 부리며 짜증을 냈던 어리석음에 자신이 부끄러웠다. 나는 그동안 간단한 해결책을 앞에 두고도 자신의 고집과 아집, 오기 때문에 얼마나 많은 시간을 허비해 왔는가? 이렇게 톡톡히 수업료를 치른 우리는 이후로는 사람들에게 물어보며 손쉽게 길을 찾을 수 있었다.

시제 비엔날레 축제

우리가 프랑스 남부에 있는 시제라는 조그만 마을을 찾은 것은 우리의 유럽 여행이 거의 막바지에 이르렀던 7월 말, 시제에서 제2회 국제현대예술전이 열린다는 소식을 듣고서였다.

그 국제현대예술전에는 파리에서 활동하고 있는 우리나라의 청년 작가들도 대거 참가하는데, 바로 그 예술전의 주빈국 역할을 우리나라가 맡게 됐다고 했다. 출품작은 주로 조각, 설치 예술, 미술 작품 등이었는데, 주빈국인 우리나라를 널리 알리기 위해서 마침 세계일주중인 우리 가족에게 공연 요청이 들어왔던 것이다.

3박 4일간 시제에서의 경험은 우리의 세계일주 중에서 가장 기억에 남는 일 중 하나가 됐으며 유럽 소도시의 모습을 자세히 볼 수 있는 기회가 됐다.

1. 시제 마을 전경
2. 파리에서 시제로 가는 길옆의 들판

시제는 약 300가구에 900명 정도가 거주하는 조그만 소도시로 웬만큼 큰 지도가 아니고서는 나타나지도 않아서 렌터카를 이용해서 찾아가는데도 애를 먹었다. 그런데 이런 소도시에서 어떻게 7개국의 현대 미술 작가들을 초청해서 국제현대미술전을 열 수가 있었는지 궁금했다.

그 의문은 이 예술전을 혼자서 준비하다시피 한 '알랭'이라는 예술을 사랑하는 이 지방 토박이 인사를 만나면서 곧 풀렸다. 한 평범한 사람의 열정적인 노력으로 우리로서는 상상도 할 수 없는 어마어마한 일을 성사시킨 것이다. 더욱 놀라운 것은 300가구의 모든 집에 세계에서 온 예술가들이 나누어서 머물 수 있도록 편의를 제공한 것이다.

방이 모자라는 집은 뜰에 텐트를 쳐 놓고 세계에서 온 예술가들을 맞았다. 우리가 머물렀던 집의 앞마당 텐트에도 세계 각국에서 온 예술가들로 북적거렸다. 문화에 대한 프랑스 국민의 의식이 어느 정도인지를 단적으로 보여 주는 것이었다.

우리가 도착하자 이미 마을 전체가 축제 분위기였고, 골목 곳곳에는 미술 작가들이 만든 조각, 조형물들로 가득 차 있었다. 특히 집 처마마다 새집을 연상케 하는 조각품들이 붙어 있었는데 바로 한국 작가의 작품이었다. 역시 형식에 구애받지 않는 현대 미술답다.

재불 청년 작가들의 작품은 마을 중심에 있는 성당에 전시됐는데, 성당 앞에는 성황당, 돌탑, 천하대장군, 지하여장군이 있고, 성당으로 향하는 조그만 골목길은 청사초롱이 아름답게 장식되어 있어서 마치 한국의 시골 마을에 온 기분이다. 특히 밤에 골목 양옆으로 걸린 청사초롱 불빛은 환상적인 분위기를 자아냈다.

한국 작가 작품 전시회의 개막식에 맞추어서 우리 가족은 시제 마을을 한 바퀴 돌면서 길놀이를 했다. 드디어 이 조용한 프랑스의 시골 마을에 우리의 풍물가락이 울려 퍼진 것이다. 2시 정각에 숙소가 있는 시제 시청 앞을 나서 풍물을 연주하면서 마을을 누비기 시작했다. 이곳에서도 한복을 곱게 입고 장구를 맨 현정이의 인기가 최고였다.

1. 시제 현대 미술전의 실질적 주관자인 알랭의 부인과 함께. 알랭의 부인 오른쪽은 박영옥 회장
2. 마을 중심 성당에 한국 작가들의 작품이 전시됐는데, 전시관으로 가는 길은 청사초롱으로 불을 밝히고 있었다
3. 시제 마을에서의 길놀이

1. 저녁 늦게까지 이어지는 축제의 밤
2. 시제 어린이들과 마을 한 바퀴를 행진하는 모습

우리 뒤를 청년 작가들이 따랐는데, 우리의 풍물 소리를 듣고 프랑스 시제 사람들도 몰려나와서 신이나 덩실덩실 춤을 추면서 뒤따랐다. 집에 있는 종을 들고 나와서 흔들면서 뒤따르는 사람도 있었다.

30여 분 동안 마을을 돌고, 행사장에 도착하자마자 성당 앞마당에서 오프닝 행사가 열렸다. 시제 시장의 인사말, 모철민 재불 한국문화원장의 인사말에 이어서 우리 가족이 공식 사물놀이 공연을 했다. 날씨가 무척 덥고, 햇볕이 따가웠다. 땀으로 온몸이 젖었지만 우리 가족에게는 무척 의미 있는 행사였기 때문에 힘든 것도 몰랐다.

마을 중앙 광장에는 저녁 늦도록 음악 소리가 끊이지 않고, 축제의 열기는 밤이 되도 식지 않았다. 우리도 세계 여러 나라에서 온 예술인들과 광장에서 맥주잔을 기울이며 축제의 분위기를 만끽했다.

행사의 마지막은 어린이들이 각자가 만든 악기를 들고 악기를 치면서 동네를 한 바퀴 행진하는 것이었는데, 바로 이 행진에 우리 가족은 사물놀이를 연주하면서 함께해 달라는 요청을 받았다. 어제의 길놀이가 이곳 사람들에게 인상적이었나보다.

어린이들이 만든 악기는 제각각이다. 병뚜껑 가운데를 구멍 뚫어서 실로 연결해서 소리를 내는 아이, 페인트 통 뚜껑에 가죽을 씌워서 제법 북 같은 형태를 만든 아이, 대나무를 잘라서 부는 아이 등……. 우리 같으면 '그것도 악기냐, 저 아이 좀 봐라, 얼마나 잘 만들었냐, 너는 어떻게 그렇게밖에 못 만드니?' 라며 핀잔을 주었을 텐데……. 아이들이 만든 사소한 것이라도 선생님들과 부모들이 소중하게 대해 주는 모습이 인상적이었다. 이렇게 하니 어렸을 때의 창의력이 죽지 않고 계속 살아나는 것 같다. 창의력은 모방이 아니라 엉뚱한 것을 시도하는 데서 생기고, 엉뚱한 것을 시도해도 격려하고 칭찬하는 문화에서 생기는 것이기 때문이다.

어린이들이 앞장을 서고 우리 가족이 뒤를 따라가면서 마을 행진을 했다. 어제처럼 많은 사람이 나와서 어린이들과 우리 가족에게 박수를 보낸다.

예술의 도시 파리에서 펼친 공연들

　세계 예술의 중심지, 파리에서의 공연은 샹제렐리 거리에 있는 피에르가르뎅 전시관에서 열린 한지 공예 행사의 개막식에 참여하면서부터 시작되었다. 하기 휴가철이라 관중이 많지 않을 것이라는 우려와 달리 많은 프랑스인이 참석해서 우리나라 한지로 만든 옷 등의 제품에 관심을 보였고, 우리의 사물놀이 공연에도 큰 호응을 보였다.

　우리의 사물놀이 공연중에 계속 손으로 장단을 맞추는 프랑스 젊은이가 있어서 공연이 끝나고 '이 음악이 좋으냐? 어떻게 이 음악의 장단을 아느냐?' 고 물어보았더니, 전에 한국 서울에 살면서 사물놀이를 배운 적이 있다고 한다. 오랜만에 다시 들으니 너무 좋다며 들뜬 마음을 감추지 않는다. 이제 사물놀이는 우리나라뿐만 아니라 세계인의 음악이 되어 가고 있다는 것을 느낄 수 있었다.

　예술의 도시 파리에서의 두 번째 공연은 한지 공예 홍보 행사의 일환으로 그 유명한 몽마르트 언덕에서 하게 되었다.

　확 트인 야외 공간에서 달랑 5명만 하는 공연이라 소리가 약하다 보니 공연을 하는 우리도 힘들고, 구경하는 사람들도 별 반응이 없다. 사물놀이는 역시 박력이 있어야 관중의 감동을 이끌어 낼 수 있는데 소리가 약하고 흩어지다 보니 구경하는 사람들도 별 반응 없이 물끄러미 쳐다보다 발길을 옮긴다. 다만 우리나라에서 여행 오신 분들이 응원을 많이 해주어서 그나마 힘이 되었다.

1. 피에르가르뎅 전시장에서의 공연
2. 몽마르트 언덕에서의 공연 모습
3. 파리의 서울공원에서의 공연모습

　세 번째 공연은 세계일주 중에 파리에서 우연히 만난 '본토비' 팀과 함께 파리의 서울공원에서 하게 되었다. '본토비'는 우리와 비슷한 시기에 세계일주를 떠난 대학생들로 이루어진 국악 팀이었는데 세계일주 출발 전에 우리 가족과 가깝게 지내며 여러 가지 정보를 주고받곤 했었다. 이 '본토비'는 프로급 수준이어서 실력은 우리와는 비교가 안 될 정도였지만, 우리는 가족이라는 장점을 가지고 있었다.

　서울시와 파리시의 문화교류 차원에서 각각 상대방의 도시에 공원을 조성했는데 서울 목동의 '파리공원'과 파리의 '서울공원'이 바로 그것이다. 본토비와 서울공원에서의 합동 공연은 '세계일주 중에 한 번 만나서 함께 공연을 하자'는 세계일주를 나오면서 서로에게 한 약속을 이루었다는 점에서 우리 가족에게는 큰 의미가 있는 공연이었다.

바르셀로나의 환상적인 분수 쇼

우리가 칼레에서 차를 렌트한 후에 숨 가쁘게 남으로 내려온 이유는 하루라도 빨리 스페인 바르셀로나로 가기 위해서였다. 바르셀로나에는 나의 고향 선배이고, 우리 고향 집 바로 옆집에 사셨던 부향이 형님이 계시기 때문이다. 부향이 형님은 20여 년 전에 태권도 사범으로 이곳에 와서 스페인에 한국 태권도를 보급하는데 큰 공헌을 했고, 지금까지도 도장에서 제자를 육성하는데 정열을 쏟고 있었다. 스페인을 태권도 세계 강국 반열에 올린 업적을 인정받아서 최근에는 바르셀로나 대학에서 태권도를 강의하고 있다. 우리 가족은 바르셀로나에 머무는 5일 동안 마치 고향에 온 것 같은 기분으로 몸과 마음의 긴장을 완전히 풀 수 있었다.

바르셀로나 분수대에서의 공연 모습

바르셀로나의 에스파냐 광장 앞의 음악 분수대는 매일 밤 9시가 되면 음악과 함께 화려한 분수 쇼가 시작된다. 음악의 아름다운 선율에 맞추어 분수가 춤을 추고 갖가지 색깔로 환상적인 아름다움을 연출한다. 마치 지휘자의 손 같기도 하고, 화산이 폭발하는 것 같기도 하고, 하얀 한복을 입고 살풀이춤을 추는 여인을 연상시키게도 한다. 클래식 명곡들을 분수의 물줄기로 표현하니 훨씬 더 감동적이고 가슴에 와 닿는다.

분수 쇼가 시작되기 전 8시 반경부터 세계각지에서 온 관광객이 구경하러 몰려들기 시작하는데, 바로 이때 분수대 앞에서는 길거리 예술가들의 각종 공연이 펼쳐진다. 이런 기회를 놓칠 우리가 아니었다.
분위기를 탐색한 우리는 다음날 분수대 앞에서 공연을 펼쳤다. 한국 관광객들도 꽤 많이 눈에 띄었는데, 우리가 영남 사물놀이 도중 '대~한민국' 을 외치자 모두가 하나가 되어 함께 '대~한민국' 을 외쳤다. 외국의 관광객들도 손을 높이 들고 '대~한민국' 을 따라 하며 즐거워했다.

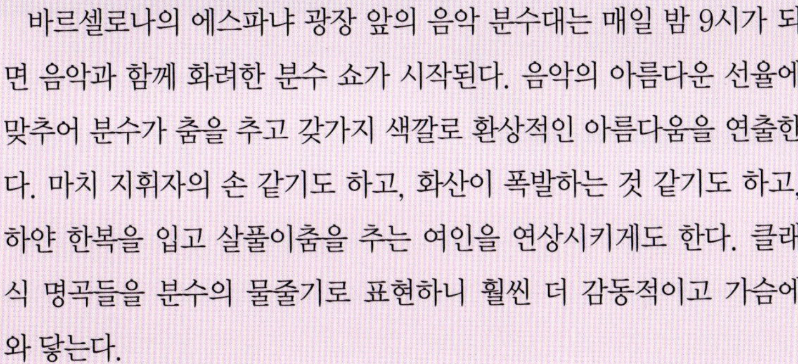

바르셀로나의 화려한 분수 쇼

공연할 때 느끼는 관중의 열기로 이곳이 정열의 나라 스페인임을 느끼게 해 준다. 중북부 유럽에 비해 남부 유럽 사람들은 개방적이고 정열적이다. 영국이나 프랑스에서는 저녁 7시만 되면 밖은 훤해도 도시가 쥐 죽은 듯이 조용한데, 이곳 스페인에서는 대부분의 술집이 새벽까지 문을 열고 밤거리의 열기는 식을 줄 모른다. 오히려 동양인들이 더 대우를 받을 정도로 유색인종에 대한 차별도 없고 기질도 우리나라 사람들과 비슷해서 우리나라 사람들이 살기에는 유럽의 어떤 나라보다도 좋다고 이곳 교민들이 이구동성으로 얘기한다.

우리도 지중해의 파도가 밀려오는 백사장 위의 분위기 있는 바닷가 카페에서 밤바다를 바라보며 맥주를 마셨다. 맥주잔을 기울이며 삶과 꿈에 대한 이야기를 했다. 밤 12시가 한참 지났는데도 바닷가의 카페는 더욱 활기차 보인다.

예술은 길고 인생은 짧다

　스페인 사람들의 예술에 대한 열정은 스페인이 낳은 위대한 건축가인 가우디가 설계한 대표적 건축물인 성 가족 교회만 봐도 알 수 있다. 100년 이상 공사가 진행됐고, 지금도 공사가 진행중이며 앞으로 순조롭게 진행되어도 100년은 지나야 완성될 수 있다고 한다.

　살아있을 때 모든 업적을 남기고, 그 업적을 눈으로 확인해야 직성이 풀리는 우리로서는 이해하기가 쉽지 않다. 여러 가지 면에서 스페인 사람들은 우리와 비슷한 것 같지만 이런 면에서는 확연히 차이가 나는 것 같다. 성당 내부 장식용 조각을 다듬는 석공은 평생 그 일만 하다가 후계자에게 넘겨주고, 자신의 조각이 성당의 어디에 위치하는지도 모르고 죽어가는 것이다. 조각 하나하나에 혼을 집어넣고 말없이 사라져 간 이름없는 석공들의 자세에 절로 숙연해진다.

　'인생은 짧고 예술은 길다' 는 말을 이곳에 와서 성 가족 교회를 보면서 실감하게 된다. 성공은 결과가 아니라 과정이라는 말의 의미도 이 건축물을 보면서 느낄 수 있었다. 지금도 공사를 하는 모습을 관광객들에게 보여준다. 공사하는 모습 자체가 관광 상품인 것이다. 비단 성 가족 교회뿐만 아니라 스페인의 대부분의 건축물이 수백 년씩 걸려 대를 이어서 완성된 것들이라 더욱 의미가 있다. 오늘도 말없이 석공들은 돌을 쪼고 있었다.

　어떻게든 자신이 어떤 자리에 있을 때 모든 것을 해결해야 하고, 지금까지 잘해 오던 일도 수정되고, 폐기되는 일이 허다한 우리로

1. 가우디가 설계한 바르셀로나의 구엘공원

2. 분수대 뒤에 있는 까딸루냐 미술관 전경

3. 착공한 지 100년이 지난 지금까지도 공사가 진행중인 성가족 교회

서는 이런 겸손만큼은 꼭 배워야 할 것 같다. 우리는 역사 속에 한 점에 지나지 않으나, 역사와 예술은 길기 때문이다. 인간의 오만함과 이기주의는 역사를 보는 눈에서도 나타나는 것 같다.

돌아오라 소렌토로

'아름다운 저 바다와 그리운 그 빛난 햇빛, 내 맘속에 잠시라도 떠날 때가 없어라…….'

로 시작되는 '돌아오라 소렌토로' 라는 가곡은 한참 감성이 예민했던 고등학교 1학년 시절 내 마음을 사로잡았던 노래였다. 그 이후에도 나는 마음이 허전하고 누군가가 그리울 때는 항상 콧노래로 이 노래를 부르며 다녔고, 혼자 있을 때는 큰 소리로 노래를 부르곤 했다.

이 노래를 부르고 있으면 마음은 아름다운 미지의 세계로 달려가고 이내 마음이 평화로워졌다. 이 노래 덕분에 나는 감성이 예민했던 시절을 무난히 넘길 수 있었다.

오늘 드디어 소렌토로 돌아간다. 거기다 보너스로 산타루치아까지. 이탈리아에 도착한 후에 거의 매일 '산타루치아' 와 '돌아오라 소렌토로' 를 흥얼거리며 오늘을 얼마나 기다렸던가?

나폴리에서 소렌토로 가는 중간에 로마시대 유적지로 유명한 폼페이가 있다. 서기 79년 나폴리 근교의 베수비오 화산이 폭발하면서 번영과 쾌락의 도시 폼페이는 한순간에 화산재 속에 파묻혀 버린다. 당시의 폼페이는 상업의 중심지였을 뿐만 아니라 로마 귀족들의 피서지로 인기가 높았다고 한다.

화산재 속에서 발굴된 공중목욕탕, 창녀촌, 극장 등의 유적들이 당시의 화려했던 생활상을 이야기 해 준다. 자연 채광을 위해서 하늘을 향해 창문을 뚫고, 바닥은 화려한 타일로 장식한 공중목욕탕은 지금

소렌토 가는 길에 들른 폼페이 유적지

의 목욕탕과 비교해도 손색이 없다. 유적들을 그냥 보고 이해하는데
한계가 있어서 한국인 가이드를 열심히 쫓아다니며 어깨너머로 설명
을 들었다.

여러 개의 조그만 방으로 나누어지고 입구에는 춘화가 그려져 있는
창녀촌의 집들도 요즘의 창녀촌과 비슷한 것 같다. 매춘의 역사는 인
간의 역사와 함께한다는 말이 실감났다.

갑자기 화산재 속으로 파묻혔기 때문에 그때의 생활상이 원형 그대
로 보존되어있다. 배를 움켜쥐고 유독 가스에 고통스럽게 죽어간 임
산부와 주인을 기다리다가 쪼그리고 앉은 채로 죽은 마부의 모습, 그
리고 웅크린 자세로 고통스럽게 죽어간 개의 모습이 화석화된 채로
남아 오늘날까지 그날의 처참함을 말해 준다.

멀리 베수비오 화산은 그날의 폭발을 아는지 모르는지, 평화로운
모습으로 오늘도 폐허가 된 폼페이를 내려다보고 있다. 두 시간여를
바쁘게 돌아보고는 다시 소렌토로 가는 기차에 올랐다.

소렌토 기차역에 내리자마자 이름 모를 분홍색 예쁜 꽃들이 우리를
반긴다. 벌써 마음이 설레기 시작했고, 두근거리는 마음을 진정시키
며 해변으로 발길을 옮겼다. 해변의 절벽 위에 서서 투명한 바다와 빛
나는 햇살, 아름다운 해안의 절벽을 바라보며 그렇게도 소망했던 '돌
아오라 소렌토로'를 큰 소리를 내서 불렀다. 민정이는 나의 이런 모습
을 열심히 비디오에 담았고, 주위에 있던 관광객들이 나를 쳐다보며
웃는다.

30여 년 동안 마음속으로만 그리던 소렌토로 오늘 드디어 돌아온
것이다. 소렌토는 해안선의 절벽이 아름답고, 바다 빛깔이 투명한 조
그만 항구 도시이다. 그냥 이 자리에 서 있다는 것만으로도 가슴이 두
근거렸다. 몇 번이고 내가 서 있는 자리를 확인하며 '이곳이 바로 소
렌토'라고 되뇌었다. 절벽 밑의 투명한 바다에서 해수욕을 즐기는 사
람들이 보였다. 우리도 절벽 밑으로 내려가 파라솔과 의자를 챙겨서

1. 폼페이 유적지 전경. 뒤에
   베수비오 화산이 보인다
2. 수많은 관광객으로 붐비는
   폼페이 유적지

산타루치아 항구에서 본 세계 3대 미항 중 하나인 나폴리 항구. 뒤에 베수비오 화산이 우뚝 솟아 있다

점심 먹을 채비를 하고 있는데 종업원이 와서 자릿세로 30유로를 달란다. 세계 어디를 가나 공짜는 없다.

준비해 간 점심을 먹은 후에 나와 민수 현정이는 바닷속으로 들어갔다. 수영복을 준비해 오지 않았지만 그렇게 그리던 소렌토에 왔는데 그냥 가기에는 너무 아까웠다. 사각팬티만을 입고 들어갔는데, 주위 사람들이 모두 쳐다보는 것 같아 바닷속에서 나올 수가 없었다. 햇볕은 무척 따가웠지만 바닷물은 아직도 차가웠다. 그러나 기분은 상쾌했다.

살기 좋은 나라

지구상에서 가장 살기 좋은 나라는 어디일까? 여행을 떠나기 전 친구들로부터 가장 많이 들었던 말 중 하나는 여행 다니면서 살기 좋은 나라를 잘 봐 두었다가 다녀와서 알려 달라는 말이다. 그러나 지금까지 다녀본 바로는 그렇게 마음에 드는 나라가 없었다. 여행자의 눈에 비친 모습과 현지에서 사는 사람들의 눈에 비치는 모습이 일치할 수는 없겠지만 아직까지는 우리나라를 떠나고 싶을 만큼 매혹적인 나라는 없었다.

오늘 겪은 일은 더욱더 우리나라에서의 생활을 그립게 했다. 이곳 취리히에 도착한 다음날 아침 불이 들어와 있어야 할 카메라 배터리 충전기에 불이 꺼져 있었다. 배터리를 카메라에 넣어 확인을 해 보니 방전 상태였다. 배터리 충전기가 고장난 것이다. 세계일주를 떠나면서 많은 것들을 예비로 가져 왔지만 충전기가 고장 나리라고는 생각하지 못했다.

전자 제품은 현지에서도 충분히 구입할 수 있다고 생각했기 때문에 사실 크게 걱정도 하지 않았다. 지난번 아프리카에서 노트북이 고장 나서 가슴이 덜컥 내려앉았을 때만큼은 아니었지만 난감했다. 충전기

1. 쉴트호른 정상에서 본 알프스
2. 스위스 취리히로 가는 길
3. 스위스 알프스 그린델발트 지역
4. 알프스 자락의 평화로운 마을
5. 취리히 한인 야유회 행사에서 공연 모습

를 구입하기 위해서 스위스 취리히 시내에서 가장 큰 전자제품 상가를 찾았다. 다섯 군데 이상을 돌아다녔지만 충전기도 없고, 1회용 배터리도 없다. 이구동성으로 충전기와 배터리는 카메라의 부속품이므로 별도로 주문을 해야 하고 약 1주일 이상 걸린다고 했다. 전자제품의 모든 것이 다 있는 서울의 용산 상가와 테크노마트가 그리웠다.

가장 살기 좋은 나라의 조건에는 여러 가지가 있겠지만 자신의 생활 습관에 가장 잘 맞는 나라가 아닐까 생각한다. 그래서 대부분 자신이 태어나고 자란 나라가 살기에 가장 적합하다는 생각을 자신의 나라를 떠난 다음에야 비로소 깨닫는 것 같다. 오후 5시만 되면 대부분의 식당 문이 닫혀 끼니조차 때우기 힘들고, 오로지 짜인 틀 안에서만 움직이는, 우리에게는 숨 막히는 곳이 바로 유럽 대부분의 모습이다.

우리나라가 그립다. 역시 나의 생활 습관에 길들여진 곳이 살기 좋은 곳이다. 마찬가지로 이곳에서 자란 사람들은 이곳이 가장 살기 좋은 나라일 것이고…… . 물론 그 습관이라는 것도 어느 정도 시간이 지나면 바뀌겠지만, 객관적으로 살기 좋은 나라는 존재하지 않는다는 것이 나의 결론이다.

낙서에도 질이 있다 하이델베르크 대학 학생 감옥

김계현씨 집에서 점심 식사로 냉면을 두 그릇이나 먹고 대학도시인 하이델베르크로 향했다. 하이델베르크는 프랑크푸르트에서 남쪽으로 약 80km 지점에 위치한 고풍스러운 도시인데 독일에 오기 전부터 꼭 한 번 들르고 싶은 도시 중의 하나였다.

먼저 독일에서도 손꼽히는 성 중의 하나인 하이델베르크 성을 찾았다. 대부분의 유럽의 성들이 그렇듯 하이델베르크에서 가장 높은 언덕 기슭에 위치하고 있었다. 그동안의 오랜 시간을 말해주듯 성은 여기저기 무너졌으나 주위의 잔디밭과 어우러져 고풍스런 아름다움을 간직하고 있었다.

외부의 침략으로부터 마을을 방어하기 위한 동양의 성과는 달리 유럽의 성들은 성주가 사는 저택으로서의 역할을 했다. 따라서 길게 담을 구축하는 것이 아니라 언덕이나 산 위에 독립적으로 존재하는 것이 유럽의 성 모습이다.

어릴 때 보았던 많은 만화책의 주제는 이런 성의 공주와 중세의 유럽 기사들 간의 사랑 이야기였는데 그 애틋한 사랑 이야기가 깃든 성에서 나는 중세의 기사가 되어 성 안에 서 있다.

하이델베르크에는 독일에서 역사가 가장 오래된 대학인 하이델베르크 대학이 있다. 이 대학은 14세기 말에 건립돼서 16, 7세기에는 독일의 문화, 종교 혁명의 중심지였는데 18세기에는 대학의 자치권이 커져서 경찰의 간섭을 받지 않고 문제 학생들을 학교에서 직접 다스렸다고 한다. 즉 이 대학은 치외법권 지역이었던 셈이다.

바로 이 문제 학생들을 다스렸던 곳이 학생 감옥인데 지금도 온전히 남아 있다. 이 학생 감옥의 벽에는 당시 수감됐던 학생들의 낙서가

1. 하이델베르크 시내를 가로지르는 네카강에서 본 하이델베르크 성
2. 하이델베르크 학생 감옥의 낙서

온 벽면을 장식하고 있었는데 낙서에도 질이 있음을 바로 이곳에서 알았다.

어지럽게 그려진 그림과 글 아래에는 1892년 7월 4일, 1901년 8월 2일 등의 날짜가 선명하게 적혀 있다. 100년의 시간을 거슬러 그 당시 학생들의 억울한 사연을 김계현씨의 번역을 통해서 들어 보았다.

'지나가는 시민에게 못된 짓을 하는 경찰관을 욕한 죄로 우리 5명은 1894년 7월 4일부터 7월 7일 4일간 여기에 갇히게 됐다. 우리는 아무 죄도 없는데 정말 억울하다'

곳곳에 수감 중에 학생들의 심경을 노래한 시도 적혀 있다. 일부 학생들은 오히려 이 감옥에 들어오는 것을 명예롭게 생각했던 것 같다. 마치 우리가 70~80년도 유신과 군사독재 시절 학생운동을 하다가 감옥에 갔던 것을 명예롭게 생각했던 것처럼……. 이 낙서들은 그 어떤 문화유산보다도 생생하게 살아있는 문화유산이었다.

우리 민족 또한 낙서에 대한 집착은 대단한 것 같다. 스위스 루체른을 여행할 때의 일이다. 유럽에서 가장 오래됐다는 목조 다리를 지나가는데, 다리 위 지붕에는 17세기의 화가인 하인리히가 그린 패널화들이 걸려 있었다. 그러나 내 눈을 끈 것은 색이 바래고 볼품없이 보이는 그 그림들이 아니라 다리 기둥에 새까맣게 새겨진 낙서들이었다. 우리나라 관광객의 낙서가 빠질 리 없다. '00년 00월 00일 XXX 다녀가다' 로 대표되는 우리나라 관광객들의 낙서는 세계 어디를 가나 낙서를 할 만한 장소에는 빠지지 않고 반드시 있었다.

　후세 사람들에게 어떻게든 이름을 남겨야 직성이 풀리는 우리 민족은 비석에 이름을 남기는 것으로는 모자라 외국의 유명 관광지에도 반드시 이름을 남겨야 한다.

　이곳 하이델베르크 학생 감옥에도 역시 한국인 관광객들의 표적에서 벗어나지는 못했다. 'XXX 언제 다녀가다' 라는 한국인들의 낙서가 여기저기 눈에 띈다. '감시 카메라가 작동중, 낙서를 하지 마시오.' 라는 한글로 된 경고판을 보고는 우리의 문화 수준을 세계에 드러내는 것 같아 얼굴을 들 수 없을 정도로 부끄러웠다. 형식은 같은 낙서지만 질에서는 커다란 차이가 있었다.

음악의 도시 빈

　유럽 스케줄을 짜면서부터 가장 가보고 싶은 곳 중의 하나가 음악의 도시 빈이었다.

　장차 음악 선생님을 꿈꾸는 민정이에게 위대한 음악가들의 발자취를 보여주고 싶었고, 우리의 전통음악인 사물놀이를 연주하는 우리 가족에게도 음악의 도시 빈을 찾는 것은 의미가 있다고 생각했기 때문이다. 빈에서는 우리의 사물놀이를 공연하기보다는 연주회장을 찾아다니며 이곳에서 활동했던 음악가들의 음악을 듣고, 발자취를 더듬기로 했다.

　서양의 유명한 음악가들은 대부분 이곳 빈에서 활동했으며, 그들의 머물렀던 장소들은 기념관으로 남아서 후세 사람들에게 그들의 체취를 온전히 전해 주고 있다.

　그러나 요한 스트라우스 기념관, 피가로 하우스 등 여행안내서에 나온 유명한 장소들을 찾기가 쉽지 않았다. 상세한 지도가 없는 우리는 항상 근처 역에 내려서 주위의 가게 등에서 물어보곤 했는데 대부분 모른다고 대답한다. 그 유명한 작곡가들의 기념관이 바로 집 옆에 있는데도 모른다니, 우리는 쉽게 이해가 되지 않았다.

1. 단출한 연주회장 모습
2. 연주회가 끝나고 출연자들
　과 함께

베토벤 기념관인 파스콸라
티 하우스 앞에서

예매한 음악회 티켓을 들고 연주회 장소인 Paltty Palais의 피가로 홀을 찾아갔다. 300여 년 전의 대 저택의 일부를 공연 장소로서 사용하고 있었는데 바로 이곳에서 모차르트가 피가로의 결혼을 처음 연주했다고 한다. 피가로 홀은 생각보다 아주 조그맣고 아담한 곳이었다.

50~60여 평의 공간에 100여 석의 좌석이 놓여 있는데 처음에는 초라해 보이기까지 했다. 좌석도 고정된 것이 아니라 이동식 의자들이고, 관객의 대부분은 일본 관광객이었다. 그러나 지금까지 보았던 음악회 중에서 가장 멋진 음악회였다.

아무리 훌륭한 음악도 처음 시작은 지금처럼 아담한 무대에서 출발했을 것이다. 총 7명의 오케스트라 단원들이 모차르트, 베토벤, 요한 스트라우스 등 빈에서 활동했던 음악가들의 주옥같은 명곡들을 들려주었는데, 장소가 빈인지라 더욱 감동적이었다. 항상 멀리서 지켜보았던 음악회와는 달리 연주가들의 연주 모습을 바로 앞에서 지켜보았다. 연주자들이 얼굴 표정, 손동작 하나까지 음악과 하나로 어우러져 우리 가슴으로 다가왔고, 연주자들과의 물리적인 거리의 가까움은 심리적으로도 편하게 연주를 들을 수 있게 해 주었다.

모차르트나 베토벤, 슈베르트가 활동하던 시대에는 아마도 음악은 극히 일부의 왕족이나 귀족층의 전유물이었을 것이다. 따라서 지금은 모두가 알고 있는 위대한 음악가들도 그 당시에는 극히 일부 계층에만

1. 성 마르크스묘지에 있는 볼프강 아마데우스 모차르트의 묘
2. 빈 중앙묘지에 있는 베토벤의 묘
3. 빈 중앙묘지에 있는 브람스의 묘
4. 빈 중앙묘지에 있는 슈베르트의 묘

알려졌을지도 모른다. 오늘날에야 위대한 음악가의 작품을 CD, 테이프 등으로 편하게 들을 수 있지만 당시에는 음악회에 참가하지 않으면 음악을 들을 기회가 없었을 테니, 먹고 살기에 바쁜 서민들에게 음악은 사치에 불과했을 것이다. 따라서 대부분의 음악가가 특수 계층의 노리개 감으로 여겨지면서 불행한 삶을 살았는지도 모른다.

음악은 어디든 걸어 놓고 감상할 수 있는 미술 작품과는 또 달랐을 것이다. 오스트리아 국민 중 모차르트가 자기 나라 사람이라는 사실조차도 모르는 사람이 태반이라는 것도 이와 무관하지 않을 것이다.

촉촉이 내리는 비를 맞으며, 중앙묘지로 가는 중간에 모차르트가 묻혀 있다는 성 마르크스묘지를 찾았다. 묘지 입구에서 400여 미터 떨어진 곳에 십자가에 기대어 있는 애처로운 모습의 천사상의 모습이 눈에 띈다. 바로 모차르트가 묻혔다고 알려진 곳이다. 그러나 모차르트가 이곳에 진짜 묻혀있는지는 아무도 모른다고 한다.

빈 중앙묘지에는 정치가를 비롯해 유명 인사들이 많이 묻혀있는데, 오스트리아 역대 대통령도 모두 묻혀있다. 중앙묘지 중앙에는 음악가들의 묘가 한군데 모여있는데, 베토벤, 슈베르트, 하이든, 요한스트라우스 등의 묘와 모차르트의 기념비 등이 있다.

분단 조국을 생각하며……

베를린에 접해있는 도시 포츠담은 우리에게는 남북 분단이 결정된 회담이 열린 장소로 잘 알려져 있다. 우리 현대사의 비극은 이 조그만 도시의 한 궁전에서 미, 영, 소 당시 세계 3대 강대국 대표들이 마주 앉은 책상 위에서 비롯되었다.

지금도 이 포츠담 회담장으로 유명한 체칠리엔호프 궁에는 관광객들이 끊이질 않는다. 역사적인 장소이기도 하지만, 호수와 인접해 있고 벽이 온통 담장이 넝쿨로 뒤덮여 있어 주위의 경관이 뛰어나다. 체

칠리엔호프 궁은 궁전이라기보다는 중세시대의 대저택이라는 말이
어울릴 정도로 아름답다.

　방문객 중에는 동양인들도 눈에 많이 띄었는데 그 중에도 일본인들
이 특히 많았다. 다른 유적지와는 달리 우리나라 사람들도 많이 찾아
서인지 한글로 된 자세한 안내서를 입장할 때 나누어 주었다.

　궁전 내부는 회담장을 중심으로 미, 영, 소 각국 대표 대기실이 있
는데, 회담장은 각국의 대표들이 앉았던 의자가 그대로 보존되어 있
다. 총 15개의 의자가 둥그런 원탁에 놓여 있다. 그 중 팔걸이가 있는
고급 의자 3개가 눈에 띈다. 미, 영, 소 3국 대표가 앉았던 자리일 것
이다. 복도를 비롯한 각 방의 벽에는 우리의 눈에도 많이 익은 흑백
사진이 걸려있어 당시의 분위기를 알려준다.

　지금까지 보아왔던 대부분의 음악가의 유적지에서는 그림으로 된 초
상화와 풍경화들이 벽면을 장식하고 있었는데, 이곳은 사진기가 발명
된 후여서 그림 대신에 사진이 자리 잡고 있었다. 사실적이어서 좋은
면도 있지만 왠지 유적지로서 좀 경박스러운 느낌도 드는 것 같았다.
모든 것을 사실 그대로 표현하는 것도 의미는 있지만, 좀 더 인간미가
풍겨지는 그림들이 훨씬 더 가슴에 와 닿는다.

　포츠담 회담 기간 중에 몇 번의 정회가 있었는데, 그 중에서 영
국 수상 처칠이 선거결과를 알아보기 위해 영국으로 돌아간

포츠담의 궁전.
모두 다른 표정의 석상이 서 있는 모습이 독특했다. 궁전의 모습
이 아름다워서 스케치하는 동안 즐거웠다.

기간과 선거에 패해서 새로운 노동당 수상이 새로운 참모진을 이끌고
와서 회담을 재개하기까지의 기간이 포함되어 있다.

2차 세계대전을 승리로 이끌었고, 중요한 회담에 참여하고 있는 수
상을 아무렇지도 않게 국민이 경질할 수 있는 것이 민주주의의 힘인
것이다. 그렇게 영웅은 조용히 물러나고 그 자리를 좀 모자란 듯한 사
람이 채워 나간다. 민주주의는 사람에 의해 움직이는 것이 아니고 시
스템에 의해 움직이기 때문에 이것이 가능한 것이다.

지도자의 역량에 의해 모든 것이 크게 바뀐다고 믿는 사회는 아직
민주주의를 수용할 자세가 되어 있지 않다는 것이 나의 생각이다. 이
것은 나라를 통치하는 일뿐만 아니라 모든 조직에서도 통용된다고 믿
는다.

역사 속으로 사라진 동서 베를린 분단 시대를 기념하기 위해 세운
벽 박물관을 찾았다. 동서 베를린 분단 과정과 장벽 설치, 목숨을 걸
고 장벽을 탈출하는 모습을 담은 비디오, 장벽을 탈출할 때 사용했던
장비까지 전시되어 있다. 그리고 장벽이 허물어지던 날의 감동적인
모습을 담은 커다란 사진과 분단시대의 아픔을 그린 미술 작품도 눈
에 띈다.

요즘 독일은 통일 비용 때문에 장기적인 경제 침체에 빠져 있어서
고민이라고 한다. 그러나 국민 누구도 통일을 잘못된 결정이라 생각
하지는 않는다. 어차피 치러야 할 대가라면 빨리 치르는 것이 현명하
기 때문이다. 우리나라에도 통일 비용과 통일 후의 경제 사정 때문에
통일을 주저하는 사람들이 꽤 있을 것이다.

판문점의 통일 박물관에서 남과 북을 막론하고 냉전과 분단 시대
에, 이것을 핑계로 행해졌던 온갖 인권 유린과 부조리한 사회의 단면
들을 전시한 것을 볼 수 있는 날은 언제쯤 올는지……

이제 베를린에 장벽은 거의 없어지고, 몇 조각만이 옛날 있던 자리
를 지켜 서 관광객을 맞이하고 있을 뿐이다.

1. 포츠담 회담장이었던 체칠리
   엔호프 궁 전경
2. 흔적만 남은 베를린 장벽

간호 요원회 경로잔치

독일 이민의 시초는 1960년대 외화 벌이 목적으로 파견된 광부와 간호사들이었다. 지금까지도 그 당시 파견된 광부와 간호사들은 한인 사회의 중추적 역할을 담당하고 있다고 한다. 그래서 해마다 큰 행사를 몇 번 주최하는데 오늘이 바로 그 중에서도 가장 큰 행사인 간호 요원회 주최 경로잔치가 있는 날이다.

원래는 6월 초에 하기로 되어 있었는데 여러 가지 사정으로 연기를 하다 보니 오늘에 이르렀다고 한다. 아마도 우리 가족의 스케줄과 맞추려고 그렇게 됐나보다.

11시에 캠핑장을 출발해서 인터넷 카페에서 메일을 확인하고 경로잔치 장소인 베를린의 현지 교회로 향했다. 나이가 지긋하신 간호사 분들이 행사를 준비하느라 바쁘다.

꽃다운 나이에 이곳에 왔을 텐데……. 그만큼 세월이 흘렀지만 간호사들 입에서 나오는 구수한 전라도, 경상도 사투리가 정겹다. 여기서 듣는 사투리는 한국에서 듣는 것보다 더 토속적이다. 마치 1, 2년 전에 한국을 떠나 온 양, 고향 이야기로 시끌벅적하다.

박심덕 간호 요원회 회장과 기타 외빈들의 인사말에 이어서 베를린 한인회에서 준비한 공연이 시작됐고, 4시 반부터 우리 가족의 사물놀이 공연이 이어졌다.

장내가 순식간에 조용해지면서 숙연해 지더니, 눈물을 흘리시는 노인 분들도 눈에 띈다. 사물놀이가 신기한 듯 뚫어지게 쳐다보는 노랑머리의 독일인들도 있고, 흥겨워서 몸을 흔들어 대는 우리의 교포 2세 젊은이도 있다.

공연이 끝나고 교민들과 일일이 악수를 나누었는데, 우리의 공연을 보면서 눈시울을 붉혔던 어른들은 또 한 번 눈물을 흘린다.

간호 요원회 경로잔치

유럽에서의 하루

스페인 바르셀로나에서 부향이 형님으로부터 중고 텐트를 선물로 받은 후 숙소는 기본적으로 캠핑장이 되었다. 유럽 전역에는 곳곳에 캠핑장이 널려있다. 캠핑장은 미리 예약을 하지 않아도 되고, 방이 없다고 퇴짜 받을 염려도 없고, 주차할 걱정을 하지 않아도 되기에 좋다.

가이드북에 나와 있는 캠핑장을 물어서 찾아가거나, 도시에 들어가서 가까운 캠핑장이 어디 있느냐고 물어보면 대부분 친절하게 알려준다. 캠핑장에는 샤워실, 화장실, 부엌, 식당 등이 잘 갖추어져 있어 생활하는데 전혀 불편함이 없다. 가격 또한 가장 싼 호텔의 1/2 수준이다. 무엇보다도 아이들이 너무 좋아하고, 유럽 각지에서 온 여행객들을 만나는 재미 또한 쏠쏠하다. 다만 인터넷 시설이 미비한 것이 단점이다.

식사는 대부분 직접 해서 먹는다. 각종 식료품은 쉽게 구할 수 있고, 캠핑장에 있는 전기 코드를 이용해서 식사를 준비한다. 여행 떠나기 전에 준비한 여행용 조그만 밥솥이 큰 역할을 한다. 먹을 것을 찾아 고민하지 않아도 되고, 든든하게 밥을 먹을 수 있어서 좋고, 사 먹는 것보다 가격도 훨씬 저렴하다. 점심은 대부분 아침에 도시락을 준비했다.

새로운 도시에 도착하면 캠핑장을 찾아가서 텐트를 치고 여장을 푼다음, 캠핑장 안내소에서 해당 도시의 지도 등 관광 정보를 얻고 지도를 보면서 여행 계획을 수립한다. 이틀 이상 머무는 경우는 주로 며칠간 유효한 시내 자유 교통카드를 구입한다. 이것이 훨씬 저렴하기 때문이다.

1. 베네치아 캠핑장의 텐트와 렌터카
2. 캠핑카들로 가득 찬 오스트리아의 빈 웨스트 캠핑장
3. 고속도로 휴게소에서 점심 식사

다음날부터 본격적인 시내 관광에 나서는데, 첫날은 대부분 시내 전체의 윤곽을 파악하는 데에 할애한다. 광장 등이 있으면 눈 여겨 보았다가 공연장소로 적합한지를 판단한다. 대부분 2~3일정도면 시내

관광을 끝내고 나머지는 공연을 한다. 처음 여행할 때는 박물관 등을 많이 찾았으나, 박물관에 박제된 것보다는 실제 사람들이 살아가는 모습을 보는 것이 좋아서 광장이나 공원 등을 많이 찾는다. 그냥 길거리를 돌아다니는 것도 재미있다.

기본적으로 렌터카는 도시에서 도시로 이동할 때만 사용하고 시내에서는 버스, 지하철, 트램 등을 이용한다. 대부분의 도시에는 일정 기간 동안 지하철, 버스, 트램 등을 자유롭게 탈 수 있는 1일, 2일, 3일권 등의 교통카드를 판매하는데 우리는 이것을 이용했다.

탈 때마다 표를 끊지 않아서 좋고, 아내와 나만 표를 구입하면 아이들은 무료로 다닐 수 있어서 좋다. 그리고 이 교통카드를 구입하면 박물관 입장권 등을 할인해 주기도 한다. 교통비가 무척 비싼 영국 런던에서도 패밀리 티켓 가격은 무척 싸다.

동·서독 통일의 상징인 브란덴 브루크문.
18세기 말에 만들어진 이 문은 도리아식 기둥이 나열된 독일 고전주의 양식의 대표작이다. 문 위에는 올리브 가지를 든 여신을 태운 고대 로마의 마차가 장식되어 있다.
우리나라에도 통일을 상징하는 문이 빨리 세워지기를 염원한다.

기다림

　런던 히드로 공항은 너무 복잡하다. 시원하게 트인 인천 공항과 달리 미로를 방불케 한다. 오래전의 건물을 그대로 보존하고 사용하기 위해 승객들의 불편을 감수하라고 하는 것 같다. 아무리 전통도 좋지만 승객들의 편의를 위한 시설의 부재가 아쉽다. 삶을 풍요롭게 하기 위해 전통이 존재하는데, 그 전통 때문에 삶의 풍요로움이 희생돼서야 되겠는가?

언제나 인파로 붐비는 런던의 히드로 공항

　터미널이 1~4까지 있는데, 직원들도 카이로 행 비행기가 어디에서 출발하는지 제대로 모른다. 직원 말을 듣고 터미널 1로 갔다가 다시 한참 떨어져 있는 터미널 4로 이동했다.

　A~D카운터에는 줄이 길게 늘어서 있고, 모니터에는 각 행선지별로 카운터가 표시되어 있다. 12시 반에 공항에 도착했는데, 2시30분이 돼서야 D카운터로 좌석배정을 받으라는 메시지가 모니터에 뜬다. 또다시 D카운터에 줄을 서서 1시간 반 기다린 끝에 좌석배정을 받고 짐을 부쳤다. 일찍 짐을 부치고 편하게 쉬면서 공항을 둘러보려던 바람은 희망사항으로 끝나고 말았다. 하루종일 줄을 서서 기다리느라 시간을 다 보내고 말았다.

　이곳 사람들은 기다림에 익숙한 듯, 아무렇지도 않게 줄을 서서 책을 보는 등 다른 일을 하지만 기다림에 익숙지 않은 나는 마음만 초조해 지고, 다른 일을 할 수가 없다.

　유럽은 기다림의 문화이다. 어디에 가든 늘어선 줄을 보면 기겁을 하게 된다. 그러나 생각보다 줄이 금방 빠지는 데도 기다림에 익숙하지 않은 우리는 지레 겁을 먹는다.

　우리나라 사람들만큼 성격이 급한 민족도 없을 것이다. 이번 세계 일주를 나와서도 그동안 알게 모르게 몸에 밴 습관을 통해서 절실히 느꼈다.

사막의 열기와 먼지로 뒤덮인 이집트

05_Egypt. The land of dessert and blowing dust

모래 먼지에 뒤덮인 카이로

우리가 이집트의 카이로 공항에 도착한 것은 1년 중 가장 덥다는 8월초. 새벽 1시가 훨씬 지났는데도 공항 청사를 빠져나오자마자 낮의 열기로 아직 식지 않은 아스팔트가 후끈거린다. 카이로 박물관 근처의 호텔 밀집 지역에 있는 ISIS라는 호텔에 여장을 풀었다. 에어컨이 없는 방은 도저히 상상할 수가 없어서 가격은 좀 비쌌지만 에어컨이 있는 방을 선택했다. 15층에서 내려다보이는 카이로 중심부의 화려한 야경을 바라보며, 우리는 잠을 재촉했다. 다음날 늦게 잠자리에서 일어난 우리는 뿌연 먼지로 뒤덮인 시내 중심부를 보고는 사막의 나라에 와 있음을 실감했다. 이렇게 카이로는 밤과 낮이 극명하게 다른 도시였다.

카이로 시내에는 2~3층짜리 붉은 벽돌집이 많이 눈에 띄는데, 마치 짓다만 건물들처럼 위에는 모두 철골 구조물이 삐죽삐죽 서 있는 그대로 남아 있다. 처음에는 공사중이거나 철거중인 건물이거니 생각을 했는데, 대부분의 건물이 이런 모양을 하고 있고 안에는 사람들이 살고 있다. 이상하게 생각되어서 호텔 종업원에게 물어보았더니 공사중인 건물은 세금을 덜 내기 때문이란다. 그래서 사람이 살면서도 건물의 외향은 공사중인 것처럼 방치해 놓는다고 한다.

1. 화려한 야경을 자랑하는 카이로 중심부
2. 뿌연 사막의 먼지로 뒤덮인 카이로 중심부
3. 마치 짓다만 건물처럼 철골 구조물이 그대로 남아있는 집들

순진한 호텔 종업원

후끈거리는 열기 속에서 카이로 박물관과 카이로 시내에 있는 모스크들을 둘러본 우리는 밤이 되자, 호텔에서 예약한 나일강 유람을 하기 위해 호텔 매니저가 명함 뒤에 아랍어로 써 준 종이 한 장을 들고 호텔을 나섰다. 매니저는 '택시기사가 당신들을 내려 주면 그곳에 기다리는 사람이 있을 것이다. 그 사람에게 이 종이를 내밀면 된다' 고

1. 나일강 유람선에서 본 나일
   강의 야경
2. 카이로에 있는 동안 우리
   가족과 친하게 지냈던 호텔
   종업원(오른쪽)

했다. 저녁 7시 20분경에 호텔 종업원이 택시를 잡아 주면서 기사에게 위치를 설명해 주는데, 눈치를 보니 아무래도 택시 기사가 위치를 제대로 모르는 것 같다.

유람 시작 시간인 8시는 다 돼가는데 택시 운전사는 길을 이리저리 쳐다보기도 하고, 옆 차의 운전기사에게 물어보기도 하면서 느긋하게 간다. 우리는 계속 시계만 보면서 카이로에서 가장 비싼 돈을 주고 예약한 투어에 제시간에 도착하지 못할까봐 조마조마했다. 배 출발시간을 10분 남겨 놓고 다 왔다고 내리라고 한다. 그러나 내려서 선착장에 있는 사람에게 물어보았더니 잘못 내렸다면서 3km 정도 더 가야 한단다. 어쩔 수없이 다시 5파운드를 주고 다른 택시를 잡아탔다.

배 위에서 뷔페 식사를 하면서 2시간 동안 나일강 주변의 야경을 구경했다. 뷔페라지만 우리 입맛에 맞는 먹을만한 음식은 거의 없다. 나일강변의 화려한 야경은 낮에 보았을 때와는 전혀 딴판이다. 고급 호텔에서 나오는 불빛이 물결에 흩어진다. 댄스곡에 맞추어서 아가씨가 춤을 추고 나일강의 밤은 깊어 간다.

호텔로 돌아와서 매니저에게 유람선을 타러 갈 때 택시 운전사가 길을 잘못 찾아서 고생했다고 항의를 했더니, 우리에게 택시를 잡아준 종업원을 불러 우리 앞에서 심하게 질책한다. 커다란 몸집의 종업원의 커다란 눈에서 눈물이 뚝뚝 떨어진다. '괜히 말했구나' 하고 후회했지만 이미 엎지른 물이었다. 매니저가 집으로 퇴근한 후에 아내가 그 종업원을 조용히 불러서 선물용으로 가져간 볼펜을 몇 자루 주면서 미안한 마음을 전했다.

그 종업원은 또 다시 눈시울이 붉어지면서 닭 똥 같은 눈물을 흘렸다. 손짓 발짓을 한참 하던 아내가 '나이가 어려보여 결혼 안 한 줄 알았더니, 애가 둘이나 있는 아빠래.' 라고 말하며 미안함이 조금 가셨는지 환한 얼굴로 방으로 들어온다.

　다음날 아침 그 종업원이 나를 보더니 조용히 부엌으로 오라며 부른다. 무슨 일일까 궁금해 하며 부엌으로 들어갔더니, 호주머니 속을 한참 뒤지더니 전화번호를 적을 수 있는 조그만 수첩을 내게 건네주면서 '아무도 모르게 주는 것이니 어서 챙겨 넣으라.' 고 한다. 대단한 선물이라도 하는 것처럼 다른 종업원에게 들킬까 봐서 조용조용 이야기하는 모습이 사뭇 진지했다.

　종이 질도 안 좋고, 인쇄 상태도 조악하고, 무엇보다도 나에게 특별히 쓸모가 없는 것이었지만, 고맙다고 인사를 하고 챙겨 넣었다. 내가 기쁘게 받는 모습을 보고 자신도 기뻤는지 표정이 어제와는 달리 매우 밝았다. 이렇게 인연을 맺은 이 종업원은 우리가 호텔에 머무르는 동안은 여러 가지로 편의를 봐 주려고 애썼고, 우리도 선물이 될 만한 것이면 우리가 갖고 있는 것에서 골라 주었다.

　우리 가족이 카이로를 떠나는 날, 아내는 지금까지 우리에게 잘해 준 종업원이 너무 어렵게 사는 것 같다면서 아이들에게 용돈이라도 주라고 돈을 조금 주고 가자고 했다. 나는 그 종업원만 조용히 불러 아이들에게 주라고 20파운드(약 4,000원)짜리 지폐 2개를 꺼내서 주었다. 그 종업원은 또 다시 눈시울이 붉어지면서 커다란 눈에 눈물이 그렁그렁 고인다.

　마지막 헤어질 때는 우리의 짐을 택시에 실어주며 고맙다는 말을 수없이 반복한다. 그리고 우리의 택시가 시야에서 사라질 때까지 손을 흔들며 그 자리에 서 있었다. 우리도 마음씨 착한 그 청년이 앞으로 행복하게 살아가기를 간절히 바랐다.

이집트 카이로 박물관의 투탕카멘.
스케치를 시작하자 관람객들이 투탕카멘 보다 나를 보며 신기한 듯 바라봐서 무척 민망했다. 주위의 시선을 의식해서 였는지 자꾸만 턱 부분과 코가 뭉개졌다.

1. 카이로에서 룩소르로 가는 길의 나일강변
2. 룩소르 카르낙 신전
3. 멤논 거상 앞에서

룩소르에서 만난
배낭여행을 하던 대학 교수님

오후 5시, 사막의 열기로 후끈하게 달아오른 룩소르에 도착했다. 이미 해가 기울었는데도 마치 사우나 같은 후끈한 열기가 온몸을 감쌌다. 카이로에서 이미 더위에 익숙해 진 줄 알았는데 카이로의 더위와는 비할 바가 아니다. 룩소르 오기 전에 카이로에서 만난 한 한국 관광객으로부터 요즘 룩소르의 최고 기온이 56도까지 올라간다면서 어린 아이를 데리고 여행을 하는 것은 어려울 것이라며 우리 가족의 여행을 만류한 적이 있었는데, 이집트까지 와서 룩소르를 보지 않고 갈 수는 없었다.

돈을 인출하기 위해 현금 인출기의 버튼을 누르려는 순간, 마치 펄펄 끓는 주전자 뚜껑에 손이 닿은 것처럼 화들짝 놀라고 말았다. 도저히 손을 댈 수 없을 정도로 뜨겁다. 5시가 훨씬 지난 시각인데도 이 정도이니 낮 동안의 더위를 쉽게 상상할 수 있었다.

우리와 왕가의 계곡 버스 투어를 함께하는 여행객 중에 나이 지긋한 동양인이 한 분 있어서 우리나라 사람인 줄 알고 반갑게 인사를 했는데, 알고 보니 일본의 코마자와 대학의 오이시 교수였다.

유적지를 가는 곳마다 노랑, 파랑 형광펜으로 줄이 그어져 있는 가이드북을 꼼꼼히 살펴보며 여기저기를 둘러보는 모습이 전형적인 일본인의 모습이다. 일본인들은 어디에서든 쉽게 찾아볼 수 있지만, 모두 깨알같이 자세히 설명된 여행 가이드북을 한 손에 들고 다니는 것으로 쉽게 구별이 된다.

투어 여행객 중 동양 사람이라고는 오이시 교수와 우리 가족밖에 없어서 우리는 금방 친해졌고 여러 가지 이야기를 나누면서 여행을 했다. 지금까지 여행을 하면서 젊은 배낭여행객들은 많이 만났었지만 머리가 희끗희끗한 60이 넘은 배낭여행객은 처음 보는 터라 혼자서 여행하는 사연을 물어보았더니 대답은 의외로 간단했다. 대학에서 사회학을 가르치고 있는데, 여름방학을 통해 1년에 한 번씩 15일간은 혼자서 배낭여행을 한다고 했다.

배낭여행지로는 중동, 남미 등 주로 역사가 깊고, 색다른 문화를 갖고 있는 곳을 택한다고 했다. 우리와 같이 여기저기 며칠씩 옮겨 다니는 단기간의 여행이 아니라 최소한 한곳에서 열흘 정도는 머무는 여유 있는 여행이었다.

여행을 다니면서 항상 아쉬웠던 것이 일정 때문에 한곳에 오래 머무르지 못하고 서둘러서 옮겨다녀야 하는 것이었는데, 나에게 있어 오이시 교수의 배낭여행은 부러움의 대상이었다.

허름하고 위생 상태도 좋지 않은 배낭여행자 숙소에 머물면서, 60이 넘은 초로의 대학 교수가 혼자서 배낭을 메고 여행하는 것을 아직 우리 정서로는 이해하기 쉽지 않다.

대학 교수들이 방학 동안 밤늦도록 연구실 책상에 앉아서 연구에 몰두하는 것도 좋지만, 혼자서 여행을 하면서 인생을 되돌아보고, 세상 사람들이 살아가는 모습을 보는 것도 다음 학기 학생들을 지도하는데 많은 도움이 될 것이다. 그런 교수 밑에서 배우는 학생들은 정말 행복하겠다는 생각이 들었다.

1. 룩소르 카르낙 신전의 오벨리스크
2. 배낭여행중인 일본인 교수와 함께

잃어버린 기억들

홍해를 접하고 있는 후루가다
해변에서의 즐거운 한 때

어젯밤 후루가다를 출발한 버스가 7시간 만인 새벽 5시경, 카이로에 거의 다다랐을 무렵, 여행사 전화번호를 알려고, 수첩을 찾았으나 보이지 않는다. 수첩이 항상 보관되어 있던 노트북 가방을 샅샅이 뒤졌으나 찾을 수가 없다.

"민정아, 네 가방 좀 뒤져봐! 아빠 수첩이 없어졌어!"

"민수야, 네 카메라 가방도 좀 잘 뒤져봐!"

그동안 분신과도 같이 애지중지하던 수첩이 분실된 사실을 알고는 버스에서 곤히 자고 있는 아내와 아이들을 모두 깨우고는 야단법석을 떨었다. 온 가족이 달려들어 있을 만한 곳을 뒤졌으나 찾을 수가 없었다.

그 수첩에는 그동안 입력하지 못한 약 한 달치의 일기와 각종 정보들이 메모되어 있었다. 어떻게 해야 할지 몰라 우왕좌왕했고, 아무 생각도 나지 않았다. 유럽에서는 바쁘다는 핑계로, 아프리카에서는 덥다는 핑계로 컴퓨터에 입력을 게을리했었다. 언젠가는 이런 일이 일어날 수 있다고 생각은 했었지만, 막상 잊어버리고 나니 어떻게 해야 할지를 모르겠다. 아무래도 후루가다에서 미니버스 운전사와 가격을 흥정할 때, 지갑을 꺼내면서 수첩을 배낭 위에 올려놓았다가 바닥에 떨어뜨린 것 같았다. 당황해서 쩔쩔매는 사이에 버스는 카이로 박물관 앞 광장에 도착했고, 버스에서 내려서 혹시나 해서 다른 짐들을 뒤졌지만 역시 없었다.

허탈해서 일이 손에 잡히지 않았지만 이미 벌어진 일, 어떻게 할지 대책을 생각해 보았다. 다행히 아내, 민정, 민수가 매일 메모 형식으로 일기를 기록하고 있었고, 우리가 찍은 사진으로 한 달 동안의 중요 사건들은 복구할 수 있을 것 같다.

하루하루 느꼈던 생생한 감정까지는 다 복원할 수 없었지만, 수첩에 기록했던 내용들이 조금씩 떠오르기 시작했다. 노트북을 앞에 놓고 정신없이 그동안 밀린 일기들을 입력했다. 매일 새로운 일들이 벌어지는 여행이라 하루하루가 생생하게 복원됐다. 노트북, 비디오카메라 등 다른 것을 잃어버리지 않은 것이 천만다행이라고 생각할 정도로 여유가 생겼다.

어릴 적부터 아버지를 닮아 물건 잘 잃어버리기로 소문난 내가 지금까지 몇 개월 동안 수첩을 잃어버리지 않은 것만 해도 기적에 가까운 일이었다. 사실은 몇 번 잃어버릴 뻔했었는데, 아내가 옆에서 챙겨주는 바람에 지금까지 잃어버리지 않았다는 것이 정확한 표현일 것이다. 아침 9시부터 밤 12시까지 하루종일 컴퓨터 앞에 앉아 일기를 썼다.

밤 12시가 지나 자리에 가만히 누워 내 처지를 생각해 보았다.

'나는 지금 도대체 무엇을 하고 있는 걸까?'

'오늘따라 너무 외롭고 힘이 든다. 지금 내가 하는 일들이 도대체 내 인생에 무슨 의미가 있을까?'

그동안 여러 가지 힘든 일에도 꿋꿋하게 잘 버텨 왔는데 오늘따라 갑자기 이렇게 마음이 약해지는 걸까? 아마도 잃어버린 기억들에 대한 아쉬움과 허탈함 때문이리라……

카이로에서 맞은 마흔네 번째 생일

이집트 카이로에서 마흔네 번째의 생일을 맞았다. 세계일주를 떠나기 전부터 우리 가족은 각자의 생일을 어느 나라에서 맞을지 궁금해했었는데, 내가 우리 가족 중에서 처음으로 생일을 맞게 된 것이다.

아내와 아이들로부터 감동적인 생일 선물을 받았다. 각자가 나누어서 생일 선물을 준비했는데, 민정이는 비디오로 생일날의 모습을 담았고, 민수는 파워포인트로 그동안의 사진을 합성해서 슬라이드를 만들어서 보여 주었고, 현정이는 그림으로 카드를 만들었고, 아내는 축하 엽서를 곱게 썼다. 꽤 오래전부터 온 가족이 준비한 듯했다.

피라미드가 보이는 피자헛에서 생일 파티를 했다

  아이들과 아내로부터 소중한 선물과 편지를 받고 나니 다시 여행할
힘이 생겨났다.

  내 생일 날에는 피라미드 입구 바로 앞에 있는 피자헛에서 피자를
먹으며 피라미드와 스핑크스의 야경을 지켜보면서 '빛과 소리의 쇼'
를 관람하기로 오래전부터 약속을 하고 있었다. 전망이 좋은 피자집
2층과 3층에는 우리 외에도 피자를 시켜 놓고 빛과 소리의 쇼를 관람
하는 사람들이 많았다. 제대로 보려면 비싼 돈을 주고 입장을 해야 하
나 굳이 돈을 내지 않고도 보는 데는 큰 지장이 없었다.

  시시각각 색깔이 변하는 황홀한 피라미드의 야경과 함께 나의 마흔
네 번째 생일의 밤도 깊어가고 있었다. 그리고 이집트에서의 마지막
밤도 깊어가고 있었다.

피라미드의 석양

형제의 나라,
터키
06_ The country of brotherhood, Turkey

이스탄불 문화 관광 축제

이집트와 그리스, 터키 3개국을 40일간 여행하기로 계획을 세웠던 우리 가족은 이집트에서 10일을 여행한 후, 올림픽이 열리고 있는 그리스 아테네로 갔다. 그러나 어마어마한 숙박비 때문에 아테네에서 1박만 하고 인류 문명의 발상지라는 터키 이스탄불로 들어갔다. 덕분에 터키에서 약 1달 정도의 여유를 갖고 여행을 할 수 있었다.

이스탄불의 구시가지 숙소 앞 술탄 아흐멧 광장에서는 '술탄 아흐멧 문화 관광 페스티벌'이 열리고 있었는데, 낮에는 관광객을 상대로 터키 음식들을 팔고, 저녁 8시부터는 무대에서 음악, 댄스 등의 공연을 했다. 절호의 기회를 만난 우리는 주최 측 책임자를 어렵게 만나서 우리 가족 소개를 했다. 우리도 이 페스티벌에서 공연할 수 있는지 문의했더니, 행사 시작 전에 해도 좋다고 기꺼이 허락한다. 역시 터키는 한국 사람에게 우호적이다.

같은 숙소에 머물고 계신 우리나라 선생님들과 수제비 파티로 저녁 식사를 한 후 공연장으로 향했다. 공연을 보기 위해서 수많은 사람이 무대 주위로 몰려들었다. 7시 30분에 드디어 우리는 커다란 무대 위로 올라갔다. 수천 명의 관중이 무대 주위로 몰렸고, 나는 영어로 만든 우리 가족 소개서를 큰 소리로 읽었다. 여기저기서 한국 관광객들이 '멋있어요! 대단해요! 공새미 가족, 파이팅!' 함성을 외치며 열렬하게 호응을 해 주었다. 마치 한국에서 공연하는 것처럼 마음이 편했다.

20여 분간 공연을 했는데, 마이크가 없어 소리가 작게 들려서 아쉬웠다. 사실 우리 가족이 하는 사물놀이는 야외에서 할 경우에는 소리가 적은 것이 흠인데, 특히 오늘과 같이 무대와 관중이 떨어져 있을 때는 소리가 더욱 작게 들려서 웅장한 맛이 없다.

공연을 마치고 무대에서 내려오는 데, 수많은 터키 사람들이 몰려들어 같이 사진을 찍자고 우리를 둘러쌌고, 만나는 사람마다 멋진 공

1. 그리스 테살로니키에서 터키 이스탄불로 가는 열차 안에서 파란 눈의 그리스 아가씨들과 함께

2. 터키 이스탄불 문화 관광 페스티벌에서 공연을 하는 우리 가족

3. 우리 공연 다음에 열린 이슬람의 종교의식 중 하나라는 휠링댄스. 쉴 새 없이 돌아서 보는 사람도 어지럽다

연이었다면서 악수를 청한다. 터키에서 첫 공연을 무사히 마친 우리 가족은 앞으로 터키에서 공연이 성공적으로 이루어질 것이라는 희망을 갖게 되었다.

괴뢰메의 바람 아저씨

간밤에 이스탄불을 출발한 버스는 잠결에 고속도로 휴게소에서 몇 번을 세우는 것 같더니 비어있던 좌석이 꽉 들어차 있었다. 아침에 눈을 뜨니 버스는 끝없이 펼쳐진 광활한 소아시아 반도의 중앙 초원지대를 달리고 있었다. 터키가 큰 나라임을 다시 한 번 실감한다.

버스를 탄 지 12시간 만인 아침 8시에 카파도키아 여행의 중심이 되는 괴뢰메에 도착했다. 버스에서 내리자마자 여행자 인포메이션이 있는데, 그곳에서 취사가 가능한 에센 펜션(일명 바람의 계곡)에 숙소를 정했다. 자신의 이름을 아흐멧(별명은 '바람 아저씨'인데 한국 관광

괴뢰메에 있는 버섯 모양의 바위들

우리 가족을 위해 사스를 연주
하는 바람 아저씨 아흐멧

객이 붙여주었다고 한다.)이라고 소개하는 30대 중반의 마음씨 좋아
보이는 아저씨가 조카들과 함께 운영하는 가족 펜션이었다.

아흐멧에게서 살아온 이력을 듣고서 왜 바람 아저씨라는 별명을 얻
게 되었는지 이해가 됐다. 지금까지 안 다녀 본 곳이 없고, 안 해 본
일이 없을 정도로 파란만장한 삶을 살아온 바람 아저씨는 한 때 이곳
의 중학교에서 터키 전통 악기인 '사스'를 가르치기도 했었다고 한
다. 사물놀이에 대해서도 많은 관심을 보이면서 이곳 괴레메 주민들
앞에서 우리가 공연을 할 수 있도록 주선해 주겠다고 했다. 여러 가지
로 이곳에 숙소를 정한 것은 우리에게 큰 행운이었다. 그날 저녁에 바
람 아저씨가 우리를 위해서 '사스'를 연주했는데, 기타보다 길쭉하고
몸통이 통통하게 생긴 사스로 연주하는 터키의 전통 음악이 처량하게
들린다.

30여 명을 수용할 수 있는 배낭여행객용 펜션에는 현재 우리 가족
외에 홍은영씨와 서양인 한 커플이 더 있을 뿐이다. 원래 이 펜션은
일본과 한국 사람들이 주로 묵는 호텔인데, 요즘은 아테네 올림픽의
영향과 일본과 한국의 경기침체 때문에 관광객이 줄었다고 종업원이
울상을 짓는다.

펜션 주인인 '바람 아저씨'가 돈을 벌러 일본으로 가겠다고 했다.
여의치 않으면 한국으로 가고……. 사연을 들어보니 안타깝다. 이 펜
션에 은행 돈을 빌려 많은 투자를 했는데 최근 들어 관광객이 줄고,
숙박 업소간의 치열한 경쟁으로 도저히 부채를 감당할 수 없어서 돈
을 벌러 떠난다고 했다.

괴레메에서 머문 지 5일째 되는 날, 아침식사를 하고 펜션 1층으로
내려가니 바람 아저씨가 컴퓨터 앞에서 끙끙대고 있었다. 그동안 이
숙소를 방문해서 명함이나 연락처 등을 남기고 간 일본인과 한국인들
의 주소와 전화번호 리스트를 뽑고 있었다. 가지고 있는 한국 사람들
의 명함과 한국인 전용 방명록도 보여주면서, 한국부터 먼저 방문하

기로 결정했다고 했다. 한국의 터키 식당에서 일을 하거나 자기가 직접 식당을 차리고 싶다고 했다. 그동안 한국에 대해 가졌던 좋은 이미지에 상처를 받을까봐 말리고 싶었지만 바람 아저씨의 마지막 희망마저 꺾을 수는 없었다.

바람 아저씨 아흐멧이 한국에 가서 일자리를 찾는데 도움이 될까 해서, 인터넷 카페에 가서 한국에 있는 터키 레스토랑을 검색해서 리스트를 종이에 적어서 아흐멧에게 건네주었다.

터키인 주방장 이름도 나와 있어서 반가운 마음에 이름을 적어서 내밀었더니 반응이 시큰둥하다. 나중에 알고 봤더니 외국에서는 터키인끼리 절대로 돕지 않는단다. 차라리 현지인들에게 도움을 청하는 게 훨씬 낫다는 이야기를 듣고는 왠지 씁쓸했다.

아흐멧과 그 조카들은 내일부터 좀 더 깨끗한 환경에서 새로운 손님을 받기 위해서, 펜션 방에 딸린 화장실 바닥의 장판을 새 장판으로 교체하느라 하루종일 땀을 흘리고 있었다. 손님이 하나도 없는 틈을 타

터키 이스탄불의 블루모스크.
아야소피아 성당 맞은편에 있는 블루모스크는 아야소피아 성당보다 화려하지 않았다.
광장에는 긴 벤치가 많아서 막내 현정이와 함께 벤치에 앉아 스케치를 했다.

서 작업을 한다고 했다. 어려운 환경에서도 꿈을 잃지 않고 사는 모습이 아름답다.

터키식으로 양 볼을 맞대는 인사를 하며, 그동안 정들었던 아흐멧의 조카들과 이별을 했다. 아흐멧은 버스정류장에 나와서 마지막 우리가 떠나는 모습을 지켜보겠다며 우리를 따라 나섰다. 아흐멧에게 나는 당신의 성공을 확신하다고 용기를 북돋아 주었더니, 나는 결코 쓰러지지 않는다며 재기에 대한 굳은 의지를 보인다. 그리고 마지막으로 나에게 '당신은 나의 빅 브라더' 라며 손을 굳게 잡는다.

착하고 부지런하고 성실한 아흐멧이 꼭 재기에 성공해서 더욱 많은 관광객에게 터키의 따뜻한 인정을 계속 베풀 수 있기를 진심으로 기원하며 버스에 올랐다.

세계일주를 마치고 고향 제주의 따뜻한 품 안에 안겨 심신의 피로를 씻고 있는데 '헬로우' 로 시작되는 한 통의 전화를 받았다. 바로 '바람 아저씨' 아흐멧이었는데, 우리가 터키에서 헤어진 지 보름 후에 한국으로 왔다고 했다. 우리는 서울로 올라오자마자 아흐멧이 운영하는 이태원에 있는 터키식당을 찾았다.

처음 한국에 와서 겪었던 여러 가지 어려웠던 일들을 덤덤하게 이야기하면서 지금 하는 식당도 인도 사람이 주인인데 빌려서 운영을 하고 있다고 했다. 찾아오는 손님도 별로 없는 5평이 될까 말까 한 열악한 환경의 조그만 식당에서 일하면서도 용기를 잃지 않는다. 우리 가족은 가끔 식당을 찾아가는데 그때마다 음식값을 받지 않아 우리를 더욱 미안하게 한다.

괴레메 주민을 위한 공연

카파도키아 지방은 자연이 빚은 돌로 만든 걸작품들로 유명하다. 1일 지프 투어를 마친 우리는 숙소로 돌아오자마자 저녁을 먹는 둥 마

는 둥하고 복색을 입고 사물악기를 챙겨서 괴레메 마을 중앙에 있는
광장으로 향했다. 이 마을의 회의 장소로도 사용되는 조그만 야외 음
악당에 사람들이 하나 둘 모여들기 시작했다. 우리가 묵고 있는 펜션
에서 오늘 저녁에 우리 가족이 공연을 한다는 소식을 마을 집집마다
돌아다니며 알렸다고 했다.

시작할 때만 해도 빈자리가 많아 썰렁하기조차 했는데, 공연이 시
작되자 마을 사람들이 점점 몰려들기 시작했다. 이곳 괴레메에서는
사물놀이 공연이 처음이라고 한다. 처음 들어보는 음악이라 모두의
관심이 뜨거웠다. 날이 너무 어두워서 사람들의 표정을 볼 수 없었지
만 우리 음악에 빨려드는 것을 느낄 수 있었다.

한국인 배낭여행객 세 명도 버스정류장에서 버스를 기다리다 소리
를 듣고 왔는데, 괴레메에서 우리의 가락을 들을 줄은 꿈에도 몰랐다
며 즐거워한다. 그 배낭여행객은 나중에 우리 홈페이지에 다음과 같
은 글을 남겨서 우리로 하여금 더욱 힘을 솟게 했다.

1. 우리의 공연을 지켜보고 있는 카파도키아
   관중
2. 공연이 끝나고 괴뢰메 읍장으로부터 카
   펫을 선물로 받았다
3. 우리 가족 홈피에 글을 올려준 한국인 배
   낭여행객들과 함께

괴레메 읍장도 공연이 거의 끝날 무렵에 참석을 했는데, 읍장의 요청에 의해 다시 한 번 공연을 했다. 수많은 박수를 받으며 공연을 끝냈다. 괴레메 읍장이 우리 가족에게 감사의 표시로 터키산 벽걸이용 카펫을 선물로 주셨다. 여행 짐을 줄이기 위해 노력하고 있어서 난처했지만, 소중한 선물이라 가져가기로 했다.

공연을 끝낸 우리는 펜션으로 돌아와서 오늘의 공연을 주선해준 바람 아저씨와 펜션의 가족들과 함께 밤늦도록 즐거운 시간을 가졌다.

고향 생각

그동안 무리를 해서 다리의 상태가 좋지 않은 아내와 현정이는 호텔에 남기로 하고, 우리와 같은 숙소에 있으면서 거의 함께 생활을 하다시피 하는 한국인 배낭여행객 홍은영 선생님과 함께 괴레메 워킹 투어에 나섰다. 괴레메 워킹 투어는 괴레메 야외 박물관을 지나, 석양이 아름다운 로즈 벨리 계곡을 따라 약 6km의 계곡 길을 내려오는 것이다.

괴레메 야외 박물관은 온갖 암굴 동굴들의 집합체이다. 커다란 바위 속에 굴을 파서 교회를 만들었는데, 초기 기독교인들이 박해를 피해서 바위 속에 교회를 짓고, 신앙생활을 하던 곳이다. 벽에는 아직도 벽화

들이 남아있다. 주로 그리스도와 관련된 벽화들이었는데 우상 숭배를
금기시하는 이슬람교도들에 의해서 그리스도의 얼굴은 대부분 형태를
알아볼 수 없을 정도로 훼손이 되어 있었다. 벽에 남아있는 엉성해 보
이는 벽화들도 기독교 역사상 아주 중요한 위치를 차지한다.

로즈밸리 계곡을 따라 내려오는 길에는 산포도, 야생사과, 산딸기
등 먹을 것들이 지천에 널려있었다. 나는 초등학교 시절을 떠올리며
손과 입을 바삐 놀렸다.

우리 집은 초등학교에서 약 2km 정도 떨어져 있었다. 큰 길도 있었
지만 우리는 큰 길로 다니지 않고 항상 냇가의 길을 따라서 등하교를
했다. 제주도의 냇가가 대부분 그러하듯 평소에는 말라붙었다가 1년
에 장마철 며칠 동안만 물이 흐르는 건천이었다.

이 냇가에는 봄부터 가을까지 먹을 것들이 풍부했다. 삼동, 도꼬리,
산딸기, 찔레꽃 열매 등……. 농작물로 재배하는 유체의 순도 가끔 우
리들의 표적이 됐고, 겨울에는 땅을 파서 저장해 놓은 고구마 역시 우
리들의 표적이 됐다. 이런 온갖 유혹들을 뿌리치며 학교 가기가 쉽지
않았다. 아침 일찍 집을 나서지만 지각을 하기가 일쑤였다.

상대적으로 시간이 많은 하교 길에는 책 포를 등에다 질끈 동여매
고 냇가를 누비고 돌아다닌다. 학교 끝나면 일찍 집에 와서 밭일을 도
와야 한다는 부모님의 말씀은 잊은 지 오래다. 정신없이 냇가를 누비
다 보면 해가 서쪽에 걸려 있다. 아차, 정신을 차렸을 때는 이미 늦었
다. 생선을 훔쳐 먹다 들킨 고양이처럼 슬금슬금 집안으로 들어간다.
여지없이 부모님의 호통이 떨어진다. 그러나 이 호통도 다음날이 되
면 머릿속에서 깨끗이 지워져 버린다.

몇 년 전에 공새미의 최근 모습이 보고 싶어서 냇가를 찾았을 때,
인적이 끊긴 지 오랜 냇가에는 가시덤불만 무성하게 자라고 있었다.
먹을 것, 볼 것이 풍부한 시대에 냇가는 더 이상 어린이들의 놀이터가
되지 못했다. 어렸을 때 보았던 커다란 바위와 넓은 냇가가 왜 이렇게
조그맣고 초라해 보이던지…….

1. 괴뢰메의 바위 속 주거지들
2. 석양이 아름다운 로즈 벨리
3. 괴뢰메의 석양 풍경

터키의 지중해 연안도시인 아름다운 안탈리아 항구

　제주도와 마찬가지로 워킹 투어를 하는 이곳 계곡도 화산 지형이라 자라는 식물들도 비슷하고, 계곡의 형태도 비슷하다. 아직 덜 익은 계곡에 지천으로 널려 있던 상큼한 청포도는 군침을 돌게 한다.

아내의 김치 특강

　터키의 지중해 연안 도시인 안탈리아의 우리가 머무는 숙소에는 20대 중반의 고스케(康介)와 사사끼(佐佐木)라는 두 일본인 배낭여행객이 있는데, 아내가 만든 양배추 김치를 한 번 먹어 보더니 그 맛에 감탄을 한다.

　이후로 식사 시간마다 불러서 같이 식사를 하곤 했는데 신세대 일본인들답게 당돌하고, 활달하고, 감정 표현이 솔직하다. 지금까지 회사에서 일 때문에 만난 일본인들과는 전혀 다르다. 일본인들에 대한 선입관이 다시 벗겨지는 순간이다.

　김치를 만드는 방법을 가르쳐 달라고 하도 졸라서 우리가 머무는 펜션의 일본인 배낭여행객들과 안주인을 대상으로 아내가 김치 만드는 법에 대한 특강을 했다. 이론뿐만 아니라 실습도 겸해서…….

　김치도 우리의 전통 음식 문화 중 하나이기 때문에, 우리의 전통 문화를 알린다는 점에서는 사물놀이와 일맥상통한다. 음식 만드는 것을 좋아하는 아내에게는 또 다른 즐거움이고, 그동안 갈고 닦은 음식 솜씨를 마음껏 발휘할 수 있는 기회가 됐다.

　먼저 김치를 만드는 재료를 구입하기 위해 학생들(일본인 배낭여행객, 주인 아주머니)을 데리고 수요일마다 선다는 시장으로 갔다. 주로 과일과 야채를 파는 시장이었는데 규모가 엄청나다. 배추가 없어서 결국 양배추와 오이로 김치를 담그기로 하고 싱싱한 재료 고르는 법부터 실습이 시작됐다. 고춧가루, 마늘, 풋고추 등 김치에 넣을 각종 양념을 구입해서 숙소로 돌아왔다.

학생들은 마늘을 다지고, 풋고추를 썰었고, 아내는 양배추를 소금
에 절였다 꺼내서 함께 김치를 담갔다. 모두 신기해하면서 열심히 도
와준다. 그리고 일본인들답게 순서를 열심히 메모한다. 아내도 이렇
게 재미있게 김치를 담가 보기는 처음일 것이다.

김치를 완성한 후에 학생들에게 맛을 보게 했더니 '오이시이(맛있
다)'를 연발하며 감탄을 한다. 과장된 감정 표현이 싫지는 않다. 김치
만드는데 참가한 학생들에게 김치를 조금씩 나누어 주는 것으로 '김
치 만드는 법' 특강이 끝났다.

터키 여행을 끝내고 미국을 여행하면서 가끔 고스케, 사사키와 메
신저를 했는데, 그때마다 아내가 알려준 데로 김치를 맛있게 담가 먹
고 있노라고 연락을 하곤 했었다.

며칠째 일본인 배낭여행객인 고스케와 사사키는 우리와 같이 식사
를 하고 있다. 둘 다 재미있는 친구들이다. 식사가 끝나고 나면 설거
지는 늘 그들 담당이었다.

그 중 사사끼는 올해 25살로 사범대학 가정교육과를 졸업한 친구인
데, 아직 선생이 되기에는 너무 어린 것 같아서 1~2년 동안은 자유롭
게 여행을 하고 있다고 한다. 한눈에 봐도 괴짜인 그는 도수 높은 안경
에, 처음 만날 때부터 지금까지 위에 옷을 입은 것을 본 적이 없고, 머
리는 빡빡 밀어서 마치 교도소에 있다가 방금 나온 사람의 모습이다.

기타를 가지고 다니면서 자신이 직접 작사, 작곡한 노래도 연주하
는데 솜씨가 보통이 아니다. 우리 가족의 모습을 보면서는 자기가 졌
다며 항복을 했지만 자유인 냄새가 풀풀 나는 친구였다.

터키에서의 공연 허가받기

긁어 부스럼이란 말이 있는데, 셀주크에서 공연 허가를 받기 위해
며칠 간 경찰서를 찾아 뛰어다닌 일에 딱 맞는 비유인 것 같다. 사실
터키에서는 공연을 위해서 특별히 경찰에게 이야기할 필요가 없다.

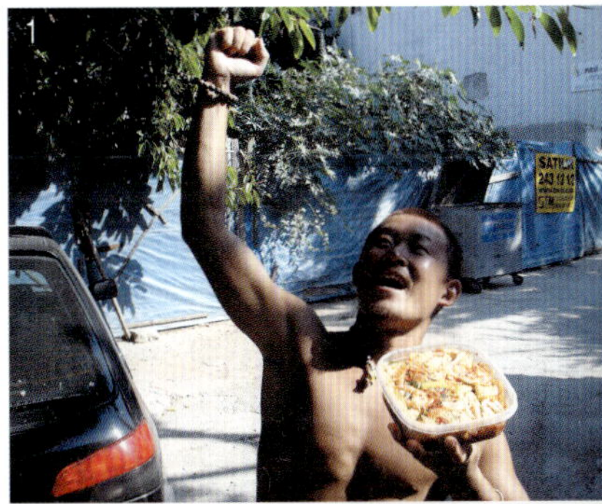

1. 아내와 함께 만든 김치를 들
   고 익살스러운 표정을 짓는
   사사키

2. 숙박객들과 함께하는 언제
   나 즐거운 식사시간

이스탄불에서나 안탈리아에서도 아무 문제없이 공연을 했고, 경찰들이 바로 옆에 있었음에도 오히려 재미있게 구경만 할 뿐 아무 제재도 없었기 때문이다.

어제 길을 가다가 조그만 경찰서가 보이기에 들어가서 우리 가족의 사물놀이를 하면서 세계 일주하는 것을 이야기하고 셀주크에서 공연을 해도 되느냐고 물어보았다. 좀 더 마음 편하게 공연을 하기 위해서였다. 필요한 인적 사항과 공연 내용이 무엇이고, 왜 이곳에서 공연을 하려고 하는지 등에 대한 내용을 종이에 자세히 써내라는 이야기를 듣는 순간 '아차 잘못 걸렸구나' 하고 후회를 했다. 하지만 이제 포기할 수도 없다.

즉석에서 A4용지에 영어로 써서 냈더니, 오늘은 일요일이어서 안 되고 내일 아침에 그 종이를 가지고 경찰서 본부에 가라고 한다. 겨우 며칠을 머무는 여행자인 우리로서는 조금의 시간이라도 아껴야 하는데 이렇게 또 시간을 낭비하게 되다니…….

다음날 아침 에페수스 유적지에 가기 전에 경찰서를 찾아가서 어제 작성한 서류를 내밀었더니, 영어를 아는 사람이 없다고 'Please wait 5 minutes' 라고 한다. 터키에서의 5분이 얼마나 긴 시간인지를 아는지라 나중에 온다고 서류만 맡겨 놓고 에페수스 유적지를 보러 나갔다가 오후 5시가 넘어서 경찰서에 들렀더니 책임자가 기다리다가 퇴근을 했다면서, 일단 오늘 공연은 허락하고, 정식 공연 허가서는 내일 내어 주겠단다. 그나마 다행이었다. 'Thank you, thank you'를 반복하면서 경찰서를 나왔다.

다음날 오후에 다시 경찰서를 찾아갔는데, 몇 개의 항목을 더 물어보더니 한 시간 후에 오란다. 그래도 포기할 수 없어서 마지막으로 오후 4시에 경찰서에 들러 공연 허가를 드디어 받아냈다. 세계일주 후 처음으로 경찰서에서 공식적으로 공연허가를 받은 것이었다.

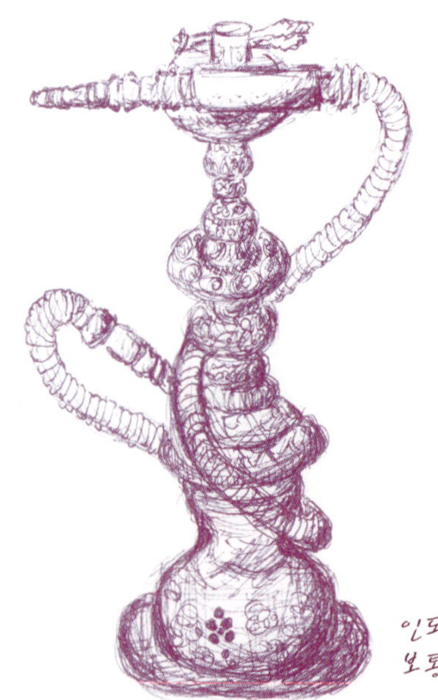

셀주크의 한국전 참전용사

주인 아주머니가 해준 터키식 전통 음식을 맛있게 먹고, 공연복으로 갈아입은 다음 셀주크의 중심 거리로 향했다. 할아버지, 할머니, 손자까지 주인식구 6명과 숙소의 일본인 배낭여행객 3명, 홍은영씨까지 해서 무려 15명의 대부대가 움직였다.

셀주크는 인구 3만 명 정도의 조그맣고 조용한 도시이다. 그러나 유명한 유적지인 에페수스가 바로 근처에 있어서 그곳을 들르는 관광객들로 인해 시내 중심가는 항상 활력이 넘친다. 공연하기에는 이런 도시가 가장 적당하다.

마침 시내 중심 광장에는 무대가 마련되어 있고, 군인 페스티발 행사가 열리고 있었다. 수백 명의 관중이 운집해 있고, 전통 군인복장을 한 군인들이 나와서 음악에 맞추어 춤을 춘다. 오늘이 바로 그리스와 전쟁에서의 승전기념일이라고 한다. 바로 옆에서 '쾅, 쾅' 하고 축포를 쏘아댄다. 악기라고는 우리의 태평소, 북과 비슷한 것이 전부인데 들으면 들을수록 우리의 풍물가락과 비슷하다. 가락이 단순하고 같은 가락이 끝없이 반복되는 그 가락에 맞추어 천천히 돌아가면서 춤을 추는데 그 모습이 우리의 시골 노인들의 어깨춤 사위와 너무 비슷하다. 군인들은 은퇴한 늙은 군인부터 현역 군인까지 다양하게 나와서 춤을 추는데, 역시 현역 군인들의 동작이 활발하다.

바로 이런 무대의 중간에 우리 가족이 사물놀이 공연을 하게 된 것이다. 이미 분위기는 무르익을 데로 익은 터라 우리가 공연을 시작하기가 무섭게 일부 관중은 일어나서 덩실덩실 춤을 추기 시작했다. 일부 군인들은 축포를 쏘며 분위기를 고조시켰고, 너무나 흥에 겨워 우리도 신이 절로 났다.

수많은 관중의 박수를 받으며 공연이 끝나자 한국전에 참전했던 참전 용사 두 분이 나오더니 우리 가족을 반갑게 포옹한다. 우리 아이들을 보고는 마치 손자들을 대하듯 사랑스럽게 볼을 어루만진다. '코리

1. 셀주크 근처에 있는 에페수의 로마 유적지
2. 안탈리아에서 만났던 일본 친구들을 셀주크에서 다시 만났다. 고스케, 유이치로, 게스케.
3. 셀주크에 있는 성 요한 교회 유적지

1. 셀주크 시내 광장에서 공연
2. 공연이 끝난 후 한국전 참
   전 용사들과 함께
3. 셀주크에서 정들었던 바림
   펜션 식구들과 함께

아 원더풀, 아이 러브 코리아' 하며 엄지손가락을 위로 추켜올리면서 의정부, 부산, 포천 등 자신이 전투에 참여했던 지명을 줄줄이 외고 있다.

전쟁의 추억이 되살아나는 듯 잠시 생각에 잠기는 듯하더니 오른쪽 가슴에 걸린 훈장을 자랑스럽게 내보인다. 아마도 한국전 참전 당시 받은 훈장인 것 같다. 그러면서 자신들이 먹으려고 앞에 놓아두었던 콜라, 사이다 등 음료수를 우리 아이들에게 나누어 주었다. 터키에 오면 참전 용사를 꼭 만나고 싶었는데, 오늘 그 소원을 이룬 것이다. 한국을 사랑하는 사람들에게 우리가 해 줄 수 있는 것은 우리의 음악을 들려주는 것이 전부였다.

공연을 마치고 한참 동안 페스티벌을 구경했다. 보면 볼수록, 들으면 들을수록 음악도 춤사위도 우리와 닮은 점이 많다. 터키가 우리와 같은 전통을 공유하는 우리의 이웃임을 다시 한 번 실감하게 됐다.

매일 반복되는 일상과는 달리, 항상 낯선 세상을 접하게 되는 여행 중에 겪는 일들은 또렷하게 기억에 남는다. 하루하루가 우리 가족에게는 소중하고 의미 있는 나날들이지만 오늘의 감동적인 공연은 오래도록 기억에 남을 것 같다.

세계일주 나온 이후로 터키에서만큼 우리 가족이 마음 편하게 지낸 적은 없었다. 싼 물가와 배낭여행객들을 위해서 잘 갖추어진 여행 인프라, '형제의 나라' 라며 좋아하는 터키 사람들. 공연도 터키에서만큼은 길거리 어디서든지 마음 놓고 했다. 경찰들이 오히려 공연을 구경하며 질서를 잡아 줄 정도로 우리 음악에 대해서도 호의적이었다.

안탈리아에 있을 때 한번은 카메라를 맨 사진기자와 신문기자가 숙소로 찾아온 적이 있었다. 우리가 한국의 사물놀이를 하면서 세계일주를 하고 있다는 사실을 알고는 숙소 주인이 신문사에 제보를 한 것이었다. 그러면서 사진을 찍을 수 있도록 숙소에서 연주를 해 달란다. 연주가 끝나고 나서 내가 왜 우리를 취재하느냐고 물었다. 그들은 터키 사람들은 한국 사람들에 대한 관심이 너무 많아서 한국 사람들의

일거수일투족은 항상 큰 뉴스거리가 된다면서 한국인 가족이 세계일
주를 하면서 터키에 들른 것만 해도 큰 뉴스거리인데, 터키에서 한국
의 전통 음악을 공연까지 했으니 대단한 뉴스거리라고 했다.

세계일주 중, 우리는 인도, 중국, 프랑스 등을 여행할 때 현지 신문
에 기사가 난 적이 있었는데, 모두다 한국의 한 가족이 한국의 전통음
악을 공연하면서 세계일주 중에 자국을 들렀다는 내용이었다. 하찮은
일일지는 모르지만, 우리는 우리가 하는 일이 우리 문화를 세계에 알
리면서 국위를 선양하는 것이라는 자부심을 항상 갖고 있었다.

터키에서 맞은 가을

요 며칠 하루 이틀 사이에 날씨가 갑자기 선선해졌다. 남에서 북쪽
으로 이동한 탓도 있겠지만, 아침저녁으로는 쌀쌀한 기운까지 느껴진
다. 세계일주 나와서 지금까지는 한여름만 계속 되다가 처음으로 느
끼는 선선함이다.

오랫동안 묻어 놓았던 윈드재킷을 꺼내 입었다. 우리나라 가을과
마찬가지로 이곳도 구름 한 점 없는 청명한 하늘이다. 여행하기에는
딱 좋은 날씨인데 어쩐지 마음 한구석이 허전해진다. 나는 아직도 가
을을 타나 보다.

버스를 타고 이스탄불로 오면서 귀국을 해서 무엇을 할 것인지 생
각해 보았다. 역시 가을이 되니 생각이 많아진다. 세계일주가 끝나고
나도 세상은 변하지 않을 것이다. 하지만 내가 세상을 보는 눈은 많이
변했을 것이다. 내가 보는 세상이 많이 변했으니 결국은 세상이 변한
것이나 마찬가지이다.

각자 생각하고 느끼는 세상이 있을 뿐 객관적인 세상은 존재하지
않을지도 모른다. 내가 사라지는 날, 내가 생각했던 세상도 같이 사라
질 것이고 내가 생각하는 관념 속의 우주도 없어질 것이기 때문이다.

1. 터키 파묵칼레. 눈처럼 하얀
   것은 석회붕이고, 물은 미지
   근한 온천수이다
2. 석회붕에서 일광욕을 즐기
   는 사람들

한 번 왔었다고 이스탄불이 가까워 오자 마치 고향 가는 것처럼 가슴이 설렌다. 이스탄불 오토가르에 내리자 고향에 온 것처럼 마음이 편하다. 아나돌루 호텔 아줌마와 재회의 기쁨을 나누었다.

불과 보름 전, 우리가 이곳을 떠나기 전만 해도 여행객들로 북적이던 호텔은 이제 너무도 조용하고, 우리 외에는 손님이 하나도 없다. 쌀쌀한 날씨와 맞물려 쓸쓸함마저 느끼게 한다.

호텔 마당 위를 덮은 포도나무 잎들도 서서히 갈색으로 시들어가고, 스치는 가을 바람에 사그락 사그락 소곤거린다. 이곳 이스탄불도 완연한 가을이다.

신대륙!
미국과 캐나다
07_America & Canada. The New Continent

고마운 호텔 종업원

미국에 온 지 4일밖에 안 됐는데 숙박비 지출이 너무 크다. 이미 각오는 하고 있었지만 유럽에서도 텐트를 치고 캠핑했던 우리 가족에게는 매일 10만 원 이상 되는 숙박비를 감당하기가 벅차다. 뉴욕, 보스턴 등 대도시가 몰려있는 동부 지방이라 숙박비가 더 비싼 것 같다. 어제 저녁 늦게 뉴욕에서 보스턴으로 오면서 간선도로변에 많다는 모텔을 눈을 크게 뜨고 찾아보았으나 보이지 않아, 결국 보스턴 초입에 있는 캠브리지라는 도시까지 와 버렸고, 100달러 이상을 주고 호텔에 숙박해야 했다. 오늘도 보스턴에서 하루를 더 머물러야 하는데, 싼 호텔을 찾아가려고 아침에 체크 아웃을 했다.

호텔 측에 주차할 수 있도록 양해를 구하고, 전철을 타고 캠브리지와 보스턴을 관광하고 돌아왔는데, 하루종일 걸어다닌 터라 온몸이 피곤하다. 다른 호텔을 찾아야 하는데 다니기가 귀찮아졌다. 이 호텔에서 흥정을 해서 좀 싸게 머물 수 있으면 이곳에서 머무는 것이 좋을 것 같다는 생각에 어제 저녁에 친해진 호텔 종업원을 찾았는데 보이지 않는다. 할 수 없이 오늘 근무하고 있는 호텔 종업원에게 우리의 소개서를 보여 주면서 우리의 넉넉지 못한 자금사정과 1년 동안의 세계 일주에 대해서 이야기했다. 우리의 영어로 된 소개서와 신문기사 등을 한참 동안 보더니 매우 의미 있는 일을 한다며 값을 얼마 정도로 해 주면 좋겠느냐고 물어본다. 나는 어제는 106$에 있었으니 오늘은 70$ 정도에 머물 수 있으면 좋겠다고 말했다.

그 말을 들은 호텔종업원이 갑자기 카운터에서 나와 밖에서 서성거리더니 종이 하나를 떨어뜨린다. 무심코 주어보니 40% 할인권이었다. 이 종이를 흘렸다고 아무 생각 없이 종업원에게 내밀었더니 어디서 났느냐면서 반색을 한다. 자신은 아무 상관없는 일이라면서 어쨌든 당신이 이것을 가지고 왔으니 이에 상응하는 할인을 해 주겠단다. 도대체 어디서 났느냐면서 다시 한 번 묻는다. 나도 얼른 눈치를 채고

길바닥에 떨어져 있는 것을 주웠다고 했더니, 당신은 행운아라면서 알 듯 모를 듯한 웃음을 짓는다.

이 상황은 카운터 앞 천정에 설치된 카메라를 보는 순간 곧 이해가 되었다. 종업원은 자기 마음대로 할인을 해 줄 수가 없어서 편법을 택한 것이었다. 아무리 시스템에 의해서 움직이는 미국 사회이지만 얼마든지 융통성 있게 운용의 묘를 살릴 수 있는 곳도 미국이다. 미국 사회의 또 다른 면을 이해할 수 있어서 기뻤다.

하버드와 MIT

보스턴은 찰스강변에 자리 잡은 아름다운 도시인데, 찰스강 북쪽에는 그 유명한 하버드 대학교와 MIT 공대가 있는 케임브리지라는 도시가 자리 잡고 있다. 영국의 케임브리지가 대학 도시이듯 이곳도 마찬가지로 수많은 대학이 몰려있는 대학 도시이다.

미국에서는 우리 아이들에게 대학을 많이 보여 주고 싶어서 여행의 시작을 하버드 대학교로 잡았다. 하버드는 대학이 아니라 하나의 도시였다. 하버드 대학 관광 안내소가 따로 있고, 하버드대학이 나온 지도를 2$에 판매할 정도로 넓다. 붉은색 벽돌로 이루어진 건물들은 울창한 나무가 우거진 숲과 조화를 이루며 조용히 자리 잡고 있다. 특히 하버드 야드라는 빨간색 벽돌 건물로 둘러싸인 가로 100m, 세로 100m 정도 넓이의 숲은 아름드리나무와 잔디가 아름답다.

건물 사진을 찍으려 해도 나무들 때문에 제대로 보이는 곳이 없을 정도로 대학 전체가 숲으로 덮혀 있다. 몇 년 전에 내가 다니던 대학을 찾아갔을 때, 그 옛날 울창했던 숲이 모두 사라지고 그 자리에 삭막한 콘크리트 건물들이 자리 잡은 것을 보고 허탈했던 기억이 났다. 우리의 아름다웠던 추억들도 삭막한 콘크리트 벽에 매몰되어 버린 느낌이었다. 효율성과 경제성이라는 명목으로 대학의 숲들이 사라져가는 우리의 현실이 안타까웠다. 사라져 가는 것이 어디 숲뿐이겠는가?

1. 하버드 대학 구내에 있는 하버드 야드에서
2. 찰스강변에 있는 MIT 공대

하버드대에서 전철로 두 정거장 떨어진 곳에 있는 MIT 공대는 생각했던 것보다 훨씬 넓었다. 하버드대가 어느 정도의 울타리로 도시와 경계가 되어 있는데 반해, MIT 공대는 특별한 경계도 없이 찰스강을 따라 길쭉하게 캠퍼스가 끝없이 펼쳐져 있다. 전철역에서 내려 대학 본관을 찾아가는 데만도 30여 분 이상을 걸어야 했다.

대학 건물 내의 복도도 일반 사람들이 들어갈 수 있도록 개방되어 있었다. 무질서해 보일 정도로 더덕더덕 붙어 있는 게시물들, 자유분방한 옷차림의 대학생들을 보고 있노라니 마치 대학 시절로 돌아간 느낌이다.

보스턴에는 또한 이곳 매사추세츠 출신인 존 에프 케네디 전 대통령의 도서관과 박물관이 있다. 그곳에는 케네디의 어린 시절에서부터 대통령에 당선이 되고, 달라스에서 암살이 될 때까지의 파란만장한 생애가 비디오, 신문, 각종 문서가 오디오에 담겨져 있었다. 당시 미국 국민들을 감동시켰던 그의 리더십은 오늘날까지도 계속 돼서 이곳을 방문하는 사람들에게 전해지고 있다.

달라스에서의 암살 소식을 전하는 TV앵커의 긴박한 목소리가 전해지고, 그 벽면 위에는 다음과 같은 문구가 적혀 있었다.

'A man may die, nations may rise and fall, but an idea lives on'
– John Fitzgerald Kennedy –

자유의 나라에서 자유를 생각하다

　누가 뭐래도 미국은 자유의 나라이다. 미국 독립의 가장 큰 정신은 자유이고, 자유는 인간의 가장 중요한 가치 중 하나이다. 나는 미국이라는 나라의 패권주의적인 권력은 싫어하지만, 이 나라가 갖고 있는 다양성과 자유는 좋아한다.

　미국이라는 나라는 그 땅의 주인이었던 원주민들을 몰아내고 객들이 와서 세운 나라이다. 건국하면서 원래 주인들에게 행한 못된 짓들은 비판받아야 마땅하지만, 아무런 기득권도 없는 객들이 모여서 공정한 게임의 규칙을 만들고 인간의 자유를 최대한 보장하는 사회 시스템을 만든 것은 인간의 역사에 아주 중요한 전환점이 되었던 것을 인정해야 한다. 때문에 프랑스 대혁명과 함께 미국의 독립을 근대 세계사에서 가장 중대한 사건으로 다루는 것일 것이다.

　우리는 어릴 때부터 자유를 이야기할 때마다 무절제한 방종과는 구분을 해야 한다고, 방종의 위험성을 필요 이상으로 강조하는 교육을 받아 왔다. 즉, 자유의 참뜻을 배우기도 전에 방종이라는 개념을 주입시켜서 자유에 대한 막연한 불안감을 심었고, 자유에 대한 부정적인 이미지만을 강조한 것이다. 이것은 아마도 부조리한 독재 권력을 유지시키기 위해, 부조리한 권력에 대항하는 것을 방종으로 간주하게 만듦으로써 독재 권력에 대한 저항을 근본적으로 막기 위한 교육 지침이 아니었나 생각해 본다.

　나는 여러 가지 조작해 낸 특수상황 때문에 독재정권 하에서 자유가 구속당하는 것을 당연하다고 생각하면서 살아왔다. 그러나 우리의 기본 적인 자유를 억제할만큼의 중대한 사건은 없었음에도 불구하고 지레 겁을 먹고 다른 자유도 겁을 먹고 누리지를 못했던 것 같다.

자유 중에서도 가장 중요한 것은 선택의 자유이다. 우리는 일상에서 의식적이든, 무의식적이든 수많은 선택을 하면서 살아가고 있다. 그러나 대부분의 사람은 자신에게 선택할 수 있는 자유가 있다는 것을 망각하고 산다. 상황에 의해서 그렇게밖에 할 수 없었다고 강변하면서 삶을 자신의 의지가 아닌 다른 사람의 의지로 살아가는 것이다.

선택의 자유에는 분명히 책임이 따른다. 그러나 그 책임이 두려워, 선택한 결과가 어떻게 될까 두려워 선택의 자유를 포기하는 것은 정말 어리석은 일일 것이다. 책임에 의해 자유가 결정되는 것이 아니라 자유가 먼저이고 책임은 뒤따르는 것이라고 생각한다. 그런 의미에서 나는 세계일주라는 것을 선택했고 결과에 대한 책임도 내가 지고 있을 뿐, 그 외는 아무것도 아니다.

토론토 시청

토론토 타운타운을 거닐며 우리 자신을 보다

캐나다 토론토 시내에 있는 건물들은 똑같은 형태의 건물이 하나도 없을 정도로 건물마다 모두 개성이 있다. 도로는 우리에 비해 훨씬 비좁고 차량도 많지만 사람들은 우리보다 여유있어 보인다.

자연환경만을 놓고 볼 때 지금까지 다니면서 대도시 중 우리의 서울만큼 아름다운 자연을 가진 도시를 보지 못했다. 하지만 안타깝게도 무질서한 개발이 자연과의 조화를 해치면서 자연도 파괴하고 인간의 심성도 파괴하는 것 같다. 캐나다나 미국에서 하는 지나칠 정도의 자연보호를 보면서 우리도 후손들에게 물려줄 진정한 유산이 무엇인가를 다시 한 번 생각해 본다.

먹고 살기 힘들다는 핑계로 우리는 너무나 소중한 것들을 잃어가고 있는지도 모른다. 당장 돈이 되는 것 이외에는 무관심한 우리들이다. 돈이 되는 것은 무엇이든 팔고, 돈이 되는 일은 무엇이든지 하는 사람들이 모여 사는 나라가 우리나라이다.

정권이 바뀔 때마다 가장 큰 관심사는 경제요, 술자리에서 하는 이야기의 대부분은 주식 투자해서 돈을 얼마 벌었고, 집을 사서 얼마를 남겼다는 이야기들뿐이다. 사회도, 기업도, 가정도, 개인도 돈이라는 한 방향을 향해 정렬되어 있다. 권력도 돈을 모으기 위한 수단으로 전락하면서 권력과 부의 추잡한 밀월이 아직도 끝나지 않고 있다.

그러나 안타깝게도 우리 의지대로 우리나라의 경제가 흥하고 망하지 않는다. 세계의 금융시장을 지배하는 미국 큰 손들의 투기 자본에 의해서 세계 경제가 좌지우지된다는 것은 이미 잘 알려진 사실이다. 성실하게 일해서 조금씩 돈을 모으는 사람과 사회를 비웃기라도 하듯 세계경제는 투기꾼들에 의해서 움직이고 있는 것이다.

우리는 경제가 안 좋으면 경제 정책을 탓하고, 정권의 무능함을 탓하지만 요즘과 같은 세상에서 우리나라가 경제부흥을 위해 우리가 할 수 있는 일은 별로 없다. 다만 우리와의 교역 상대국인 미국, 일본, 유럽의 경기가 살아나기를 바라는 쪽이 더 현명한 일인지도 모른다. 우리만으로는 한계가 있고 우리의 의지만으로 되는 것은 아니다.

사정이 이런데도 우리는 우리가 제대로 통제도 하지 못하는 경제에 온 사회가, 온 국가가 매달려 있으니 다른 일들에는 자연히 소홀해 질 수밖에 없는 것이다.

그러나 더 큰 문제는 돈을 좇아가는 사이에 우리는 잃어버리는 것이 너무 많다는 것이다. 더 소중한 것들에 무관심한 대가를 반드시 치러야 할 것이다. 그것들이 바로 요즘 부쩍 늘어나는 범죄와 사회악으로 나타나고 있고 이 현상은 앞으로 더욱 심해질 것임이 틀림없다. 때문에 지금부터라도 경제정의가 살아있는 사회로 만들어야 한다. 사회정의가 살아있는 사회로 만들어야 할 것이다.

경제정의가 국민소득을 높이는 것보다 우선시 되어야 하고, 사회정의가 질서보다 우선시 되어야 할 것이다. 경제정의와 사회정의가 이루어지지 않는 사회에서의 호황과 질서는 사상누각에 불과하기 때문이다. 반면에 경제정의와 사회정의만 제대로 갖추어 있으면 불황이 되고 질서가 흔들리더라도 큰 걱정이 없다.

그러나 이런 것들을 위해 내가 할 수 있는 일이 무엇일까 생각해 보면 가슴이 답답해진다. 내가 할 수 있는 일은 나만이라도 다른 방법으로 살아가는 것밖에 없다. 돈이 삶의 전부가 아니고, 돈에 묻혀서 그동안 잊었던 많은 소중한 것들을 하나 둘 끄집어내는 것이다. 누가 아는가? 그런 나의 모습이 한 사람의 마음을 움직일지? 아니 다른 사람에게 보여주기 위한 삶이 아니기 때문에 상관없다. 나 자신이 그렇게 살아서 좋으면 되는 것이다. 남에게 보이는 삶보다는 진정한 나 자신의 삶이 더 소중하기 때문이다.

한국에 돌아가면 주변 환경이 이런 삶을 살도록 가만히 내버려 두지 않을 것이다. 그럴 때마다 누군가가 말한 다음의 구절을 떠올리며 나 자신을 채찍질하고 싶다.

'용기를 내서 당신이 생각하는 데로 살지 않으면, 머지않아 당신은 사는 데로 생각하게 된다'

많은 것을 포기하고 감행한 세계일주의 경험은 앞으로 내 인생에 큰 자신감과 용기를 줄 것이라고 토론토의 다운타운을 거닐며 생각해 본다.

미국 문화의 진수

우리가 인정하던 하지 않던, 싫든 좋든 간에 현재 우리가 누리고 있는 현대의 기술문명 대부분은 미국에 그 뿌리를 두고 있다. 현대 기술과 소비문화가 싫어서 은거 생활을 하는 사람이라면 몰라도, 대부분의 사람은 현대 기술 문명의 혜택을 받고 있는 것을 인정하지 않을 수 없다.

나도 경박한 미국의 대량 소비문화를 싫어하고 그 영향을 받은 우리나라의 졸부 문화 역시 혐오하는 사람 중 하나이다. 그러나 오늘 내가 헨리포드 박물관과 그린필드 빌리지를 통해 접한 미국 문화는 결코 천박하지도 않았으며, 배금주의도 아니었다.

원래 미국이라는 나라는 영국의 식민지 정책과 고루한 전통에 반기를 든 모든 인간은 평등하다는 합리적인 사고를 하고 있는 사람들에 의해서 건국된 나라이다. 그리고 미국 문화의 근간은 합리적인 사고와 창의성을 기반으로 하면서 인류의 행복과 평화를 위하여 이바지하는 것이었다. 그리고 이러한 이상들은 링컨, 에디슨, 포드 등 위대한 정치가, 발명가, 사업가들에 의해서 실현되어 왔다.

개인의 부가 사회를 위하여 고귀하게 쓰이고, 복리를 최우선으로 생각하고 인간의 창의성을 존중하고, 인간에게 평등한 교육의 기회를 제공하는 것이 바로 미국 문화의 진수이다. 유럽의 전통을 고집하는 폐쇄적인 문화에서 탈피한 이러한 혁신적인 문화 덕분에 미국은 지금 세계를 이끌어가는 나라로 성장할 수 있었을 것이다.

그러나 이러한 문화의 혜택을 받은 권력에 눈이 먼, 자기 혼자만의 출세에 눈이 먼 정치가와 사업가들이 이 문화를 변질시켰고, 자신에게 이익이 되는 것만 추려서 받아들이는 몰염치한 우리나라의 일부 기득권 세력에 의해 다시 한 번 왜곡되었다.

외국의 문화가 일단 우리나라로 들어오면 맹목적으로 변하는 것 같다. 유교도 사람을 위한 유교가 아닌 유교를 위한 유교로 변했고, 기독교도, 민주주의도, 공산주의도 이념을 위한 이념이 되어서, 그 본래 목적을 상실해 버린다. 모든 이념과 종교도 궁극적으로는 모두 인간이 어떻게 하면 인간답게 잘 살 수 있을까에 대한 방법론의 차이가 아닌가? 그것을 잘 응용해서 우리의 실정에 맞게 운용을 하면 되는데 오히려 이

1. 헨리포드 박물관 앞의 헨리
   포드 동상
2. 헨리포드 박물관에서는 세
   계의 자동차 역사를 한눈에
   볼 수 있다

념의 노예가 되어 버리는 것이 안타깝다. 중요한 것은 이데올로기가 아니라 그것에 깃든 근본정신이고, 그것을 운용하는 사람들일 것이다. 훌륭한 법 체제를 갖고 있으면서도 아무도 법이 만인 앞에 평등하다고 믿는 사람이 없는 것도, 법이 잘못된 것이 아니라 그것을 운용하고 집행하는 사람들과 사회 시스템에 근본 적인 문제가 있는 것이다.

자동차 왕인 헨리포드가 사회에 기여하기 위해 만든 거대한 박물관인 헨리포드 박물관은 단순히 자동차의 박물관이 아니라 미국 기술 문명의 발전사를 한눈에 볼 수 있도록 만든, 미국 문화의 진수를 볼 수 있는 곳이다. 그곳에는 즐거운 놀이 공간이 있고, 창조, 창의를 통해 인간의 행복을 위한 노력, 인류의 평화를 위한 노력이 숨겨져 있었다.

헨리포드 박물관 옆에는 헨리포드가 넓은 대지 위에 야심적으로 조성한 그린필드 빌리지가 있는데, 미국의 개척 시대의 마을을 재현해 놓은 곳이다. 에디슨의 연구실, 라이트 형제의 자전거 방 등 미국의 역사와 문화발전에 기여한 인물들의 집들을 원형 그대로 복원해 놓았다. 마치 1800년대의 영화에 나오는 미국의 마을을 돌아다니는 기분이다.

헨리포드는 15살 위인 에디슨을 무척 존경했다고 한다. 이 그린필드 빌리지에도 중앙에 에디슨의 동상을 비롯해 많은 부분이 에디슨과 관련된 건축물들로 이루어져 있는데, 그 대표적인 것이 바로 에디슨의 연구실이었다. 4시간여 동안 그린필드 빌리지를 천천히 돌아다니며 현대 문명에 기여한 위대한 발명가와 사업가의 자취를 더듬었고, 또한 그들로부터 많은 영감과 통찰력을 얻을 수 있었다.

또 하나의 미국 문화 로큰롤

클리블랜드에서는 '로큰롤 홀 오브 페임 & 박물관' 이라는 긴 이름의 박물관이 있는데 우리말로 번역하면 '록의 명예 전당 및 박물관' 쯤

1. 그린필드 빌리지 내를 운행하는 최초의 상용 자동차인 T형 승용차
2. 그린필드 빌리지에 있는 에디슨 동상

될 것이다. 미국의 대표적인 대중문화의 하나인 록 음악을 종합적으로 정리한 박물관인데 미국 내에서는 가장 규모가 큰 록 박물관이다.

이 록 박물관이야말로 박물관 하면 수천 년, 수백 년 전의 조상들의 체취가 풍기는 물품을 전시한다는 고정관념을 완전히 깨버린 곳이다. 문화는 바로 우리 곁에 있으며 우리와 동시대의 문화라고 해서 결코 경박하거나 우습지 않다는 사실을 보여주는 박물관이었다.

이곳에는 엘비스 플레스리가 있고, 존 레논이 있고, 마이클 잭슨이 있고, 수많은 현대 미국 문화를 주도해 온 스타들이 자리 잡고 있었다. 입구에 놓인 아름답고 커다란 기타 모형들이 이 박물관의 분위기를 예고해 주고 있었다.

11시 30분에 입장해서 3시에 나올 때까지 몸과 마음은 록(Rock) 음악에 흠뻑 취해 있었다. 록 음악에 대해 새롭게 이해하는 계기가 됐다. 왜 그렇게 록 음악에 젊은이들이 열광하는지 알 것 같다. 나도 박물관에서 쉴 새 없이 흘러나오는 록 음악을 듣고 있으려니 혈기 왕성한 20대로 다시 돌아간 느낌이고 비디오 화면에 보이는 흥분한 관중 속으로 들어가 함께 고함을 치고 싶은 충동을 느꼈다. 역시 음악의 힘은, 록의 힘은 대단했다.

록은 단순히 한 시대에 잠깐 유행했던 음악이 아니라 미국, 아니 세계의 어엿한 하나의 문화이다. 풍족한 세대에 태어난 미국의 젊은이들에게는 근면하게 일하고 사회규범을 잘 따르고 성실하게 생활하는 것은 더 이상 미덕이 아닐지도 모른다. 개척 시대의 미덕이었던 근면, 성실과는 확연히 다른 새로운 문화가 미국의 젊은이들을 지배하고 있다.

자기가 좋아하는 것을 한다는 의미에서 사람은 누구나 평등하다. 자기가 하는 일에 대해서만큼은 자부심을 가지고 누구에게도 당당해 질 수 있는 사회가 바로 선진 사회인 것이다. 그 시대에 맞게 문화도 바뀌어 나가는 것이다. 일하는 것은 무조건 좋고 노는 것은 무조건 나쁘다는 식의 이분법적 사고를 우리도 이제는 청산해야 할 때가 아닌가?

노는 것도 엄연한 문화이다. 뼈 빠지게 일만 하는 것이 미덕인 시대는 이제 지나갔다. 지금은 열심히 일하고 열심히 노는 시대를 우리는 살고 있다. 일하는 것을 노는 것처럼 즐겁게 할 수 있다면 가장 좋지만, 못할 것도 없지 않은가? 자신의 직업을 잘 찾아낸다면 일을 정말 즐겁게 하면서 일생을 보낼 수도 있을 것이다.

무슨 일을 하던 자신의 일에 열정을 가지고 즐겁게 할 수 있다면 대접을 받는 사회가 바로 선진 사회일 것이다. 자신의 일에 긍지를 느끼지 못하고 열등감에 사로잡혀 있다면 아무리 높은 위치에 있더라도 결코 행복한 삶이 아닐 것이다.

다양성이 인정되는 사회, 남이 무슨 일을 하는지 신경 쓰지 않는 사회, 하는 일에 따라 사람의 귀천을 구분하지 않는 사회, 지연, 학연, 혈연에 따라 얽매이지 않고 모두가 진정한 독립적인 인간으로 행동할 수 있는 사회를 우리는 언제쯤 만들 수 있을까?

남의 하는 일에 존경까지는 하지 않아도 좋지만 존중해 주는 사회였으면 좋겠다. 무엇보다도 남의 하는 일에 참견을 하지 않았으면 좋겠다. 관심과 참견은 엄연히 다르다.

록에 대해서는 별로 알지도 못하고 좋아하지도 않았던 내가 몇 시간 만에 록 음악을 어느 정도 이해했고, 단순히 노래가 아니라 미국인들의 생활에 깊게 자리 잡은 또 다른 문화라는 사실을 이해할 수 있었던 것은 순전히 이 박물관 때문이다. 박물관을 하나 보더라도 역시 미국이라는 나라의 저력이 느껴지고, 이런 저력은 하루아침에 이루어지지 않았다는 것도 알 수 있었다. 유리로 둘러싸인 피라미드형 외관을 갖춘 박물관은 6층까지 온갖 전시품과 흥밋거리로 가득하다. 그냥 단순히 보는 박물관이 아닌 듣고, 만지고, 보면서 온몸으로 록 음악을 느낄 수 있도록 해 놓았다. 어느 코너를 가도 그냥 지나칠 수 없을 정도로 흥밋거리가 가득하다.

홀 전체에 하루종일 울려 퍼지는 록 음악은 감정을 고조시키면서 더욱 흥분하게 만든다. 이제야 매표소에서 표를 팔 때, 성인 하루 20$, 이틀 30$라고 적혀진 이유를 알 것 같다. 제대로 록 음악을 느끼려면 이틀은 필요하다는 의미이리라. 왜 이렇게 시간은 빨리 가는지…….

맨해튼의 중심가에서 사물놀이 공연의 꿈을 이루다

김광식 신임 뉴욕플러싱 한인회장의 요청으로 오늘은 하루종일 스케줄이 꽉 짜여 있다. 먼저 라디오 코리아 아침 방송에 출연하기 위해서 김 회장님의 차를 타고 방송국으로 향했다. 약 15분간에 걸친 인터뷰를 마치고 숙소에 와서 잠시 쉬다가 김 회장님의 차를 타고 맨해튼으로 향했다. 맨해튼 중심가에서의 사물놀이 공연의 꿈을 이루기 위해서였다.

가는 길에 사운드 퍼포먼스 퍼밋(Sound Performance Permit)을 받으려고 맨해튼 경찰서에 들렀는데, 경찰 책임자가 김광식회장님을 보더니 공연하다가 문제가 있으면 자신에게 연락을 하라면서, 그냥 공연을 하라고 한다.

맨해튼 브로드웨이와 32st가 만나는 지점에는 한국 업체들이 많이 몰려 있어서 한인 타운을 형성하고 있다. 그 중심에 우리 은행 지점이 있는데 바로 그 앞의 광장에서 공연을 하기로 한 것이다. 12시가 되자 샐러리맨들이 점심식사를 하기 위해서 밖으로 몰려나오기 시작했고, 이에 맞추어서 우리 가족의 사물놀이 공연이 시작되었다.

1. 미국 맨해튼 32st에서의 길
   거리 공연
2. 뉴욕 플러싱에서 길거리 공연

그러나 공연을 시작하자마자 문제가 생겼다. 빌딩 주인 측에서 너무 시끄럽다고 항의가 들어왔던 것이다. 그 땅은 엄연히 그 건물 소속이기 때문에 그곳에서는 공연을 못 하고, 건물에서 벗어나 길가 쪽에서는 공연이 가능하다고 했다. 자리를 옮겨서 다시 공연을 시작했다. 길가를 지나던 샐러리맨들이 하나 둘 모여들어 관심 있게 지켜보았지만, 반응은 차가웠다.

옮긴 자리에서도 또다시 항의가 계속 돼서 한인회 부회장인 변시환 박사가 태평소를 불며 우리와 함께하기로 했던 풍물 공연은 아쉽게도 할 수가 없었다. 우여곡절 끝에 공연을 마쳤지만 세계의 중심부인 맨해튼에서 공연을 했다는 것 이외에는 상처투성이의 공연이었다.

이 공연을 만회하기 위해서 이번에는 뉴욕에서 가장 한인들이 많이 모여 사는 곳인 플러싱의 중심부에서 공연을 했다. 일터에서 일을 마치고 집으로 돌아가는 시간이라 사람들이 많이 모여들었다.

낮에 맨해튼에서의 넥타이 차림의 샐러리맨들과는 달리 주부, 학생, 청소년 등 다양한 사람들이 모여들었고, 모인 사람들 수도 훨씬 많고, 반응도 더 좋았다. 특히 남미계의 미국인들은 엉덩이를 흔들며 좋아한다. 한국인 아주머니 한 분은 햄버거를 넉넉히 사 주시고, 어떤 교민들은 아이들에게 용돈도 주셨다. 반응이 너무 뜨거워서 앙코르 공연으로 웃다리 사물놀이를 한 번 더 공연했다. 역시 우리의 가락은 서민들과 함께할 때 더욱 빛을 발한다.

우여곡절은 있었지만 세계의 중심인 뉴욕에서 두 차례의 길거리 공연을 했다. 우리 가족에게는 영원히 잊지 못 할 추억으로 남을 것이다.

태양의 나라, 멕시코

08_The country of the rising sun, Mexico

민정이의 특별한 생일잔치

1. 민정이 생일을 축하해 주는 현지 고등학생들
2. 공연을 끝내고 민정이 또래의 아이들과
3. 중학교 공연을 마치고 아이들에게 둘러싸인 우리 가족

민정이의 16번째의 생일날이다. 세계일주에 나선 이후 나, 민수에 이어 세 번째로 맞는 가족의 생일날이었다. 그러나 오늘도 어제에 이어 멕시코 현지 학교인 이스파노 아메리카나 스쿨에서 두 차례의 공연 스케줄이 잡혀 있었다.

이스파노 아메리카나 스쿨은 초·중·고, 대학까지 있는 커다란 학교 재단인데, 어제 초등학교와 중학교에서 공연을 했고 오늘은 고등학교와 어제 참석 못한 중학생들을 대상으로 공연을 하기로 되어 있었다.

300여 명이 들어갈 수 있는 강당은 빈자리 없이 혈기 왕성한 고등학생들로 꽉 메워져 있고, 주체할 수 없는 젊음의 열기로 후끈거렸다.

오늘은 준규 엄마도 한복을 차려 입고 사회를 봐서 분위기가 살아났다. 먼저 고등학교 교장 선생님이 환영 인사를 하고 한국이 어떤 나라인지에 대하여 우리가 작성한 자료를 토대로 학생들에게 자세히 소개했다. 이어서 우리의 사물놀이 연주가 시작되자 강당은 쥐 죽은 듯 조용했다. 사물놀이 연주가 끝날 때마다 우레와 같은 박수와 함성이 터져 나왔고,

마지막 순서인 영남 사물놀이에서 우리가 '대~한민국'을 외치자 모든 학생들이 함께 '대~한민국'을 따라 외친다. 이미 '대~한민국'이라는 응원구호는 세계 공통의 구호가 된 느낌이다. 공연이 끝나자 여기저기서 앙코르를 외친다. 결국 현정이의 동요로 앙코르를 대신했는데 사물놀이를 할 때보다도 더 큰 박수와 함성이 터져 나왔다.

오늘이 민정이의 생일이라는 것을 아신 교장 선생님의 제의에 따라 학생들은 일제히 생일 축하 노래를 합창했는데 가슴이 뭉클했다. 이렇게 많은 사람에게서 생일 축하 노래를 선물을 받기는 아마도 민정이의 생애에 전무후무한 일일 것이다. 민정이도 너무 기쁘고 감격했

는지 얼굴이 상기됐다. 공연이 끝났는데도 학생들은 흩어지지 않고 우리 주위에 몰려들었다.

여기저기서 쪽지를 내밀면서 사인을 해 달라고 조른다. 누구부터 해 주어야 할지 난감했다. 이제야 스타들의 고충(?)을 알 것 같았다. 민정이와 민수, 나는 학생들에게 둘러싸여 사인해 주느라 정신이 없고, 현정이와 엄마는 학생들에게 끌려다니며 사진을 찍느라 바쁘다. 다음 수업시간이 시작되고 학생들이 모두 교실로 들어가면서 우리 가족은 학생들로부터 해방될 수 있었다.

이어서 12시부터는 중학교 학생을 대상으로 공연을 했는데, 열기도 고등학생들에 비해 덜했고, 우리 가족도 고등학생들에게 이미 진을 다 뺀 상태라 집중력이 떨어지면서 실수도 잦았다.

그러나 중학교 여학생들에게는 비슷한 나이 또래인 민수가 인기를 끌었다. 여학생들에게 둘러싸여 온갖 질문 세례를 받고 대답을 못해 쩔쩔매는 민수의 모습에 여학생들이 즐거워한다. 중학생들도 민정이에게 스페인어로 생일 축하노래를 합창해 주었고, 중학교 교장 선생님은 우리 식구 각자에게 가방 한 개씩을 선물로 주었다.

오늘 우리는 멕시코의 초·중·고 학생들을 만나서 순수하게 공연만 한 것이 아니라, 멕시코의 자라는 새싹들에게 한국을 알리고, 우리 문화를 접하게 했다고 자부한다.

누가 아는가? 이 아이들 중 훌륭한 인물이 나와서 오늘 우리의 사물놀이 공연이 계기가 돼서 한국에 대하여 좋은 인상을 갖고, 우리나라와 멕시코의 우호 증진에 이바지할지.

민정이의 본격적인 생일 파티는 저녁에 있었다. 멕시코에 오기 이전부터 생일날 멕시코 전통음식인 타코를 꼭 먹고 싶다는 민정이의 소원에 따라 준규네 집 근처에 있는 타코 전문점에서 생일 파티를 했다. 20여 명이 겨우 앉을 수 있는 길거리 대로변의 허름한 타코 집이었는데 맛이 그만이었다.

1. 현지 초등학교에서 사물놀이 공연

2. 생일파티는 멕시코 전통 음식인 타코 전문점에서 했다

케이크에 불을 붙이고 생일 축하 노래를 하자 옆 좌석에 있던 손님이 스페인어로 생일 축하 노래를 불러 주었다. 옆 좌석 손님들과 케이크를 나누어 먹으며 민정이의 특별한 생일 밤을 보냈다.

악땜

여행을 나오기 전 가장 걱정했던 것 중의 하나가 갑작스럽게 몸이 아프거나, 사고가 났을 때 어떻게 대처하느냐 하는 문제였다. 병원에서의 의사소통도 문제거니와 후진국인 경우에 의료 환경에 따른 2차 감염 때문에 치료를 받으면서도 걱정이 될 것 같았다. 그러나 대책이라고 해봐야 아무 일이 발생하지 않기를 비는 수밖에 별로 뾰족한 수가 없었다.

오늘 우려했던 조그만 사고가 발생했다. 멕시코시티의 꽈우떼목 구청을 몇 번을 왔다 갔다 하면서 어렵게 얻은 소칼로 광장에서의 공연 허가서를 손에 들고 악기를 택시에 실었다.

4시부터 공연인데 벌써 시간은 3시 30분이 지나고 있었다. 택시 트렁크에 북이 삐져나와 있어서 그것을 안으로 집어넣으려고 머리를 숙이는 순간에 뭔가 머리에 꽝하고 부딪힌다. 택시 기사가 힘차게 닫은 트렁크 문에 부딪힌 것이다.

충격 때문에 머리가 띵하고 따끔했는데, 조금 있으니까 괜찮아 진 것 같았다. 택시를 탔는데 머리에서 뭔가 흐르는 것 같아 손으로 닦았더니 피가 줄줄 흐른다.

아내가 보더니 깜짝 놀라며 얼른 병원에 가야겠다면서 근처의 병원을 찾았다. 다행스럽게 이전에 누군가에게 한국인이 운영하는 병원이 근처에 있다는 이야기를 들은 기억이 있어서 그곳으로 찾아갔다. 사고 장소에서 100m도 떨어지지 않은 곳이었다. 한국인 의사를 보는 순간 안심이 됐다. 놀라서 순간적으로 혈압이 많이 올라갔으나, 큰 외상은 아니니 걱정하지 말라면서 마취를 하고 4바늘을 꿰맸다.

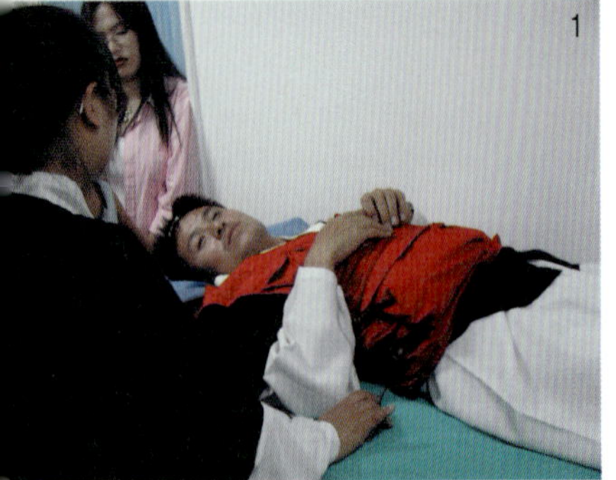

1. 머리를 다쳐 병원에 누워있는 나
2. 치료해 주신 문 박사님

의사인 문 박사님은 남미 페루에서 정부 파견 의사로 10여 년간 봉사하다가 이곳 멕시코로 와서 개업을 한 지 2년 정도 지났다고 한다. 한국에서의 편한 의사 생활을 포기하고 좀 힘들더라도 이국땅에서 의술을 펼치는 것을 더 큰 보람으로 삼으시는 분이다.

1시간 정도 휴식을 취한 후에 퇴원을 하면서 문 박사님과 면담을 했는데 상처에 대해서 자세하게 설명을 해 주셨다. 아내도 놀란 가슴을 쓸어내리면서, 의사인 문 박사님에게 감사를 표했고, 박사님은 페루에 있는 대사관과 한인회 등의 연락처와 아는 분을 소개해 주셨다.

상처를 치료하고 나니 소칼로 광장에서 공연을 못 하게 된 것이 무척 아쉬웠다. 멕시코에서 가장 유명하고, 세계에서 가장 넓은 광장 중 하나인 소칼로 광장에서의 공연 허가를 며칠 간 구청을 들락날락 거리면서 받아 놓았는데……

그러나 이만큼 다친 것으로 끝난 것은 정말 불행 중 다행이었다. 한편으로 생각하면 그동안 너무 무리해서 좀 쉬라는 메시지일 수도 있고, 페루에 아는 사람이 없어서 걱정했는데 소개 시켜주려는 의도였는지도 모른다. 어쨌든 다친 장소 바로 근처에 한국의사가 운영하는 병원이 있다는 것에서부터 '모든 일은 우리를 위하여 예비되어 있다.'는 여행 떠나기 전의 이성 선생님의 말씀이 정확히 들어맞았다.

숙소로 돌아온 후, 항상 긍정적인 측면에서 생각하는 아내와 나는 이 정도로 액땜을 해서 정말 다행이라며 포옹을 했다. 월요일 아침에 에콰도르 대사관으로 오면 즉시 비자를 발급해 주겠다는 연락이 왔다. 그렇게도 힘들게 했던 에콰도르 비자였는데, 액땜을 하고 나니 일이 술술 잘 풀리는 것 같았다.

소칼로 광장에서 공연하는 잉카 전통 춤

멕시코 한인 후손회

아침에 일어나자 기분도 상쾌하고 어제 다친 머리도 괜찮아졌다. 다만 가끔 가벼운 현기증이 느껴지는 것은 아마도 고도 때문인 것 같

1. 멕시코 한글학교에서의 공연
2. 한인 후손회에서 공연을 마치고

왔다. 오늘도 중요한 공연 두 건이 잡혀있다. 한글학교에서의 공연과 멕시코 한인 후손회에서의 공연이다.

한글학교는 우리 가족과 인연이 깊다. 지금까지 상하이의 한인학교부터 시작해서 요하네스버그, 보츠와나, 케냐, 프랑크푸르트 등의 한인 혹은 한글학교에서 공연을 해 왔다. 세계에 어디를 가나 우리 교민들이 없는 데가 없고, 우리 교민이 있는 곳은 반드시 한인 혹은 한글학교가 있었다.

해외에서 자라는 우리 어린이들에게 우리 문화를 보여주는 것도 매우 의미 있는 일이라 생각을 해서 가는 곳마다 한글학교에서의 공연을 적극적으로 하려고 노력하고 있었고, 마침 멕시코에서도 연결이 잘 돼서 공연을 하게 된 것이다.

현지 고등학교 건물을 임대해서 1주일에 한 번, 토요일에만 사용하고 있는데, 멕시코시티 중심부인 소나로사에 위치하고 있다. 학생 수는 약 200여 명이고 학교 건물을 구하기가 쉽지 않아 몇 번을 옮겨다녔다고 한다. 어디서건 남의 집을 빌려 쓰는 것은 여간 불편한 일이 아니다.

2005년이 멕시코 이민 100주년인데 이곳 멕시코의 한인 사회는 벌써부터 준비하느라 모두 바쁜 모습이다. 이민 100주년이라고는 하지만 자신의 의지대로 이민을 온 시기는 겨우 20여 년 전에 불과하다고 했다. 100년 전 강제로 팔려오다시피 한 이민 1세대는 사탕수수농장 등에서 부당하게 노동력을 착취당했다.

의지할 조국마저 없어져 버린 그들은 통한의 나날을 보냈을 것이다. 그 이민 1세대는 대부분 멕시코의 원주민들과 결혼을 해서 머나먼 이국땅에서 향수를 달래며 슬프고 억울한 삶을 마쳐야 했을 것이다.

1달에 한 번씩 한국 대사관에서 이민 1세대 후손들의 모임이 있는데, 오늘이 바로 10월 정기모임이 있는 날이었고 우리의 방문시기와 맞아떨어져서 공연을 하게 된 것이었다.

한국말을 전혀 하지 못했지만 생김새는 우리와 많이 닮았다. 눈과 얼굴이 크고, 피부색이 우리보다 검은 것은 아마도 이곳 원주민들의 영향 때문인 것 같다. 지금은 대부분 이민 3, 4세대가 주축을 이루고 있는데 그들의 할아버지 세대부터 전해 내려오는 한국인의 정서를 잃지 않으려고 노력하는 모습이 역력했다.

우리가 공연을 시작하자 모두 넋을 잃고 쳐다본다. 공연이 끝날 때마다 우레와 같은 함성과 박수가 쏟아져 나온다. 비록 30여 명의 단출한 모임이었지만 들떠서 박수와 함성을 보내는 모습은 수백 명의 관중의 열기보다 더 뜨거웠다.

그들에게도 분명 우리와 같은 한민족의 피가 흐르고 있다는 사실을 확인할 수 있었다. 마지막 아리랑 노래를 배우는 순간은 모두 진지해졌고 아리랑에 흐르는 우리 민족의 한을 되새기는 것 같았다. 공연이 모두 끝난 후에도 자리를 뜨지 않고 아리랑을 꼭 배우고 가겠다며 가르쳐 달라고 졸라댔다.

말은 통하지 않았지만 가슴에 손을 얹고 눈시울을 붉히며 무어라고 이야기한다. 공연을 보고 너무 감동적이어서 가슴이 뭉클했다는 것을 말하고자 하는 것을 쉽게 짐작할 수 있었다. 우리와 같은 정서를 공유하는 사람들과 함께 한 보람 있고 뿌듯한 하루였다.

죽은 자들과 친한 사람들

멕시코시티에서 반드시 가 봐야 할 곳 중 하나가 차풀떼펙공원 안에 있는 국립 인류학 박물관이다. 일요일에는 무료라고 해서 그냥 입장을 하려고 하는데 입장권을 끊으라고 한다. 의아해서 표 끊는 아가씨에게 물어보았더니 멕시코인만 무료이고 외국인은 38페소를 내야 한단다.

박물관은 ㅁ자 형태의 건물인데, 입구를 지나 안으로 들어서자 대형 중앙 안뜰에 거대한 돌기둥이 보이고 그 위에 가로, 세로 84m의 정사각형의 캐노피가 올려져 있었다. 거대한 돌기둥의 높이는 11m이고, 주위에는 고대 멕시코 문명이 양각되어 있다. 돌기둥 주위로 폭포처럼 흘러내리는 물은 무더위에 지친 관람객들의 마음을 시원하게 해준다.

처음 선사시대의 전시실로 들어가면 최초의 인류라는 루시 모형이 반겨준다. 인류의 기원에 관심이 많았던 나의 이목을 집중시킨 곳은 바로 이 선사시대 전시실이었다.

최초의 인류 루시는 이마가 튀어나와 있는 것이 인간과 고릴라의 중간쯤 되는 것 같은데, 축 쳐진 유방은 인류의 어머니임을 상기시켜준다. 선사실은 주로 역사 이전의 시대, 즉 수만 년 전 동물과 거의 비슷했던 인간의 생활을 모형으로 재미있게 꾸며 놓았다. 수십 명의 인간이 합동으로 코끼리를 사냥하는 모습, 사자 등 맹수에게 잡혀먹히는 모습 등이 자연을 배경삼아 모형으로 표현되어 있다.

11월 1~2일은 죽은 사람들의 영혼이 다시 이승을 찾아온다는 할로윈데이, 즉 죽은 자의 날이다. 재래시장은 물론 커다란 백화점에서까지 죽은 자의 날을 기념하는 해골모양을 중심으로 하는 장식품들이 즐비해 있다. 미국 등에서는 주로 호박에 사람의 얼굴 모양을 새긴 것

1. 최초의 인류라 일컬어지는 루시를 재현한 모습
2. 왕족의 무덤을 지키다 구부린 채로 죽음을 맞은 유골의 모습

이 주류였는데, 이곳 멕시코에서는 설탕 덩어리로 만든 해골 모형이나 해골 가면과 뼈를 그려 넣고 온몸에 뒤집어 쓸 수 있도록 만든 의상 등이 주류를 이루었다.

죽음을 터부시하는 우리와는 달리 이곳 중남미에서는 죽음도 삶의 일부로 아무렇지도 않게 받아들여지는 것 같다. 박물관에도 무덤을 파헤친 그 상태대로 인간의 실제 유골이 많이 전시되어 있고, 춤을 추는 원주민들의 머리에 장식된 것도 해골 모형이 많이 있었다. 우리보다 죽음에 익숙해 있고 삶과 죽음이 훨씬 가까이 있는 것 같다.

국립 인류학 박물관 내에 있는 마야 왕족 무덤의 유골 중 인상적인 것이 있었는데 왕족으로 보이는 유골은 편안히 누워 있고, 그 옆에 쪼그린 채로 무릎 사이에 머리를 받치고 앉은 형태의 유골이 있었다. 아마도 죽은 왕족을 지키기 위해서 쪼그려 앉은 채로 죽음을 맞이한 것 같았다.

멕시코 테오티우아칸 유적지에 있는 태양 피라미드 전경

박물관 관람을 마친 우리는 준규네 가게인 PC방으로 가려고 택시를 탔는데, 30페소도 안 나올 거리인데 미터기에 120페소가 찍혔다. 택시 운전사에게 항의를 했더니 100페소만 내란다. 50, 30페소로 내려간다. 20페소만 주고 내렸더니 뒤에서 욕하는 소리가 들린다.

나중에 준규 아빠에게서 들은 이야기인데 외국 관광객을 대상으로 이런 일이 종종 발생한 다고 했다. 미터기를 계속 눌러서 가격을 조작한다는 것이다. 우리가 택시를 탔을 때 운전사가 웃는 얼굴로 '멕시코에는 처음이냐? 멕시코에 대한 인상이 어떠냐? 어느 나라에서 왔느냐?' 라고 질문하면서 미터기에 계속 손을 갖다 대는 모습이 이상했는데 미터기를 누르면서 가격을 조작했던 것이었다.

미터기를 마음대로 조작할 수 있게 하는 행정당국도 문제지만, 외국인 관광객을 상대로 속이는 상술이 얄밉다. 무장 택시강도가 횡행하는 멕시코에서 그나마 이 정도의 해프닝으로 끝난 것은 다행이다.

머나먼 대륙,
남미

09 A far-off land, South America

에콰도르 비자 받기

남미 여행의 출발점을 에콰도르로 정한 우리는 멕시코에서 에콰도르 비자를 받기 위해 멕시코시티에 있는 에콰도르 대사관을 찾았다. 대사관은 높은 담장으로 둘러싸인 마치 커다란 개인저택 같이 생겼다. 현관문을 열고 안으로 들어가자 아름답고 아담한 정원이 반겨준다.

에콰도르 비자 받기가 쉽지 않다는 것을 알았던 우리는 좀 더 수월하게 비자를 발급받기 위해 인터넷을 통해서 연락이 닿은 에콰도르 한국대사관에 있는 영사에게 우리 가족의 초청장을 부탁했었고, 오늘 바로 그 초청장을 가지고 대사관을 찾았던 것이다.

주 에콰도르 한국 대사관의 영사가 보낸 초청장을 내밀었지만, 왜 미리 한국에서 비자를 받지 않았느냐며 막무가내로 비자 발급이 안 된다고 한다. 우리는 한국의 전통음악을 세계에 알리기 위해 세계일주를 하는 중이고, 그래서 한국에서 비자를 받아올 수 없었다고 설명했다. 그러나 그건 당신들 사정이고 우리는 원칙대로 일을 처리할 수밖에 없다고 한다.

난감했다. 남미에서도 큰 나라들인 브라질, 아르헨티나, 칠레 등은 모두 무비자국으로 바뀌었는데 에콰도르는 너무 까다롭다고 투덜거리며 대사관을 나섰다. 역시 우리에게 남미의 벽은 높고, 남미로 가는 길이 멀고 험하다는 것을 남미의 첫 나라인 에콰도르 비자 발급에서부터 실감하게 된다.

멕시코 현지 학교에서 3차례의 공연을 끝내자마자 나와 아내는 서둘러서 에콰도르 대사관으로 향했다. 지난번에 만나서 구면인 비서가 주 에콰도르 한국 대사관에서도 우리가족 비자 관련해서 연락이 왔었다면서, 우리 대사관에서 보내는 초청장만으로는 안 되고 에콰도르 본국 정부에서 허가서가 나와야 한단다. 에콰도르 본국에서 연락만 오면 바로 비자를 내 주겠다고 해서 일단 모든 서류를 작성하고, 비자 수수료를 1인당 60$를 내고, 여권을 맡기고 돌아왔다.

1. 멕시코시티에 있는 에콰도르 대사관 입구
2. 멕시코시티에 있는 대한민국 대사관

1. 비자 때문에 그렇게 애를 태웠던 에콰도르 대사관 비서와 함께

2. 에콰도르 대사관 비서는 우리 가족과 친해져서 나중에는 우리가 공연할 때 가족과 함께 구경을 오기도 했다(왼쪽 위로 세 번째)

다음날도 에콰도르 한국 영사와 멕시코 한국 영사가 번갈아 가면서 에콰도르 대사관의 영사에게 전화를 걸어 부탁을 했지만, 권한이 없다면서 본국에서 훈령이 떨어져야 비자를 내 줄 수 있다고 했다.

그 주 일요일에 에콰도르로 가는 것은 거의 불가능 할 것 같아서 일단 항공권을 연장 신청해 놓았다. 행선지를 에콰도르에서 페루로 옮기는 것도 알아보았다. 1인당 75$의 벌금을 지불하면 항공권의 행선지 변경이 가능하다고 했다. 다음날까지 기다려봐서 비자가 나오지 않으면 에콰도르를 건너뛰고 바로 페루로 가기로 했다. 다행히 페루의 리마로 가는 항공권은 예약이 가능하다는 연락을 받았다.

그 다음날이 되어도 비자가 나올 기미가 보이지 않자, 에콰도르 대사관에 맡겼던 여권을 찾아 왔는데, 그날 저녁에 비자를 내 주기로 했다는 전화를 받았다.

나중에 에콰도르에 도착해서 알게 된 사실이었지만, 우리나라 사람들에게 쉽게 비자를 발급해 주지 않는 데는 이유가 있었다. 몇 개월 전에 에콰도르의 현직 한인회장이 우리 교민뿐 아니라 현지인들의 돈까지 사기를 쳐서 떼먹고 미국으로 도망을 갔다는 것이다.

이전부터도 한국 사람들에 대한 인식이 별로 좋지 않았는데, 이 사건이 있은 후로는 더욱 한국인들에 대한 경계심이 많아 졌다고 했다. 이런 소식을 들을 때마다 세계를 다니며 우리의 문화를 알리는 우리는 기운이 쫙 빠진다.

아름다운 도시 키토에서의 공연

어젯밤 늦게 도착해서 어두운 밤길을 달려 숙소로 왔을 때는 잘 몰랐는데 키토 시내는 정말 깨끗하고 조용하다. 특히 혼란스러운 멕시코시티에서 온 터라 더욱 조용하게 느껴지는 것 같다. 키토는 2,800m의 고지대에 위치해 있으며, 산으로 둘러싸여 분지를 형성하고 있다.

산 중턱까지 들어찬 오밀조밀한 집들이 그림처럼 아름답다. 또한 시내의 북쪽인 신시가지에는 현대식 빌딩들이 줄지어 서 있고, 공원과 녹지도 많다. 남미의 최빈국 중 하나라는 말이 무색할 정도로 도시는 깨끗하고 자연과 잘 조화를 이루고 있었다.

시내 중심부에 위치하는 가톨릭 대학은 나무와 잔디 등과 대학 건물이 잘 어우러진 아담한 크기의 캠퍼스를 갖추고 있었다. 중앙 도서관 앞에 있는 잔디밭에 돗자리를 펴고 공연 준비를 했다. 이곳에서의 공연은 이 대학 유학생인 박효원씨가 주선을 한 것인데, 공연 시작 전에 유창한 스페인어로 우리나라의 사물놀이와 우리 가족에 대해서 자세하게 소개를 해 주었다.

사물놀이 가락이 울리자 사방에 있던 학생들이 삼삼오오 짝을 지어 몰려들기 시작했다. 대학생들의 자유분방함은 동서양, 부유한 나라, 가난한 나라와 상관이 없다. 아니, 오히려 가난한 나라의 대학생들일수록 상대적으로 자유분방함은 더 큰 것 같다.

아예 풀밭에 다리를 뻗고 앉아 책을 보면서 장시간 우리의 연주를 들을 태세를 갖추는 학생들도 있다. 타악기 음악에는 익숙한 그들이라 우리의 연주를 전혀 낯설어 하지 않고 편하게 받아들인다. 한 공연이 끝나자 한 학생이 나에게 다가오더니 우리 가족의 음악 CD를 사고 싶다면서 CD가 있는지를 물어본다. 아직은 없고 여행을 끝내면 한국에 돌아가서 만들 예정이라고 이야기 했더니, 자신도 이 대학 출신 타악기 그룹의 멤버라면서, 가방을 뒤지더니 CD 하나를 꺼내서 건네준다. '당신들의 음악이 너무 좋다.' 면서 칭찬도 덧붙였다.

나중에 박효원씨에게 이 이야기를 했더니, 그 타악기 그룹은 이 학교 학생 11명이 만든 그룹인데 바로 우리가 공연을 한 이 자리에서 데뷔를 했고, 지금은 에콰도르에서 가장 유명한 타악기 그룹이 됐다고 했다. 모두 사물놀이의 연주가 끝날 때까지 자리를 뜨지 않고 끝까지 지켜보면서 아낌없는 박수를 보내 준다. 남미의 첫 공연은 이렇게 부드러운 분위기로 시작되었다.

키토의 파네시요 언덕에 있는
키토의 성녀상

1. 키토의 가톨릭 대학에서의
   공연
2. 키토의 샌프란시스코 광장
   에서의 공연을 끝내고
3. 키토에서 가장 큰 광장인
   샌프란시스코 광장

샌프란시스코 광장은 이곳 키토에서는 가장 큰 광장으로 오래된 건물들로 둘러싸여 있고, 많은 관광객과 비둘기들이 광장을 메우고 있었다. 아침부터 날씨가 흐리더니 빗방울이 하나 둘 떨어지기 시작했다. 샌프란시스코 광장에서의 공연은 4시가 지나서 시작했는데, 이곳을 터전으로 살아가는 빈민들이 구경하러 모여들었다.

그들이야말로 우리나라의 문화를 평생 접할 기회가 없는 사람들일 것이다. 우리로서는 더욱 의미 있는 공연이었다. 누추한 옷차림이 누가 봐도 노숙자임을 알 수 있는 사람들이 주를 이루었는데, 알코올 중독자 등 정신적으로 문제가 있는 사람들도 많았다. 세계 어디를 가나 빈부는 존재하고 이런 빈부의 격차는 모든 나라의 골칫거리이다. 공연을 구경하는 사람들의 분위기는 썰렁했다. 우리의 공연하는 모습을 물끄러미 쳐다보기만 할 뿐 좀처럼 음악에 빠져들지 않는다. 문화는 먹고사는 문제가 해결된 다음에 누리는 것이기 때문에 이들에게 문화란 아직까지는 사치인 것 같았다.

말을 탄 경찰이 빈민들이 빙 둘러선 인파를 헤치고 오더니 공연 허가증이 있느냐면서 물어본다. 다행스럽게 최진철 영사가 공연 허가를 받아 놓은 상태라 문제는 없었지만, 이것저것 캐묻는 것이 대가를 바라는 눈치였다. 얼른 사물놀이 악기를 챙겨서 정리를 하고 광장 밖으로 빠져나왔다.

샌프란시스코 광장 바로 아래에는 커다란 동상이 서 있는 독립광장이 있다. 모든 남미의 광장과 마찬가지로 대통령 집무실, 대성당 등이 광장 주위를 감싸고 있는 그야말로 키토의 중심지였다. 광장에는 아름다운 꽃들이 피어 있고, 주위에는 조그만 골목에 스페인풍의 오래된 아름다운 건물들이 줄지어 서있다.

건물들의 벽은 모두 흰색, 노란색, 파란색 등으로 칠해져 있다. 처음에는 좀 촌스럽게 보였으나 계속 보고 있으니, 오히려 우아하고 자연스럽게 느껴진다. 이것 역시 자연과의 조화를 고려해서 칠을 했다. 독립광장을 중심으로 한 키토의 구시가지는 유네스코에 의해서 '세계

문화유산 보호지구'로 지정되어 있는데, 유럽 거리의 웅장함과는 달리 아기자기한 아름다움이 돋보이는 거리들이다.

태양의 길, 인띠난

지구를 남반부와 북반부로 나누는 지구의 중심인 적도는 남미와 아프리카의 여러 나라를 관통하기 때문에, 에콰도르에만 있는 것은 물론 아니다. 그러나 나라 이름, 에콰도르(적도)에서 보는 바와 같이 에콰도르에 있는 적도는 특별하다.

이곳 에콰도르에는 19세기 프랑스 과학자 홈볼트가 수십 년에 걸쳐 측정해서 찾아낸 적도와 수백 년 동안 잉카인들이 알고 있었던 태양길(인띠난), 두 개의 적도가 존재한다. 두 개의 적도 사이 거리는 직선 거리로 약 200m 정도 떨어져 있는데 20세기 들어서 인공위성으로 정밀 측정한 결과 놀랍게도 잉카인들이 이미 알고 있었던 태양길이 정확한 적도라는 것이 판명되었다고 한다.

홈볼트가 측정해서 발견한 적도에는 높이 30여 미터 정도의 적도탑과 그 주위에 많은 관광 시설이 들어서 있지만, 잉카인들이 알고 있었던 인띠난에는 개인이 투자해서 만든 태양 박물관(Solar Museum)이라는 초라한 박물관만이 있을 뿐이다. 우리는 먼저 인띠난의 태양 박물관을 찾았다. 태양 박물관에는 진짜 적도임을 증명하기 위한 여러 가지 실험을 보여주는데, 그 중에서도 커다란 세면도구 같은 곳에 물을 채워 넣고 밑에 구멍을 뚫어 물이 빠지는 현상을 통해 이곳이 정확한 적도라는 것을 증명하는 것이 가장 흥미 있었다.

정확한 적도 지점에서는 조그만 구멍 주위에서 물이 소용돌이치지 않고 곧바로 빠져나가는 것을 물 위에 띄운 나뭇잎을 통해 확인을 할 수 있지만, 적도에서 불과 2m만 떨어져도 물은 우리가 익히 보아 온

1. 인띠난의 진짜 적도. 민수는 북반부, 나머지는 남반부
2. 적도탑 앞에서는 잉카의 전통 춤 공연이 열린다
3. 인띠난에서 계란을 세우는 민정

1. 리마 국립 박물관의 챤사
2. 태양길(인띠난)에는 태양을 상징하는 잉카인들의 조각이 세워져 있다

것처럼 조그만 구멍 위로 빙빙 돌면서 빠져나간다. 또한 물의 도는 방향이 적도를 중심으로 북쪽과 남쪽에서 서로 반대 방향이다. 이와 같은 현상은 바로 지구의 자기력 때문인데 적도에서는 자기력이 0이고, 남반부와 북반부에서는 서로 반대의 자기력이 생긴다.

이 외에도 날계란을 못의 머리 위에 세우는 실험도 있는데 아무런 자기력도 미치지 않는 적도에서는 계란의 무게 중심만 잡으면 쉽게 세울 수가 있다며, 가이드가 간단하게 계란 세우는 시범을 보여 준다. 계란을 세우는 사람에게는 증명서를 준다는 말을 듣고 우리도 모두 열심히 도전을 했지만 실패했다. 민정이가 끈질기게 도전을 하더니 결국 세워서 증명서를 받아냈다. 하여튼 민정이의 끈기는 알아주어야 한다.

이와 같은 실험들은 적도를 단 몇 미터라도 벗어나면 안 되기 때문에 이곳 인띠난에서만 가능하고 홈볼트가 발견한 적도탑이 있는 곳에서는 불가능하다. 그래서인지 적도탑에는 실험을 할 수 있는 장치들은 없고 박물관과 기념품 가게들만 즐비하다.

그 옛날 태양신을 섬겼던 잉카제국 시대에는 이 인띠난이야말로 가장 신성시되는 곳이었다. 그래서 이곳에는 멕시코 등 다른 중남미 국가와는 달리 태양의 피라미드가 없는데 바로 태양길 자체가 신성한 곳이었기 때문이라고 사학을 전공한 박효원씨가 설명해 준다. 태양길을 따라서 커다란 왕족의 무덤 등도 많이 발견되었는데 이것 역시 이곳이 신성한 장소였기 때문이라는 것이다. 당시 사람들은 죽음을 여행이라고 생각해서 무덤에 여행을 하는 동안 먹을 식량이라든지, 여행 중 심심하지 않도록 고인이 가장 좋아하는 것들을 함께 매장했다고 한다. 특히 남자 부족장의 경우는 살아 있는 부인을 같이 매장하기도 했다는데, 마취성분이 들어있는 나뭇잎으로 잠깐 마취를 시킨 후에 같이 매장을 시켰다고 가이드가 설명을 해 주었다.

인띠난의 태양 박물관에는 적도 관련 실험 도구들만 있는 것이 아니라, 소규모이지만 옛 잉카제국의 생활 모습을 담은 가옥들과 안데스 자락의 원주민들이 가옥을 원형 그대로 옮겨 놓은 것들이 있다. 그 중에서도 실제 인간의 머리를 어른 주먹 정도 크기로 축소해서 장식 품으로 목에 걸고 다녔던 챤사라는 것도 있는데, 징그럽기도 하고 무서운 느낌도 들었다. 최근에는 인간의 머리가 아닌 개 등의 동물 머리를 이용해서 챤사를 만든다고 한다.

적도 관광을 마친 우리는 다시 키토 시내로 돌아왔다. 적도탑과 키토는 약 20km 정도 떨어져 있는데 키토가 해발 2,850m인데 반해 적도탑이 있는 곳은 2,450m 정도로 키토보다 약 400m 고도가 낮다. 따라서 키토 공항에 도착한 관광객이 고산병 증세로 쓰러졌을 때에는 차를 타고 바로 적도탑이 있는 곳으로 내려온다고 한다. 조금만 낮은 곳으로 내려가도 고산병 증세 호전에 효과가 있기 때문이다.

미라와 해골이 있는 숙소

우리가 리마에서 묵었던 숙소는 구시가지 중심부에 있는 '호텔 에스파냐' 이었는데, 아침마다 앵무새의 기상 소리가 요란스러운 곳이었다. 3층짜리 건물로, 건물 가운데가 뻥 뚫려 있고 그 주위에 담쟁이 넝쿨들이 치렁치렁 늘어져 있어 자못 고풍스러운 분위기를 자아낸다. 그 담쟁이 넝쿨 사이로 하늘이 훤히 들여 다 보이는데, 1년 내내 거의 비가 오지 않는 이곳의 날씨를 잘 설명해 주고 있었다. 그 담쟁이 넝쿨 사이의 새장에는 커다란 앵무새 한 마리가 있는데 낮에는 조용히 있다가 새벽녘에는 시끄럽게 울어대서 자명종 대신에 잠을 깨운다. 이 '호텔 에스파냐' 는 전 세계 배낭여행자들이 몰려드는 유서 깊은 숙소로서 우리나라의 오지 탐험가 한비야씨도 이 호텔에 머물렀었다고 한다.

이곳은 페루 여행에 대한 여러 가지 정보들뿐만 아니라 남미의 다른 나라 여행 정보들까지 폭넓게 수집할 수 있는 곳이다. 도둑이 득실

호텔 에스파냐 내부에 있는 해골과 아기 미라

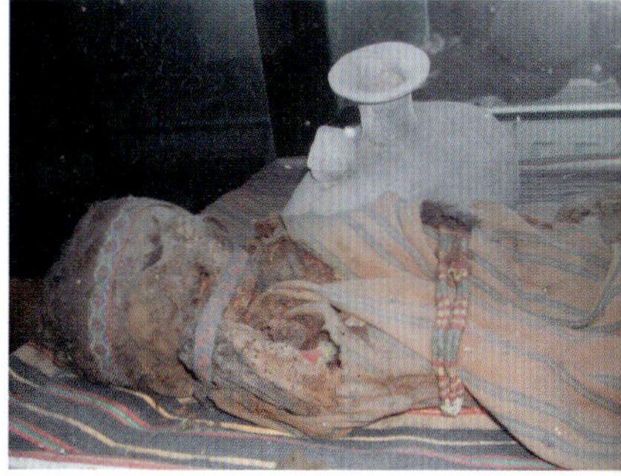

언제나 행인들로 번잡한 리마의 거리

거리고, 치안이 좋지 않은 구도심지에 위치한 것이 조금 흠이나, 걸어 다니며 식민지 시대의 아름다운 건물들과 광장들을 볼 수 있다는 것만으로도 그런 약점을 충분히 덮고도 남았다.

나무로 만든 테라스가 밖으로 튀어나와 있고, 그 사이에 담쟁이 넝쿨이 우거져 있어 밖에서 보기에도 예사 건물이 아님을 짐작할 수 있다. 건물 내부로 들어서면 높은 천정과 벽면에는 오래된 그림들이 붙어 있고, 석고로 만든 그리스풍의 조각들과 잉카 이전 시대의 도자기들이 전시되어 있는 마치 박물관 같은 분위기이다.

게다가 우리가 머무는 2층으로 올라가는 입구에는 옛 무덤에서 출토한 해골과 머리카락이 그대로 남아있는 미라가 유리관에서 밖을 쳐다보고 있다. 로비에는 천으로 둘러 싼 아기 미라도 출토된 상태 그대로 유리관에 전시되어 있다. 처음에는 섬뜩한 느낌을 받았으나, 지금까지 박물관에서 워낙 많은 미라와 사람의 유골들을 보아온 터라 이제는 많이 익숙해져 있었다. 묵고 있는 방도 아늑한 느낌보다는 박물관 한가운데에 침대를 몇 개 덜렁 놓아둔 것 같은 황량한 느낌을 준다.

하얀 도시 아레키파

우리 가족은 리마에 사는 우리의 교민들에게 많은 신세를 졌다. 집으로 초대해 준 진표네와 윤희네, 마치 아들과 손자를 대하듯 유난히 정이 많으시고 떠나올 때 고추 장아찌를 챙겨주시던 한국학교 교장 선생님, 안 좋은 몸으로 버스터미널까지 환송을 나와 주신 한인회장님, 그리고 한국학교 여러 선생님…… 이 분들에게 받은 은혜를 직접 갚을 기회를 갖기는 아마도 힘들 것 같다. 대신에 이 분들에게 받은 사랑을 다른 사람들에게 전하는 것이 바로 '사랑과 희망을 전하는' 우리 공새미 가족의 사명일 것이다.

리마에서 버스를 타고 한 시간쯤 남으로 달리자 왼쪽에는 풀 한 포기, 나무 한 그루 없는 사막이, 오른쪽에는 파란 바다가 끝없이 이어진다. 간간이 모래 위에 벽돌집들이 보이는데, 위에는 거적 같은 것으로 겨우 햇빛을 막고 있었다.

1년 내내 비가 거의 오지 않은 이곳에서는 천정이 없는 집을 찾는 것도 어렵지 않다. 사막 위로 타오르는 듯 붉은 태양이 내리쬐고 화성 탐사선에서 보내온 영상과 비슷한 고원의 사막 지대가 이어진다. 이런 삭막한 풍경에 싫증이 날 때쯤이면 초록빛의 옥수수 밭이 간간이 얼굴을 내민다. 서쪽 태평양 너머로 석양이 지면서 거친 모래사막은 어둠에 잠기기 시작한다. 오후 4시에 리마를 출발한 버스는 정확히 16시간 만인 아침 8시에 아레키파에 도착했다.

'La Posada del Cacique' 라는 호텔에 여장을 풀고 종완씨가 준비한 스파게티로 아침 식사를 하고 나서 시내 구경을 나섰다. 아침 일찍 새로운 도시에 도착하면 하루를 버는 것 같아서 기분이 좋다. 중앙 광장인 아르마스 광장에서부터 수녀원과 샌프란시스코 성당 등을 둘러보았는데, 리마와는 달리 조용한 도시 분위기에 흰 벽돌과 바닥의 반들반들한 검은 돌들이 햇살에 반사되어서 눈이 부신다. 그래서 아레키파를 하얀 도시라고 하는가보다.

길 양옆에는 아름다운 식민지풍의 건물들이 줄지어 서있고, 구시가지 중앙의 아르마스 광장은 예쁜 꽃들과 초록색의 잔디가 웅장하고 고풍스러운 대성당과 조화를 이루고 있다. 아치형 건물들과 중앙 성당에 둘러싸인 아르마스 광장은 세계 어느 광장과 비교해도 손색이 없을 정도로 아름다웠다. 중국인 3세인 친절한 숙소 주인에게 조금이라도 보답하기 위해 내일 꼴까 캐년 투어를 주인 아저씨가 연결해 주는 여행사로 예약했다. 가격이 모두 비슷비슷했고 내일 투어가 끝나면 바로 쿠스코로 출발을 해야 하기 때문에 하루 동안 짐 보관을 부탁하기도 용이했다.

오랜만에 우리 자체 힘으로 길거리 공연을 하게 됐다. 돗자리를 깔고 아내가 막 설장고를 연주하려 하자 주위에 사람들이 신기한 듯 모

1. 하얀 도시 아레키파 거리
2. 아레키파의 중앙 광장인 아르마스 광장

여들기 시작했다. 그러나 문제가 생겼다. 주위가 갑자기 소란스럽더니 경찰 유니폼을 입은 2명의 경관이 다가오더니 공연을 하면 안 된다고 손을 내 젓는다. 주위에 몰렸던 이곳 주민들이 공연을 하게 내버려 두라고 항의하는 것 같았다. 나는 기회를 놓칠 새라 우리의 소개서를 보여 주며 우리는 세계일주 하면서 공연을 하고 있다고 했더니, 얼마 동안 공연을 할 것인지 물어본다. 40분 정도라고 했더니 그럼 20분만 하라고 즉석에서 허락을 해 준다.

사물놀이 공연을 시작하자 몰려있던 주민들이 일부는 신기한 표정으로, 일부는 신이 나서 자리를 뜨지 않고 지켜본다. 특히 어린이들을 데리고 온 어른들이 많았는데, 어린이들이 더욱 신나한다. 역시 감정 표현은 어릴수록 솔직한 것 같다. 우리가 몰아칠 때는 아이들의 표정에서도 흥분하는 빛이 역력했다. 20분에 걸친 공연이 끝나자 모두 아쉬워하면서 한 번 더해 달라고 부탁을 한다. 경찰 때문에 안 된다고 했더니 경찰은 무시해도 된다며 경찰들의 눈치를 살핀다. 어떤 사람은 내일도 이 시간에 공연을 하느냐고 물어 오기도 했다.

리마의 샌프란시스코 성당.
스케치하는 중에 주변에 아이들이 몰려들어 신기한 듯 쳐다보며 말을 걸어온다. 리마의 아이들은 수줍음을 타지만 밝은 모습이다.

주위에 둘러선 사람들의 표정에서 진한 아쉬움을 읽을 수 있었고, 우리도 너무 아쉬웠지만 20분의 약속 시간은 지켜야 했다. 마침 주위에 사진을 찍어 주는 사진사가 있었는데, 관중이 서로 우리 가족과 사진을 찍겠다고 나서는 바람에 20여 분간 돌아가면서 사진의 모델이 되어야 했다. 대한민국의 전통 음악을 연주하는 우리 가족과 잉카의 후예들과의 첫 만남은 이렇게 시작이 되었다. 이런 만남이 앞으로 쿠스코, 마추픽추 등에서도 이런 만남이 계속되기를 기대해 본다.

우리 가족과 마찬가지로 다섯 식구가 세계일주중인 뉴질랜드의 더글러스 가족과 함께

숙소에 돌아온 우리는 같은 숙소에 머무는 또 하나의 세계일주 가족인 뉴질랜드에서 온 더글러스 가족(Douglas Family)을 만났다. 우리와 같이 세 자녀를 두었고 막내가 12살로 우리 아이들보다는 약간 나이가 많았다.

정확한 목적은 모르겠으나 비디오를 촬영하면서 세계일주를 하고 있는데, 세계일주를 시작한 지 2주가 지났고 페루가 첫 번째 나라라고 했다. 이미 8개월이 지난 우리 가족은 세계일주의 선배로서 우리가 거쳐 온 나라들에 대한 정보를 제공해주며, 다시 한 번 우리가 거쳐 왔던 곳들의 기억을 떠올렸다. 더글러스는 집을 아예 팔고 세계일주를 나왔다면서 뉴질랜드로 돌아가도 머물 집도 없다면서 너스레를 떤다. 나는 우리도 마찬가지라고 맞장구를 쳤다.

만난 지 얼마 되지 않아서 우리는 많은 공통점을 발견했고 곧 친해졌다. 더글러스 가족은 광장에서 우리가 공연하는 모습을 보았는데, 정말로 '사랑과 희망의 메시지'가 전해지는 느낌을 받았다며 너무 감동스러웠다고 오른손 엄지 손가락을 치켜세웠다. 외국인에게 이런 칭찬을 받으니 더욱 기분이 좋았다.

저녁에는 테오더 헤아(Theodor Hear)라는 스위스 친구가 약혼녀와 함께 호텔로 찾아왔다. 테오더 헤아는 어제 밤에 리마에서 여기까지 오는 버스에서 만난 스위스 친구인데, 버스에서 이런저런 이야기를 나누면서 친해졌다. 우리가 아레끼빠에서 공연을 할 수 있을지 모르겠다고 했더니 공연을 하게 되면 꼭 연락을 하라고 해서 연락을 했는데 무슨 사정이 있었는지, 우리가 공연하는 곳에 나타나지 않아서 서운하던 차였다.

공연을 못 봐서 매우 서운하다면서 오랫동안 이야기를 나누다가 돌아갔다. 며칠 더 머무르며 공연을 해 주기를 바라는 눈치인데 정해진 스케줄 때문에 떠나야 하는 것이 아쉽다. 공연과 여행을 제대로 하면서 다니려면 남미에서만도 6개월 정도의 시간이 필요할 것 같다.

엘 콘도르 빠사

오늘과 내일 1박 2일 동안은 여행사에서 주관하는 세상에서 가장 깊은 계곡인 꼴까 캐년 투어에 참여하기로 했다. 단체 투어를 별로 좋아하지는 않지만 아레끼빠에서 200km 이상 떨어진 오지인 꼴까 계곡을 우리 가족이 대중교통으로 가기는 거의 불가능하기 때문에 관광 투어에 참여할 수밖에 없었다.

6시에 기상해서 카레로 아침 식사를 하고 짐을 싸서 체크아웃을 했다. 짐은 우리가 여행에서 돌아오는 내일 저녁까지 이곳에서 보관해 주기로 했다. 아침 8시에 숙소 앞에 대기한 9인승 봉고버스를 타고 아레끼빠 시내를 벗어나서 가파른 산길을 오르기 시작한다.

황량한 사막 산들을 지나는 동안 눈 아래로는 짙은 초록색의 농경지가 시원하게 펼쳐진다. 시커먼 먼지를 뒤집어 쓴 메마른 이끼와 선인장이 드문드문 자라는 비포장도로를 두 시간쯤 지나자 버스는 끝없이 펼쳐진 고원의 평원 한가운데 있었다. 멀리 정삼각뿔 형태의 미스띠 화산이 한눈에 들어오고, 고원의 평원에서는 야생인 비꾸냐 떼들이 한가롭게 메마른 풀들을 뜯고 있다. 봉고버스는 포장과 비포장도로를 번갈아 가며 힘겹게 올라갔다.

드디어 꼴까 계곡 가는 길 중 가장 높은 곳에 위치한 4,910m 고개에 도착했다. 킬리만자로 등반에 성공한 민정이를 제외하고는 우리 가족 모두가 생애에서 가장 높은 곳에 선 것이다. 3,500m가 넘어서면서부터 머리가 아프고, 가슴이 두근거린다는 현정이는 차멀미와 고산병 증세 때문에 아예 좌석에 누워버렸다.

4,910m의 고개에는 얼굴의 양 볼이 벌겋게 탄 원주민들이 때가 절은 화려한 원색 옷을 차려 입고, 모포, 옷감, 옷 등을 차려 놓고 관광객들을 기다리고 있다. 적극적으로 장사를 하는 것도 아니고, 관광객들을 보며 수줍게 웃기만 한다. 4,000m 이상의 고원지대에서 알파카를 기르며 살아가는 원주민들이다.

이후 내리막길을 단숨에 달려 치바이 마을에 도착했다. 이 마을에서 하룻밤 자고, 내일 아침 일찍 이곳에서 50km 떨어진 세상에서 가장 깊은 계곡인 꼴까 계곡으로 출발하는 것이다.

고산병 증세가 보이는 아내와 현정이를 숙소로 데려가서 쉬게 하고, 민정, 민수와 함께 근처 산을 트래킹하러 나섰다. 리마에서 만나

꼴까 계곡 가는길. 원추형의 산은 해발 5,825m의 미스띠 화산

서 함께 있다가 다시 아레키파에서 합류한 배낭여행객 종완씨도 우리
와 여행을 함께하고 있었다.

두 시간여의 트래킹 후 노곤한 몸을 야외 온천에 담그니 온몸의 피
로가 풀리는 것 같다. 뜨거운 온천에 목과 머리만 남기고 온몸을 담그
고 앉아 주위의 산과 절벽들을 바라보고 있으려니 신선이 따로 없다.
얼굴에 스치는 차가운 바람마저 상쾌하게 느껴진다.

아내, 현정이에 이어서 종완씨까지 고산병 증세가 나타나기 시작했
다. 아무래도 점심때 김밥을 너무 많이 먹은 것 같다. 고산병을 예방
하기 위해서는 음식을 적게 먹고 물을 많이 마시라고 가이드가 몇 번
을 이야기했는데, 배가 고프던 터라 모두가 허겁지겁 순식간에 김밥
을 먹어 치웠던 것이다. 나도 속이 좀 불편했지만 견딜만했다.

그날 밤 12시경에 현정이가 이불 위에 먹은 것을 모두 토했다. 현정
이의 고산병 증상이 심각한 것 같다. 이미 킬리만자로에서 고산병을
경험한 나로서는 현정이 걱정 때문에 잠이 오지 않는다. 세계일주 나
오면서 가장 걱정했던 현정이는, 지난 8개월 동안 몇 번 설사를 한 것
이외에는 아프지 않아서 정말 감사하게 생각하고 있었는데, 고산병은
피해 갈 수 없었나보다. 토를 한 후 잠을 제대로 자지 못 하고 계속 뒤
척거린다. 속이 계속 불편한 모양이다.

다음날 새벽 일찍 출발해야 하는데, 그것도 비포장에 비좁은 도로
를 봉고버스로 시달리며 가야 하는데 걱정이 이만저만이 아니다. 아
무래도 현정이에게는 내일 꼴까 계곡 가는 것이 무리일 것 같다. 아내
와 현정이를 이곳 치바이 마을에 있게 하고 우리가 다녀 올 때까지 기
다리라고 하는 편이 나을 것 같다는 생각을 하며, 새벽 5시에 침대에
서 일어났다. 그러나 새벽에 잠깐 눈을 부친 현정이의 컨디션이 괜찮
았다. 아마도 고산병보다는 어제 너무 많이 먹은 탓이었나보다.

우리의 봉고버스뿐 만이 아니라 모든 관광객들의 차가 한꺼번에 비
포장 도로를 앞서거니 뒤서거니 하며 질주하는 터라 뽀얗게 솟아오르

1. 꼴까 캐년으로 가는 길에 있는 치바이 마을
   의 농경지
2. 옷감을 파는 원주민들
3. 치바이 마을에서 꼴까 캐년으로 가는 길
4. 꼴까 캐년 가는 길의 알파카 떼들
5. 원색 옷을 입은 원주민 소녀와 함께
6. 꼴까 계곡으로 가는 길에 있는 고원 초원
   지대

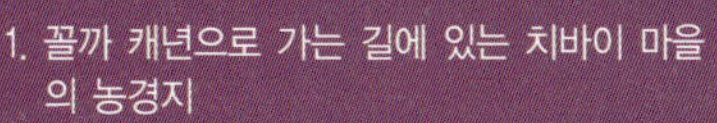

는 먼지만 봐도 어디가 도로인지 쉽게 구분이 되었다. 꼴까 계곡 오른쪽 옆을 끼고 달리는 차창 밑으로 천 길 낭떠러지가 보이고 그 아래에는 계단식의 푸른 농경지가 드문드문 보인다. 인간의 집념을 읽을 수 있는, 잉카 이전 시대부터 만들어진 경작지들이다.

마까 마을에 도착해서 잠시 휴식을 취한 후, 8시경에 치바이 마을에서 50km 떨어진 꼴까 계곡의 크루스 델 콘도르에 도착했다. 계곡 깊이가 무려 3,100여 미터로 미국의 그랜드 캐년보다 더 깊은 계곡인 꼴까 계곡이 눈앞에 펼쳐진다. 그 깊이를 알 수 없는 까마득한 절벽 아래에는 하얗고 가는 실개천이 뱀처럼 꾸불꾸불 거리며 기어간다.

눈앞에 아찔하게 펼쳐진 꼴까 계곡을 바라보면서 옆으로 난 산책길을 40여 분간 트래킹했다. 7~8년 전에 본, 평지가 움푹 패이고 폭이 넓은 U자형의 미국의 그랜드 캐년과는 달리 꼴까 캐년은 거대한 산맥 사이에 형성된 폭이 좁은 V자형의 말 그대로의 산골짝이다.

우리나라에서도 많이 볼 수 있는 형태의 계곡인데 그 깊이가 어마어마하게 깊다. 그러나 깊이를 가늠할 수 있는 인간의 눈에는 한계가 있어서 수백 미터 이상이 되면 실제로 얼마나 깊은지 판단을 할 수가 없다.

이 꼴까 캐년이 더욱 유명해진 것은 깊이도 깊이지만 이 계곡을 박차고 파란 하늘을 향해 날아오르는 콘도르(독수리의 일종) 때문이다. 아침 햇살에 계곡이 따뜻해지면 콘도르가 날아오른다고 했다. 그래서 대부분의 투어버스도 콘도르가 날아오르는 시간에 맞추어 이곳에 도착할 수 있도록 아침 일찍 서둘러서 출발을 하는 것이다. 그러나 콘도르가 매일 날아오르는 것은 아니다. 운이 없으면 콘도르를 못 보고 다시 버스를 타고 아레키파로 되돌아가야 한다.

수 백 명의 관광객들이 한 시간 이상을 계곡을 주시하며 콘도르가 나타나기를 기다렸지만 이런 관광객들의 마음을 아는지 모르는지 콘도르는 보이질 않는다. 어떤 관광객들은 오늘은 아무래도 콘도르가 늦잠을 자는 것 같다고 농담을 하며 콘도르 구경을 포기하고 버스에 올라타서 아레키파로 출발을 한다. 우리를 싣고 온 봉고버스도 9시 30분에 출발하려던 계획을 15분을 연장했다. 이때까지 콘도르가 나타나지 않으면 아쉽지만 우리도 떠나야 한다. '엘 콘도르 빠사'를 입 속으로 계속 흥얼거렸지만 나비 하나 보이지 않는다.

약속된 15분이 다지나, 콘도르 보는 것을 포기하고 차로 돌아가려는 찰나 계곡 위로 까만 점 하나가 보이기 시작했다.

"콘도르다!"

라고 모든 관광객들이 소리를 치며 일제히 그곳으로 카메라를 돌렸다. 드디어 콘도르가 날아오른 것이다. 중간 정도 크기의 콘도르였는데 그동안 기다렸던 관광객들에게 보답이라도 하려는 듯 계곡을 천천히 몇 바퀴를 비행한다. 마치 사진을 찍으라고 손짓하는 것 같았다. 계곡 위를 한참 유유하게 회전하더니 구름 한 점 없는 눈이 부시도록 푸른 하늘 속으로 사라진다. 엘 콘도르 빠사(콘도르는 날아가고)라는 노래의 가락이 저절로 흘러나왔다.

1. 세계에서 가장 깊은 계곡인 꼴까 계곡. 계곡의 깊이가 무려 3,100m나 된다
2. 엘 콘도르 빠사

잉카의 수도 쿠스코

저녁 8시에 아레키파를 출발한 버스는 다음날 새벽 5시 30분에 쿠스코의 버스정류장에 도착했다. 그러나 도착하자마자 문제가 발생했다. 버스 좌석 위 짐칸에 올려 둔 종완씨의 조그만 배낭이 사라진 것이다. 배낭 안에는 론리 플래닛 책자와 선 그라스, 메모용 수첩 등이 들어 있었는데, 다행히 귀중품은 없었다. 처음으로 페루에 왔다는 사실이 실감났다. 역시 페루에서는 긴장을 늦출 수가 없다.

쿠스코 중앙 광장 북쪽의 가파른 언덕에 위치한 호스텔에 숙소를 정하고 무거운 짐을 들고 끙끙대며 올라갔다. 숨이 멎을 것처럼 가빠 온다. 언덕 위에서는 내려다보는 직사각형의 중앙광장과 그 주위를 둘러싸고 있는 붉은 기와의 지붕들로 쿠스코는 온통 붉은빛이다. 아

1. 붉은 도시 쿠스코
2. 지금까지도 견고하게 남아 있는 잉카 월
3. 잉카제국을 지키는 여러신을 모셨던 신성한 유적지 땀보마차 전경

침 햇살에 붉은 빛이 더욱 빛난다. 주위를 둘러싸고 있는 산도 황토 빛이다.

호스텔에서 짐을 정리한 다음 마추픽추 잉카트래킹 가격도 알아볼 겸해서 중앙 광장을 중심으로 시내를 돌아보았다. 가격도 1인당 200달러 정도로 만만치 않고, 잉카트래킹 기간만 3박 4일이 걸린다. 최소한 쿠스코에서 8일 이상을 머물러야 한다는 이야기인데 남은 일정을 고려하면 도저히 불가능했다. 아쉽지만 마추픽추는 기차를 타고 하루 만에 다녀와야 할 것 같다.

오후 5시경에 아르마스 광장에서 길거리 공연을 하기로 하고 준비를 하는데 갑자기 천둥과 번개 소리가 요란하더니 비가 쏟아지기 시작한다. 1시간 이상 우박을 동반한 굵은 빗줄기는 계속 되었다.

현정이는 공연을 안 해도 된다며 너무 즐거워했다. 세계일주 초기만 해도 관중의 칭찬을 들으면 너무 좋아하며 즐겁게 공연을 하던 현정이가 요즘은 공연 때문에 스트레스를 받는지 공연하기를 싫어한다. 어린 아이가 여행 따라다니랴, 공연 따라다니랴 왜 힘이 들지 않겠는가? 여행 초기에는 아침에도 일찍 일어나더니, 요즘은 아침에 일어나는 것도 무척 힘들어 한다.

쿠스코는 16세기, 남아메리카의 거의 절반을 지배하며 한참 잘 나가던 잉카제국의 수도였다. 그러나 이런 잉카제국도 신식무기를 앞세운, 새로운 기회의 땅을 찾아 나선 스페인 군대의 침략을 받고 하루아침에 역사 속으로 사라져 버린다. 그 후 500여 년이 흐른 지금 쿠스코에서 온전하게 남아 있는 잉카 유적을 찾아보기란 쉽지가 않다.

종이 한 장 들어갈 틈도 없이 완벽하게 돌과 돌을 연결해서 쌓아 놓은 튼튼한 잉카의 돌담은 그 후 스페인 식민지 시대에 지은 건축물들의 주춧돌 역할을 했고, 지금까지도 쿠스코 골목 곳곳에 '잉카 월'이라는 이름으로 잉카시대의 벽이 남아 있다. 물론 그 벽 위로는 식민지 시대의 조잡하지만 아름다운 건물들이 자리 잡고 있다.

오후 2시에 시작된 반나절의 버스 투어가 끝날 무렵 땀보마차라는 유적지를 찾았다. 잉카제국을 지키는 여러 신을 모셨던 신성한 유적지인 땀보마차에서는 매년 동짓날에 역대 왕들의 미라를 모시고 제사를 지냈다고 한다.

우리가 제사 때 지방을 쓰거나, 사진을 올려놓고 조상신들을 부르는 것처럼, 옛 잉카인들은 미라에 영혼이 들어온다고 믿고 미라를 앞에 놓고 제사를 지냈던 것이다. 어쩌면 우리보다 훨씬 사실적이다. 이런 사실을 알고 나니 박물관에 전시된 미라들이 마치 우리 옛 어른들의 사진인 양 아무렇지도 않게 생각되었다.

잉카의 후예들과 함께 한 공연

반나절 버스 투어가 끝나고 오후 7시가 지나서 아르마스 광장에 내리자마자 순찰 중인 경찰관을 붙잡고 우리 가족 소개서를 보여 주며 이 광장에서 공연을 해도 되느냐고 물어보았다. 다른 곳보다 이 쿠스코 중앙 광장에서만큼은 꼭 공연을 하고 싶었다. 쿠스코 중앙광장은 옛 잉카제국의 신전이 있던 자리인데, 스페인 침략자들은 그 신전을 부수어 허물고 그 장소에 대성당을 지었던 것이다.

바로 이런 쿠스코 중앙광장에서 스페인 제국의 침략에 의해 하루아침에 역사 속으로 사라진 잉카제국과 잉카인들의 영혼을 달래기 위한 한판 굿을 벌이고 싶었다. 한국문화를 알리는 공연이 아니라 잉카의 후손들을 위로하기 위한 공연을 하고 싶었다. 경찰은 아무 문제가 없다면서 오히려 언제 하느냐고 되묻는다.

숙소에 가서 대충 저녁 식사를 하고 복색을 갈아입고 광장으로 나왔다. 시간은 8시 30분이 지나고 있었다. 우리의 연주 소리가 들리자 광장 주위에 있던 현지인들과 관광객들이 몰려들기 시작했다. 반응은 뜨거웠다. 특히 술이 얼큰하게 취한 취객이 분위기를 잡는 바람에 관중의 열기는 더욱 뜨거워졌다. 역시 우리 음악에는 누군가 바람잡이가 필요하다. 그래야 사람들도 긴장감 을 풀고 훨씬 편하게 음악을 즐길 수 있기 때문이다.

설장고와 웃다리 공연을 마치자 공원 관리인이라고 제복을 입은 사 람이 다가오더니 허가서가 있느냐고 묻는다. 경찰에게 허가를 얻었다 고 하자, 이곳은 경찰과는 상관없는 곳이라며 자기네의 허가가 필요 하다며 공연을 중지하라고 한다.

이 기회를 놓칠 내가 아니었다. '우나 마스(한 번 더)!'를 연호하는 흥분한 관중을 향해 우리는 더 하고 싶은데 이 사람이 못 하게 한다면 서 공원 관리인을 가리키자 일제히 그 관리인에게 야유를 보낸다.

관리인도 어쩔 수 없었는지, 그럼 한 곡만 더하고 그만하라고 했다. 어차피 우리도 영남사물놀이만 연주하면 레파토리가 끝난다. 이렇게 다시 시작된 마지막 공연은 더욱 흥이 났다.

1. 공연이 끝나고 잉카의 후예 들과 함께
2. 쿠스코 아르마스 광장에 있 는 대성당. 잉카의 신전을 허물고 그 위에 세워진 성 당이다

공연이 끝났지만 모두 일어날 생각을 않는다. 우르르 우리 곁에 몰 려들더니 너무 좋은 공연이었다며, '내일도 하느냐? 언제까지 쿠스코 에 있느냐? 숙소는 어디냐?' 등을 물어본다. 그 중에 학교 선생님이라 는 어떤 부인이 다가오더니 '너무 좋은 공연이었다. 내가 뭐 도와 줄 것이 있느냐?' 면서 숙소를 자세히 물어본다.

그러면서 여기는 도둑이 많으니 짐을 잊어버리지 말도록 잘 챙기라 며 주의를 환기시키기도 한다. 모두가 정다운 이웃들이다. 우리가 광 장을 완전히 벗어날 때까지 많은 사람이 우리를 뒤쫓아 오면서 악수 를 청하며 말을 붙여온다.

잉카의 옛 수도인 쿠스코의 신전이 있던 자리에서의 감동적인 공연 은 이렇게 막을 내렸다. 그리고 수많은 잉카의 후예들이 우리와 함께 했다.

아! 마추픽추

　새벽 4시 40분에 기상을 해서, 어제 저녁에 아내가 준비한 볶음밥을 싸들고, 6시 15분 기차에 올랐다. 이른 아침의 쿠스코 시내는 옅은 안개로 덮여있고, 햇빛에 산란돼서 뿌옇게 보였다. 기차는 지그재그로 왔다 갔다 하면서 위로 올라가더니, 마치 비포장 도로를 달리는 버스처럼 고원지대의 산 속을 덜커덩거리며 내달린다.

　비옥한 고원의 평원지대를 지나자 숲의 색깔이 점점 짙어진다. 어제 투어 시에 들렀던 오얀따이땀보라는 마을에서 기차가 잠깐 정차했는데, 알이 어른 손톱만큼 굵은 옥수수를 팔고 있었다. 아침을 제대로 안 먹고 나온 터라 우리도 간식거리로 이 옥수수를 샀는데, 몇 알만 먹어도 속이 든든할 정도이다. 오얀따이땀보부터는 경치가 확 달라졌다. 눈이 부시도록 파란 하늘에 구름이 반쯤 가려진 설산의 모습이 신비롭게 다가왔다 물러난다. 왼쪽으로는 우루밤바강의 거친 숨소리가 들린다. 고도가 점점 낮아지는지 점점 더워져서 껴입었던 옷을 하나둘 벗기 시작했다.

　마추픽추 역에 다가가자 잎이 큰 활엽수들이 거리 양옆을 가득 메우고, 거의 정글 분위기로 바뀌었다. 쿠스코 역을 떠난 기차는 4시간 만인 10시 15분에 마추픽추 역에 도착했다. 역 앞에 줄을 서서 마추픽추 유적지로 가는 버스표를 끊고 버스에 오르자, 뱀과 같이 지그재그로 난 가파르고 좁은 비포장 산길을 30여 분간 올라간다. 버스 밑의 천 길 낭떠러지에 등골이 오싹해 진다. 드디어 눈앞에 마추픽추의 모습이 조금씩 나타나기 시작했다.

　방금 돌을 쪼개다 놔두고 그들은 어디로 황급히 떠나갔을까? 잉카 트레일을 달려온 전령에게 쿠스코가 스페인 군에게 점령됐다는 소식을 들은 이곳 주민들은 비통한 마음으로 돌을 쪼개던 일손을 멈추고 모든 살림을 그대로 놓아둔 채 어디론가 떠났을 것이다.

　노약자와 여자들만 남겨놓고, 잉카가 다시 일어설 날을 기다리며……

　전망 좋은 곳에 앉아 멍하니 주인이 없는 잃어버린 도시를 내려다본다. 주인이 떠난 마을을 지금은 온갖 화려한 옷과 모자로 치장한 관광객들이 안방까지 무례하게 들어가 기웃거리고 있는 모습이 한눈에 들어온다.

　과연 마추픽추에 살던 잉카인들은 어디로 갔을까? 쿠스코에 있는 유일한 한국 사람으로, '아리랑' 식당을 경영하고 있는 남승학 사장의 말에 따르면 남태평양의 폴리네시아의 어느 섬에 정착해서 잉카제국의 재기를 꿈꾸다가 하나 둘 사라져 갔다는 설이 가장 유력하다. 어느 고고학자가 직접 잉카 시대의 배를 재현해서 태평양을 건너다 폴리네시아의 어느 섬에 도착했는데 그곳에 잉카인들의 돌 건축물과 유사한 형태의 유적을 발견하면서 이런 가설을 세웠다고 한다. 하지만 아직도 역시 수수께끼로 남아있다.

　민정이와 민수와 함께 '젊은 봉우리' 와이나픽추에 오른다. 한 발만 잘못 디뎌도 천 길 낭떠러지로 떨어질 정도로 매우 가파르다. 가파른 계단과 동굴을 지나 한 시간쯤 오르자 3~4사람이 겨우 앉을 만한 공간의 정상에 다다른다. 멀리 눈 아래 사방이 낭떠러지인 천혜 요새 마추픽추 유적지가 보인다. 젊은 봉우리(와이나픽추)에서 늙은 봉우리(마추픽추)를 내려다보니 모든 것이 평화롭다. 간간이 들려오는 등산객들의 함성과 옆에서 올라오는 거친 숨소리만 들릴 뿐.

　마추픽추는 양옆으로는 절벽이고, 그 밑에는 강물이 흐르고 있다. 다른 한쪽은 와이나픽추, 나머지 한쪽만이 잉카 트레일로 연결되는 길이 있을 뿐이었다.

　일정 때문에 잉카인들이 걸었던 길을 3박 4일 동안 체험하는 잉카 트레일 트레킹에 참여하지 못하는 것이 못내 아쉽다. 민정이와 민수

1. 많은 관광객으로 붐비는 마추픽추 역
2. 마추픽추에서 쿠스코로 오는 열차

도 트레킹에 참여하지 못한 것이 아쉬운 듯 와이나픽추를 내려오면서 다음에 기회가 돼서 페루에 오게 된다면 반드시 잉카 트레일 트레킹을 하겠노라고 몇 번을 이야기 한다.

　가장 큰 이유는 일정 때문이었지만, 가족이 모두 함께 참가할 수 없다는 것도 못 가는 이유 중 하나였다. 현정이와 아내에게는 아무래도 무리일 것 같고, 그러면 다시 킬리만자로의 등반 때처럼 이산가족이 돼서 서로 걱정을 해야 하는 것이다. 그때의 악몽이 다시 되살아났다. 아쉬워하는 아이들에게 항상 여운을 남겨 두는 것이 더욱 아름다운 것이라며 어깨를 다독거려 주었는데, 사실은 나 자신에게 하는 말이었다.

　초가지붕을 한 전망대에 앉아 마추픽추를 물끄러미 내려다본다. 다시 정적이 흐른다. 여전히 남의 집 마당이나 안방을 기웃거리는 관광객들이 줄을 잇는다. 이제 이 관광객들이 지나가고 나면 방에는 구름과 안개가 찾아와 주인 없는 집의 마당과 안방을 기웃거릴 것이다.

　마추픽추를 떠나 쿠스코로 돌아오는 기차 안에서는 마치 남의 집을 방문해서 대접을 받고, 인사를 제대로 드리지 못 하고 나온 것처럼 아쉬움과 함께 눈앞에 마추픽추 마을 모습이 아른거린다.

1. 아! 마추픽추
2. 마추픽추로 오르는 버스 길
3. 잉카 트레일에서 마추픽추로 들어오는 입구
4. 와이나픽추에서 본 마추픽추
5. 마추픽추 가는 길의 설산

푸노로 가는 길

티티카카 호수가 있는 푸노로 가기 위해 쿠스코 버스터미널로 가서 미리 예매해 놓은 버스회사를 찾아갔는데, 아무렇지도 않게 버스가 고장 나서 운행을 하지 못 하게 됐다면서, 대신에 다른 회사 티켓을 구해 주겠다고 한다. 당혹스러웠다.

페루는 동일 구간이라도 버스회사마다 서비스와 가격이 천차만별이다. 고급 버스와 현지인들이 타는 허름한 버스와는 3배 이상까지 가격 차이가 날 정도이다. 쿠스코에서 푸노까지는 좋은 버스를 타고 여유 있게 쉬면서 가려고 특별히 며칠 전에 표를 끊어 놓았었는데…….

우리는 이 버스회사에서 끊어주는 다른 회사 티켓을 다시 구입할 정도로 어리석지는 않았기 때문에 환불을 요구했다. 버스회사에서 자기들끼리 짜고 커미션을 챙긴다는 것은 페루 여행을 하다 보면 쉽게 알 수 있다.

현지인들이 주로 타는 버스회사를 몇 군데 기웃거리며 가격을 알아보았는데, 우리가 먼저 구입했던 티켓 가격의 1/2수준이다. 그 중 한 회사를 선택해서 표를 사고 탑승을 했는데 버스 시설은 별반 차이가 없다. 다만 짐을 싣는데 짐표를 따로 주지 않기 때문에 짐을 내리고 실을 때 빠진 짐이 없도록 조심해야 할 것 같았다.

마음은 급한데 버스는 온갖 마을을 다 들르며 천천히 간다. 빈자리가 하나라도 있으면 길거리에서 손을 드는 사람을 무조건 태운다. 이것이 페루의 버스 시스템이다. 아니 페루뿐만 아니라 철도망이 거의 없어서 버스가 대중교통의 대부분을 담당하는 남미 대부분 나라의 현실이다. 길거리에서 태운 승객들 요금은 거의 운전기사와 조수의 개인 착복이기 때문에 흥정이 가능하다.

쿠스코를 빠져나온 버스는 3,000m 이상의 고원지대를 줄곧 달렸다. 연초록의 이끼 비슷한 풀로 살짝 덮인 산에 회색으로 커다란 그림

1. 쿠스코 버스터미널
2. 쿠스코에서 푸노로 가는 버스에서 먹기 위해서 산 커다란 빵

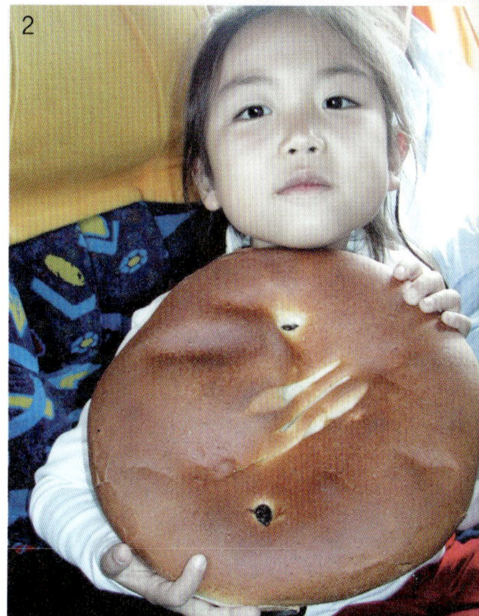

1. 푸노 시내 전경
2. 티티카카 호수의 갈대 사이
   의 뱃길

이나 글자가 그려져 있다. 산에 낙서하는 것이 이곳 사람들의 취미인 것 같다. 이렇게 낙서를 한 번 하면 1년 내내 비가 거의 내리지 않는 이곳에서는 거의 영구적으로 보관이 된다. 나스카의 거대한 지상화도 이런 취미를 가진 사람들의 작품임에 틀림이 없을 것이다.

메마른 땅에서 자라는 노란색의 마른 풀을 뜯고 있는 소와 양 떼들이 여기저기 보인다. 동물이나 식물들의 대단한 생명력이 느껴진다. 누런 마른 풀들이 덮힌 들판에 나무 한 그루 보이지 않는다는 것은 사막이 가까워진다는 증표일 것이다. 말라서 땅에 잔뜩 달라붙은 잔디와 키 작은 나무들뿐이다.

아침 9시에 쿠스코를 출발한 버스는 7시간 만인 오후 4시에 티티카카 호숫가 푸노에 드디어 도착했다. 푸노는 지금까지의 페루의 다른 도시와는 분위기가 전혀 달랐다. 대부분의 페루 도시는 식민지 풍의 건물들이 남아 있었는데, 푸노에는 그런 건물을 거의 찾아 볼 수가 없다. 짓다만 건물들의 철근이 고스란히 남아 하늘 위로 솟아 있는 카이로 시내와 비슷하다.

티티카카 호수의 우로스섬에서의 공연

우리가 쿠스코를 떠나기 전 아리랑 식당 남 사장님이 티티카카 호수에 떠있는 우로스섬에 가면 뚜삐리라는 조그만 섬에 들러서 그곳 어린이들이 부르는 '곰 세 마리'와 '산토끼' 노래를 꼭 한 번 들어 보라고 추천을 했었다.

누가 가르쳐 주었는지는 모르지만 우리와 구강구조가 비슷해서인지 그곳 아이들이 부르는 곰 세 마리와 산토끼는 우리나라 어린이들보다 발음이 더 정확하다는 것이다. 이 말을 듣고 우리 가족이 그 섬에서 사물놀이 공연을 하면 어떨까 생각을 하고 투어를 신청할 때 여행사에 물어보았더니 전혀 문제가 없다고 했다.

아침에 일어나서 복색으로 갈아입고, 사물공연을 하기 위한 악기를 챙겨들고 티티카카 호수의 물 위에 떠 있는 우로스섬으로 출발하기 위하여 일행인 30명의 관광객과 함께 배에 탑승을 했다. 항구 주변의 짙은 초록색의 물 색깔과는 달리 항구를 조금 벗어나자 바다처럼 파란빛을 띠어 마치 바다 한 가운데 있는 기분이다.

티티카카 호수는 잉카제국의 건국 신화가 어려 있는 곳이다. 잉카인들에게는 이 호수가 우리 민족에게 백두산 천지와 같은 성스러운 곳이었다. 세계에서 배가 항해할 수 있는 호수 중 가장 높은 곳(3,800여 미터)에 위치해 있고, 넓이로 우리나라의 전라북도 정도의 크기라고 하니 큰 호수가 없는 나라에서 자란 내 눈에는 바다인지 호수인지 구분이 되지 않는다.

갈대가 자라고 있는, 마치 늪지대 같은 곳을 30여 분을 달리자 갈대를 차곡차곡 쌓아서 인공으로 만든 우로스섬들이 하나 둘 보이기 시작했다. 이 우로스섬은 이곳에서 자라는 마치 사탕수수처럼 생긴 토토라라는 갈대를 베어서 차곡차곡 쌓아서 만들었다고 한다. 그 섬들 중의 하나인 뚜삐리섬에 배가 닿았다. 섬을 가까이서 보니 갈대를 약 1~2m 정도의 두께로 단단하게 포개 놓고 그 위에서 집을 짓고 생활을 하고 있었다.

뚜삐리섬에는 제법 튼튼하게 지어진 학교도 있고 성당도 있는데, 우로스섬들 중에는 큰 섬에 속한다고 했다.

섬에 도착해서 가이드의 설명을 듣자마자 우리는 이 섬의 아이들을 불러 모았다. 열 명 정도의 아이들 앞에서 아내가 곰 세 마리를 선창하자, 신기하게도 모두가 정확한 발음으로 율동까지 하면서 따라 부른다. 이어서 산토끼도 따라 불렀다. 우리와 함께 간 30여 명의 관광객들은 신기한 듯 아이들 한번, 우리 한번 번갈아가며 쳐다본다. 마치 우리가 이곳에 자주 들러서 공연을 하고 이 아이들과 이미 친분이 있다고 생각하는 것 같았다. 아내는 아리랑을 한 소절 한 소절 가르쳐

1. 우로스섬에서의 공연 모습
2. 공연을 지켜보는 우로스섬 아이들

주면서 따라 부르게 했다. 신발도 신지 않고 꾀죄죄한 옷을 입은 모습이 가난했던 어린 시절을 보는 것 같아 더없이 친근감이 느껴졌다. 새까만 때가 낀 손가락으로 율동을 하면서, 햇볕에 까맣게 그을린 얼굴로 우리를 신기한 듯 쳐다본다.

우로스섬은 갈대를 깔아서 만든 섬이라 바닥이 폭신폭신해서 마치 포근한 침대를 밟고 있는 것처럼 감촉이 좋다. 그 섬 바닥에 그대로 주저앉아 사물놀이 연주를 시작했다.

이 섬 주민들 대부분은 시위를 하기 위해 육지로 나가고 남아 있는 사람은 어린이들과 일부 이 섬에서 나는 물건들을 팔기 위해 앉아 있는 아낙네 몇 사람이 전부였다. 생존권을 보호받기 위한 시위인 것 같은데, 서민들의 삶은 어디든 고달프다.

우로스섬 중 하나인 뚜삐리섬의 아주머니

우리와 같은 배를 타고 온 관광객과 남아있는 섬 주민, 어린이들이 우리의 사물놀이 공연의 관객이었다. 모두가 처음 접하는 음악이라 신기한 듯 바라본다. 관광객들은 우리의 공연 모습을 사진 찍기에 바쁘다. 마치 뜻하지 않은 횡재를 했다는 표정으로 우리의 공연 모습을 뚫어지게 쳐다본다.

우리의 흥겨운 가락이 울려 퍼져도 둘러선 아이들은 우리와 처음 만났을 때처럼 표정의 변화가 없다. 가난이 아이들 표정마저 굳어버리게 하여 버린 것이다. '어떻게 하면 관광객들에게 여기에서 나는 특산물들을 많이 팔아서 먹고사는 일을 해결할까?' 하는 것 이외의 일에는 관심이 없어 보인다. 우리 공연도 돈 많은 자가 놀러 와서 벌이는 유희에 불과하다고 느낄 것이라고 생각하니 '사랑과 희망을 전하는' 우리의 꿈이 한낱 부질 없다는 생각이 들었다.

우리는 지금까지 여행을 하면서 세계일주를 하는 사람들을 많이 만났다. 우리나라 사람들 중에는 여자들이 많았는데, 남자는 이탈리아 로마에서 잠깐 만났던 박영진씨가 유일했다. 티티카카 호수 투어에 참가한 30여 명 중에도 세계일주를 하는 일본인 남자 친구가 있었는데 나선 지 이미 400일이 지났다고 했다. 이렇게 혼자서 다니는 배낭 여행자들을 보면 한편으로는 그 자유로움이 부럽기도 하고, 한편으로는 너무 외로울 것 같다는 생각도 든다.

푸노 항으로 돌아오는 길에 거센 바람이 불고, 파도가 치면서 폭우와 우박이 쏟아지는 가운데 배의 엔진이 몇 번 꺼지는 사태가 발생했다. 배가 기우뚱거리고 기관사들의 당황하는 모습에 순간 긴장했으나 엔진이 살아났고, 다시 잔잔해진 호수를 배는 미끄러지듯 달리기 시작했다. 초록색의 갈대밭을 지날 때는 물도 초록빛이다. 갈대밭 사이로 난 길을 따라 배가 천천히 미끄러지듯 지나가자 주위에 있는 갈대들이 반가운 듯 온몸을 흔들며 인사를 한다.

폭풍이 지나간 후 물결 하나 없는 호수는 너무나 잔잔하다. 거울 같은 호수라는 말은 이런 호수를 두고 나온 말일 것이다. 티끌 하나만

1. 우로스섬 사이의 교통수단인 토토라 배
2. 티티카카 호수에 떠 있는 우로스섬들

떨어져도 동그랗게 원을 그리며 물결이 퍼져나갈 것 같이 호수는 고
요하다.

산 페드로데 아타카마에서의 숙소 공연

칠레 북부에 있는 관광도시인 산페드로데 아타카마 주위는 세계에
서 가장 건조한 사막 지역인데, 모래 언덕과 붉은 황토색의 돌산으로
이루어져 있다. 죽음의 계곡에서 40여 분간 트래킹을 한 후에 달의 계
곡으로 향했다. 모래 언덕 정상에 거친 바람이 휘몰아친다. 황량한 모
래 언덕과 황토색의 돌산에서 일어나는 모래 먼지가 세찬 바람에 날
려 온몸을 휘감는다.

아! 이래서 달의 계곡이라 하는구나. 모래 언덕 정상에서 내려다본
모습은 지구가 아닌 SF 영화에서나 보았던 어느 행성의 모습이었다.
원시 지구의 모습이 이랬을까? 석양이 질 때까지 기다리면서 황량한
모래 산과 계곡을 바라보았다. 석양에 비친 먼 산들의 자줏빛 실루엣
이 여행자의 마음을 더욱 쓸쓸하게 한다.

저녁에 숙소로 돌아오자마자 복색으로 갈아입고, 산페드로데 아타
카마의 중앙 광장으로 나섰다. 산페드로데 아타카마는 주위에 엘 따
띠오와 달의 계곡, 소금사막들이 있는 조그만 관광도시인데 주민보다
관광객 수가 훨씬 많은 곳이다. 우리가 사물놀이 옷을 입고 길을 나서
자 길거리에 있는 많은 관광객이 무슨 공연이 있느냐면서 깊은 관심

지구가 아닌 이름 모를 행성에 서 있는 듯한 기분이 들었던 달의 계곡

을 보이며 일부는 우리를 졸졸 따라 온다. 길가에 있는 음식점에서 저녁을 먹던 관광객들도 복색을 입은 우리의 모습을 보고 손을 흔들어 주었다.

그러나 정작 찾아간 중앙 광장은 텅 비어있었다. 우리 뒤를 따라온 사람들이 일단 공연을 시작하면 소리를 듣고 사람들이 모여들 것이라 이야기했지만 조용한 광장에서 저녁 늦게 시끄러운 공연을 하는 것이 내심 내키지 않았다.

다시 숙소로 돌아왔는데, 숙소 주인이 마당에서 숙박객들을 위해 공연을 해 줄 수 없느냐고 부탁을 하기에 기꺼이 하겠다고 나섰다. 우리도 힘들게 공연 준비를 하고 그냥 복색을 벗기가 아쉬웠던 것이다.

주인은 50대 중반의 부인이었는데 어제 우리가 도착했을 때만 해도 상당히 깐깐하게 굴더니 우리가 음악을 연주하면서 세계를 일주한다는 것을 알고는 무척 부드러워졌다. 역시 문화는 사람들 사이를 원활하게 해주는 윤활유 역할을 한다.

주인은 우리 보고 잠깐 기다리라고 하고 밖에 나가더니 동네의 할머니와 할아버지들을 모시고 왔다. 아마도 이 마을의 터줏대감들인 것 같았다. 어른들을 공경하는 관습은 세계 어느 곳이든 시골마을의 공통점인 것 같다. 어느 나라든지 나이든 어른들은 세상을 산만큼 상대방을 이해해 주고, 상대방의 마음을 편하게 해 준다.

우리도 우리나라에서건 외국에서건 나이 드신 어른들 앞에서 공연을 할 때는 마음이 포근함을 느끼고 마치 어른신들의 여유가 우리의 마음속으로 들어오는 기운을 느꼈다. 우리의 사물가락은 박력 속의 부드러움 때문에 젊은이들의 박력에도 잘 어울리지만 노인들의 부드러움과도 잘 어울리는 음악이라는 생각을 해 본다. 어쨌든 4~5명의 동네 어른들과 10여 명의 숙박객을 대상으로 작은 공연이 열렸다.

할머니, 할아버지들은 한순간도 눈을 떼지 않고 우리의 공연을 보면서 고개를 가볍게 흔든다. 그 모습이 우리나라의 어르신들과 하나도 다르지 않다. 우리는 마치 우리나라에서 할머니 할아버지를 모시고 공연을 하는 기분이었다.

공연이 끝나자 너무 좋은 공연이었다며 어깨도 토닥거려주시고, 앞으로도 좋은 여행이 되라고 격려를 해주신다. 어른들께 받은 칭찬과 격려라 우리 가족에게는 더 큰 힘이 되었다. 마치 고향에 계신 부모님을 다시 만난 기분이었다. 숙박객들과도 여행에 대한 여러 가지 이야기를 나누었다. 칠레 북부의 조그만 마을의 할머니, 할아버지와 함께한 오늘의 공연이야말로 여행에 지쳐가는 우리의 마음을 다시 추스르게 해주었다.

친절한 칠레 사람들, 따뜻한 우리 교민들

산티아고의 지하철은 서울 도심의 5~8호선 지하철 수준 정도로 내부도 깨끗하고 쾌적하다. 지하철역에서 다음 갈 곳을 찾아 열심히 노선도를 보고 있는데 한 신사가 다가오더니 '내가 뭐 도와 줄 일이 없느냐?' 고 친절하게 물어본다. 이와 같은 광경은 산티아고 어디에서나 쉽게 목격할 수 있다.

얼마 전에는 크리스마스 분위기가 물씬 풍기는 산티아고 시내 중심부를 걷고 있는데, 한 아저씨가 다가오더니 민수 목에 맨 카메라를 보고는 '요즘에는 칠레에도 관광객의 카메라 등을 낚아 채 가는 사람들

1. 산페드로데 아타카마 사막에 있는 달의 계곡
2. 지구의 심장에서 나오는 숨소리를 들을 수 있는 엘 따띠오
3. 엘 따띠오 노천 온천에 몸을 담그고

이 많아 졌다.' 면서 조심하라는 말을 해주고 간 적이 있었다. 이 일을 계기로 페루에서 긴장을 했다가 칠레로 넘어오면서 긴장이 완전히 풀렸던 우리는 소지품에 다시 각별한 주의를 하게 되었다.

칠레 어디서든지 친절한 사람들을 만날 수 있다. 남미 나라들 중 비교적 잘 사는 나라에 속하고 자연환경도 좋아 사람들도 훨씬 여유 있어 보인다.

역에서 지하철 표를 사려고 기다리는데 익숙지 않아서인지 기다란 줄이 지루하게 느껴진다. 지난번 빵 가게에서 빵을 골라서 계산대로 가져가니 가격이 적힌 용지를 내민다. 용지를 들고 다른 카운터로 가서 값을 지불하고 지불한 영수증을 가지고 다시 다른 곳으로 가서 빵을 찾아오는 절차를 거쳤다.

겨우 1,000원어치 빵을 사면서 엄청난 절차를 거쳤는데, 이 이야기를 칠레의 교민들에게 했더니 웃으면서 칠레에서는 늘상 있는 일이고, 교민들도 처음에는 적응을 못 하다가 오래 살다 보니 이제는 오히려 이런 절차가 자연스럽게 느껴진다고 했다.

은행 창구에서의 기다림도 만만치 않다고 했다. 엄청난 줄이 서 있어도 창구 직원은 옆 직원과 농담을 하며 천천히 일을 처리하고, 손님의 서류가 미비 되어 있으면 밖에 나가서 준비해 올 때까지 다음 일 처리를 하지 않고 기다린다고 했다. 그러다 종료시간이 되면 기다리는 줄에 상관없이 칼같이 문을 닫고, 그럼에도 기다리던 사람들은 불평 한 마디 없이 돌아간단다. 우리로서는 상상도 할 수 없는 일이 지구의 반대편에서는 일어나고 있었다.

어느 것이 옳고, 어느 것이 잘못됐다는 차원이 아니라 단지 문화의 차이인 것 같다.

칠레에 사는 우리 교민들은 대부분 산티아고에서 의류업을 하고 있는데, 모두 마음이 여유롭다. 역시 교민도 현지인을 닮아간다는 사실을 칠레에 사는 교민들을 보면서 다시 한 번 느꼈다. 칠레 남부의 파

산타루시아 언덕에서 내려다 본 산티아고 중심부

산티아고의 시장에서 의료업을
하는 교민과 함께

타고니아로 가기 위해 좀 더 두꺼운 옷을 사려고 우리 교민이 하는 옷 가게에 들렀는데 그냥 가져가라면서 두꺼운 옷을 가족 숫자대로 챙겨 주신다. 다 입고 나서는 현지인들에게 나누어 주면 좋아할 거라면서, 여행을 잘하라는 격려도 잊지 않는다.

안데스에서 파타고니아로 이어지는 50시간 버스여행

칠레의 산티아고에서 최남단 푼타아레나스까지는 비행기로 4시간이 소요되고, 버스로 가면 약 50시간이 걸리는 거리이다. 사실 버스로 이렇게 먼 거리를 가는 것은 무리일지 모른다. 하지만 버스여행을 고집하는 이유가 몇 가지 있다.

첫째는 버스로 안데스 산맥을 넘으면서 비경을 보고싶은 것이다. 비행기로 안데스 산맥을 지나간다면 육로로 넘으면서 볼 수 있는 기회가 없기 때문이었다. 두 번째 이유는 아르헨티나, 칠레 국경을 왔다 갔다하며 칠레 산악의 아름다움과 아르헨티나 파타고니아 대평원의 장관을 보고싶은 것이다.

몇 년 전, 칠레와 아르헨티나 양국이 모두 비자가 필요했을 때는 이렇게 여행하는 것이 힘들었었다. 그러나 이제 두 나라 모두 우리에게 무비자국이 되면서 이런 버스여행이 가능해진 것이다.

여행지에서 그것도 버스나 기차에서 만나는 일출 광경은 여행자의 마음을 더욱 들뜨게 한다. 북미 알래스카에서 시작되어서 칠레 남부 푸에르토 몬토까지 뻗어 있는 판암 고속도로를 버스는 쉬지 않고 달린다.

잠에서 깨니 차창 밖의 풍경이 달라져 있다. 끝없이 펼쳐진 초록색의 싱그러운 들판에 소들이 평화롭게 풀을 뜯고 있고, 그 너머에는 하늘 높이 곧게 뻗은 침엽수림이 울창하게 우거져 있다. 어떤 곳은 우리나라와 같이 편안한 풍경이고, 어떤 곳은 유럽의 알프스 산자락 같은 아름다운 풍경이다. 여기가 바로 칠레 중남부의 로스라고스 지방이다.

오소르노에서 버스를 갈아타서 출발하자마자 오른쪽 창 너머로 흰 눈을 머리에 인 안데스의 봉우리가 하나 둘 보이기 시작하더니 버스는 안데스 산맥을 천천히 오르기 시작한다.

길가에는 빨강, 노랑 이름 모를 봄꽃들이 활짝 피어 있고, 안데스 준봉의 파노라마가 이어진다. 시시각각 변하는 기막힌 풍경을 구경하다 보니 어느덧 버스는 국경에 멈추어 선다. 간단한 출국 수속을 하고는 칠레 국경을 통과했다. 버스는 칠레 국경 사무소에서 아르헨티나 국경 사무소까지 울창하게 우거진 숲 속 길을 천천히 달린다. 고산 지대라 허연 나뭇가지가 드러나고 위에만 잎이 덮인 고목들이 즐비하다.

안데스 산맥을 넘어 아르헨티나로 들어오자 그림 같은 호수와 눈 덮인 산, 그리고 길가에 핀 노란 꽃들이 끝없이 이어진다. 정말 놓치기 싫은 아름다운 풍경들이다.

파란색의 호수와 흰색 산이 어우러지고, 저녁 햇살에 호수의 잔물결이 부서진다. 카메라만 들이대면 모두가 그림엽서가 될 것 같다. 안데스 산맥이 만들어 낸 푸른 호수와 맑은 계곡, 잔설이 남아 있는 바위산의 경치를 마음껏 즐겼다. 안데스 자락의 아름다운 관광지 바릴로체에는 저녁 7시에 도착했다.

그러나 버스는 쉬지 않고 계속 달린다. 어둠이 깔리고 잔설이 남아 있는 바위산 위로 휘영청 밝은 달이 얼굴을 내민다. 달빛 아래 산들의 실루엣이 고향을 떠난 여행자의 마음을 더욱 쓸쓸하게 한다.

버스 안에서 두 번째 새벽이 밝아온다. 버스는 아르헨티나 남부를 가로질러 어느덧 대서양 연안을 달리고 있었다. 왼쪽 바다 위 하늘이 빨갛게 물들더니 커다란 해가 바다 위로 모습을 드러낸다. 지금까지 보아 오던 일출의 모습과는 또 다른 모습이다. 가도 가도 끝이 없는

1. 버스 차창 밖으로 보이는 일출. 동이 트는 모습은 언제, 어디서나 신비롭고 아름답다
2. 안데스 산맥을 넘어가는 길
3. 비행기에서 내려다본 안데스 산맥의 위용

대평원이 펼쳐진다. 반 사막지대로 마른 풀들이 덮여있고 그 마른 풀들을 뜯는 양 떼가 곳곳에 보인다.

도로에는 야생동물 보호 팻말이 많이 붙어 있는데도 몇 km에 하나씩 차에 치인 야생 동물의 시체가 널려 있다. 마른 풀만 자라는 황량한 들판을 버스는 오전 내내 달렸지만 지평선만 보일 뿐 언덕 하나 눈에 띄지 않는다. 남쪽으로 갈수록 바람이 조금씩 서늘해진다. 조금 열어둔 창문으로 들어오는 세찬 바람이 제법 차갑게 느껴져서 열린 창문을 닫았다. 밤 10시가 지난 시간인데도 하늘이 훤해서 어두워 질 기미가 없어 보인다.

10시 40분, 막 어두워지기 시작한 시간에 푸에르토나탈레스에 도착했다. 이틀만에 제대로 된 침대에 발을 뻗고 자게 되었다. 오랜만에 편한 침대에 누우니 행복감이 밀려온다.

인생을 살면서 진정으로 자기가 하고 싶은 일에 몰두할 수 있는 시간이 얼마나 될까? 이렇게 몰두하는 시간이야말로 정말 행복한 시간들일 것이다. 지금 나는 가족들과 그런 행복한 시간을 보내고 있다. 비록 몸은 힘들고 마음은 항상 바쁘지만 내가 진정으로 하고 싶은 일을 하고 있기 때문에 하나도 힘든 줄을 모르겠다.

칠레 파이네 국립공원의 빙하와 호수들

어제의 궂은 날씨는 아침에 일어나니 언제 그랬느냐는 듯 활짝 개어 있다. 극지방 날씨라 역시 예측이 어렵다. 푸에르토나탈레스는 주위에 빙하와 바다가 있는 아름다운 곳이다. 비온 뒤의 거리는 더욱 싱그럽고 아침 하늘은 눈이 부셨다. 예정대로 미니 봉고버스를 타고 파이네 국립공원 투어를 시작했다. 일행은 우리 가족 외 6명이 전부이다.

눈이 부시게 파란 하늘, 가는 곳마다 펼쳐지는 하얀 눈 산, 연한 하늘색의 평화로운 호수들, 그 사이에 피어난 진달래와 개나리같이 빨

1. 파이네 국립공원의 비경
2. 파이네 국립공원의 그레이 빙하
3. 파이네 국립공원에 핀 신발 모양의 꽃

갖고 노란 이름 모를 꽃들, 세차게 흘러내리는 빙하가 녹은 강물, 그리고 곳곳에 폭음을 울리며 떨어지는 폭포……. 비싼 입장료와 관광 경비가 아깝지 않다. 나는 지금 지구의 남쪽 끝에 있는 비경을 즐기고 있다. 유럽에서 아쉽게 놓친 노르웨이의 경치를 보상받는 기분이다. 날씨도 활짝 개서 곳곳에 설치된 전망대에서 바라다보는 경관이 그만이다. 왜 칠레를 유럽의 알프스라고 하는지 이해가 된다.

파이네 국립공원의 마지막 하이라이트는 그레이 빙하이다. 빙하가 녹아 흐르는 세찬 강물 위에 놓인 아슬아슬한 목조 구름다리를 건너서 숲속으로 난 길을 10여 분 걸어가니 커다란 호수에 둥둥 떠다니는 빙하가 모습을 드러낸다. 하얗다 못해 비취색이 감도는 빙하는 보기만 해도 눈이 시리다.

1. 세라노 빙하와 현정이
2. 푸에르토나탈레스 항구

호수 가까이 다가가서 빙하 한 조각을 깨서 입에 넣는다. 티 없이 맑고 단단한 수 만 년 전의 얼음 조각이 입안에 녹아드는 상쾌함이란……. 파란색이 감도는 그레이 호수의 빙하를 보면서, 호수 주위를 2시간여 동안 걸어 다녔다.

이튿날은 배를 타고 세라노 빙하 투어에 나섰다. 배는 아름다운 항구 푸에르토나탈레스를 등지고 마치 호수처럼 잔잔한 바다를 향해 나아간다. 그러나 조금 나서자 바람이 거세게 불어서 갑판 위에 올라서지도 못할 정도이고, 커다란 흰 물결은 배가 나아갈 때마다 유리창에 부서진다. 왼쪽에 펭귄섬이 보인다는 방송을 듣고 사진 찍으러 갑판 위로 올라섰다가 순식간에 파도를 뒤집어써 옷을 완전히 적시고 말았다.

바다의 색깔이 파란색이 아니고, 연두색과 파란색 중간에 흰 물감을 탄 것 같은 쑥색이다. 곳곳에 빙하가 녹은 물이 절벽 위에서 바다로 직접 떨어지는 폭포들이 눈에 띈다. 수십 미터의 푸른 절벽 위에서 하얀 물줄기가 바람에 흩날리며 푸른 바다 위로 떨어지는 모습은 장관을 이룬다.

그동안 친해진 숙소 주인과 우리 가족에게 많은 도움을 준 여행사 사장에게 산티아고 교민에게서 받은, 이제는 필요 없어진 두터운 겨울옷을 나누어주고는 푼타아레나스로 향했다.

지구의 남쪽 끝에서 만난 사람들

지구의 남쪽 끝, 푼타아레나스에 도착한 우리는 백팩커스에 숙소를 정하고 간단히 식사를 한 후에 공연을 하기 위해서 무작정 시내 중앙 광장으로 나갔다. 칠레의 최남단, 아니 지구의 최남단 마을에서 꼭 한 번 공연을 하고 싶었기 때문이다.

멀리서 굴삭기 소리가 요란하게 들린다. 마젤란 동상이 서 있는 중앙 광장은 수리 공사를 하는중이었다. 그렇다고 포기하고 갈 우리가 아니었다. 중앙공원 옆을 돌아다니며 적당한 장소를 찾던 중 차가 다니지 못하는 길을 발견 하고는 자리를 깔고 앉아 공연을 시작했다.

처음 관중은 단 두 사람. 그러나 시간이 갈수록 관중이 모여들기 시작하더니, 어느새 수백 명이 모여들어서 평생 처음 들어보는 음악과 처음 보는 의상이 신기한 듯 쳐다본다.

박자가 빨라질 때는 모여든 관중의 얼굴에서도 흥겨워 하는 모습이 보인다. 관중의 대부분이 현지 주민들이어서 우리에게는 더욱 뜻 깊은 공연이었다. 우리의 교포가 한 사람도 살지 않는(내가 아는 정보로는) 지구의 최남단 푼타아레나스에서 사물놀이 공연을 할 수 있다니, 너무나 가슴이 벅차올랐다.

우리의 가족소개서를 내밀면서 보라고 하자 Tip을 요구하는 줄 알고 얼른 지갑 속에서 돈을 꺼낸다. 우리는 돈을 받지 않는다고 손을 내저었다. 사실 우리는 유럽 이외에는 Tip Box를 놓고 공연을 한 적이 없다. Tip 문화도 형성되어 있지 않거니와 힘들게 사는 사람들에게 조금이라도 부담을 주기 싫었기 때문이다.

유치원생들이 선생님과 함께 길을 지나다가 단체로 관람을 했다. 세계 어디를 가나 천진난만한 어린 아이들의 모습은 사랑스럽다. 공연을 하면서 앞에 서있는 귀여운 어린이들을 보고 있으려니 웃음이 저절로 났다.

우리의 공연이 끝날 때마다 커다란 박수로 환호를 보내 주는 사람들의 얼굴에서 여유가 느껴진다. 스페인어로 된 가족 소개서를 내가 읽으려다가 옆에 있는 아주머니에게 읽어 달라고 부탁했더니 관중을 보고 큰 소리로 우리 가족 소개서를 읽어주었다.

공연은 끝났으나 사람들은 좀처럼 자리를 뜨지 않는다. 모여든 할머니, 할아버지들의 앙코르를 받아 웃다리 사물놀이를 한 번 더 연주했다. 공연을 마치고 숙소로 돌아오는데 민정이 또래의 아이가 따라오더니 '이렇게 와서 우리를 위해 공연해 주어서 너무 고맙다.' 는 말

1. 우리 가족 소개서를 읽어 주시는 아주머니
2. 지구 최남단 푼타아레나스에서의 공연
3. 현정이의 또래 친구들과 함께

과 함께 자기가 하고 있던 무당벌레 모양의 귀걸이를 빼서 민정에게
건네주었다.

아! 아버지

어제 오후 부에노스 아이레스를 출발한 버스에서 하룻밤을 보내고
아침에 눈을 뜨니 끝없이 이어지던 대초원이 서서히 밀림 지대로 바
뀌고 있었다. 아침 8시에 아르헨티나 측 이과수가 있는 푸에르토 이
과수라는 조그만 도시에 도착했다. 도착하자마자 이과수 폭포 관광을
어떻게 할 것인지 여행사에 가서 상담을 하다 보니 시간이 10시에 가
까워 졌다.

한국 시간으로는 지금이 밤 10시이고, 오늘이 대구 형님댁에서 지
내는 할아버지 제삿날이라 혹시 아버지가 와 계실지도 모르기 때문에
안부도 전할 겸해서 형님 댁으로 전화를 걸었다. 그러나 전화로 청천
벽력 같은 소식을 전해 듣고는 아내의 얼굴이 파랗게 변하면서 울먹
인다.

아버지가 교통사고를 당하셔서 뇌수술을 받았고, 아직도 기억이 돌
아오지 않은 상태라고 했다. 옆에서 아내의 통화 내용을 듣던 나도 사
태의 심각성을 알고는 일단 병원으로 전화를 걸었다. 동생 홍범이가
전화를 받았다. 어떻게 알았느냐며 일부러 알리지 않으려고 했다면서
사고 경위를 간단히 설명해 준다. 10일 전쯤에 어머니와 함께 오토바
이를 타고 가다가 오토바이가 전복되는 사고가 나서 뇌를 다치셨고,
뇌수술을 받은 상태라고 했다.

지금의 상태가 어떤지 다그쳐 물으니 뇌를 다쳤기 때문에 기억 상
실에 걸린 상태이고, 조금씩 나아지겠지만 나이가 많으셔서 완전히
회복하기는 어렵다고 한다. 눈앞이 캄캄해지면서 갑자기 정신이 멍해
졌다. 어떻게 해야 할지를 모르겠다. 갑자기 정신적인 공황상태가 된

것이다. 아내가 어머니께 전화를 하자 어머니는 괜찮다면서 아버지는 반드시 정상으로 돌아오실 거라고 믿는다고 하셨다. 어머니는 오히려 우는 아내에게 왜 우느냐며 걱정하지 말라고 위로를 하더란다. 아마도 어머니는 그렇게 믿고 싶을 것이다. 그런 믿음마저 없다면 어떻게 이 힘겨운 시련을 견디겠는가?

어머니와 동생들이 가족회의를 통해서 아버지가 당장 위독한 상태는 아니기 때문에 여행 일정이 얼마 남지 않은 우리에게는 일절 알리지 않기로 했고, 따라서 사고가 난 지 10일이 지났는데도 우리는 전혀 모르고 있었던 것이다. 그 이야기를 듣고나니 눈물이 앞을 가로 막는다. 얼마 전 문희가 '아버지와 어머니 모두 잘 있다.' 라는 내용의 글을 홈페이지 게시판에 올린 것도 아버지가 다치신 이틀 후에 쓴 것이라 생각하니 또 한 번 눈물이 핑 돈다. 우리는 여행 중에도 집에 보름에 한 번씩은 전화를 꼭 드렸었는데, 전화한 다음날 아버지가 사고를 당하셨던 것이다.

아내와 나는 아무 말도 없이 눈시울만 붉혔다. 지금 당장 여행을 접고 돌아가야 할지 판단을 내리지 못하겠다. 일단 아버지가 위독한 상태는 아니고 오늘 당장 우리가 간다고 바로 회복이 되는 것도 아니었다. 또한, KBS 방송국의 월드넷 프로그램에서 우리의 남미 여행 일정을 취재중이었다. 어쨌든 여러 가지 이유 때문에 며칠 간 전화로 상황을 지켜보면서 결론을 내리기로 했다.

아내와 아이들을 모아 놓고,

"내일 당장 가야 할 상황이 될지도 모르겠지만 바로 지금 이 순간이 우리에게는 가장 소중한 시간들이다. 우리가 앞으로 얼마나 더 여행을 계속할 수 있을지 모르지만 여행을 하는 순간만큼은 우리가 나올 때 가졌던 목표를 생각하며 하루하루 최선을 다하자. 이것이 바로 몸져누우신 할아버지의 뜻일 것이고, 할아버지의 사고 소식을 우리에게 알리지 않으려고 했던 가족들의 바람일 것이다."

라고 이야기를 했다. 사실은 나 자신에게 하는 이야기였다.

1. 아르헨티나 측 이과수 폭포
2. 브라질 측에서 본 이과수
   폭포 위용

지난 9개월 동안 여행을 나온 이래 우리도 아무 사고가 없었고, 한국에 계신 부모님이나 장모님도 건강하셔서 우리는 정말 행운아라고 얼마나 다행스럽게 생각하고 있었는가? 지난 10일 동안 부모님께 큰일이 생긴 줄도 까맣게 모르고 있었다니, 내 욕심만 채우며 살아 온 것 같아 너무 부끄러웠다. 장남으로서 죄인이었다. 우리를 걱정하느라 더욱 힘이 드셨을 부모님을 생각하니 자꾸만 눈물이 앞을 가린다.

꼬리에 꼬리를 무는 생각들을 하는 사이 버스는 어느새 이과수 국립공원 입구에 닿아 있었다. 1인당 30페소씩 하는 비교적 비싼 이과수 폭포 입장권을 끊어, 미니 열차를 타고 종점에서 내렸다. 약 20여 분을 걸어가니 '악마의 목구멍' 이라는 거대한 폭포가 굉음과 함께 모습을 드러낸다. 역시 세계 최대의 폭포답게 웅장하다. 다시 열차를 타고 매표소 방향으로 오다가 중간역에서 내려, 약 한 시간 정도 걸어다니며 산 마르틴 폭포 등을 구경했다. 이과수는 한두 개 폭포로 이루어진 것이 아니라 수십 개의 폭포로 이루어진 폭포 군이었다. 정글의 나무 사이로 떨어지는 새 하얀 물줄기들이 여기저기 보인다. 이것이 이과수의 매력이기도 하다.

오후 7시에 다시 출발지이었던 푸에르토 이과수로 돌아왔고 유스호스텔로 숙소를 잡았다. 아르헨티나는 남미에서 물가가 싼 나라 중 하나이다. 몇 년 전만 해도 1달러=1페소의 고정환율제 때문에 관광객들에게 매우 불리했었는데, 고정 환율제가 폐지되고 변동환율제가 되면서 1달러=3페소로 물가가 1/3 수준으로 떨어지는 결과를 낳았다. 어쨌든 이전부터 구축된 여행하기 좋은 인프라와 환상적으로 싼 물가(맥주 1리터가 700원) 때문에 아르헨티나는 남미에서도 가장 여행하기 좋은 나라로 바뀌었다.

아버지의 사고 소식을 접한 후 여행에 대한 즐거움은 완전히 사라졌다. 실질적인 우리의 여행은 아버지의 사고 소식을 들으면서 끝이 났는지도 모른다. 우리가 하는 여행이 무의미하게 느껴졌고, 더 이상 여행을 지속할 가치가 있는지 의심스러웠다. 버스의 창가를 스치는 경치도 눈에 들어오지 않았고 머릿속은 온통 부모님 생각뿐이었다. 온 가족이 모여 앞으로 남은 여행 일정을 협의했다. 마지막의 동남아 일정을 포기하기로 했다. 그리고 남미 여행이 끝난 뒤 뉴질랜드와 호주 일정은 아버지의 상태를 보아 가면서 포기하든지 축소하기로 했다. 마음 같아서는 당장이라도 집으로 가고 싶었으나, 어쩌면 다시 오지 않을 일생에 한번 밖에 없을 기회를 포기하는 것도 쉽지 않았다.

삼바의 본고장 브라질 초등학교 공연

남미로 온 이후에 더욱 스케줄이 빡빡해졌고, 하루하루가 숨 가쁘게 돌아갔다. 거기다 아버지의 사고 소식까지 겹쳐 더욱 정신이 없다. 우리 가족은 문경열 선교사의 초청으로 상파울루의 인근에 있는 카사블랑카라는 마을에 와 있었다.

인근의 현지 초등학교에서 10시에 공연을 하기로 되어 있어서 아침 식사를 하고 집을 나섰다. 이 초등학교에서는 우리나라의 70~80년대처럼 오전반과 오후반으로 나누어서 수업을 하고 있었는데 우리의 공연은 오전반인 250여 명을 대상으로 하기로 했다.

현정이의 동요로 공연은 시작되었고, 이어서 사물놀이가 시작되자 아이들이 흥에 겨워 앉은 자세에서 춤도 추고, 몸을 움직이며 우리의 장단에 맞추어서 손뼉을 친다. 역시 삼바의 나라 어린이들답다. 선생님들이 아이들에게 조용히 감상을 하라고 주의를 시키자, 우리는 오히려 흥겨우면 일어나서 춤도 추고 마음껏 몸을 흔들어도 좋다고 이야기를 했다. '사물놀이는 조용하게 감상하는 것이 아니라 흥겨우면 같이 춤도 추고 흥을 나누는 것'이라고 선생님들께 이야기했다.

아이들은 이 이야기를 듣자 모두 손을 높이 들고 환호성을 지른다. 공연하는 동안 선생님들을 쳐다보았는데, 선생님들 표정도 상기된 모

1. 상파울루 인근의 카사블랑카 초등학교 공연

2. 상파울루 삼바학교에서의 공연 모습

습으로 박자에 맞추어 손과 발을 움직이고 있었다. 어린이들의 열광
적인 반응을 보며 순수한 어린이들의 동심과 함께할 수 있어서 즐거
웠다.

　사물놀이 공연이 끝나자 어린이들이 자리를 뜨지 않고 '한 번 더'를
외친다. 어떤 공연을 다시 보고 싶느냐고 물었더니 현정이의 노래를 한
번 더 듣고 싶다고 한다. 모든 공연이 다 끝났으나 아이들은 헤어지기
아쉬운 듯 우리 가족 주위를 맴돌며 악수를 청하기도 하고, 현정이의
이름을 묻기도 하고, 최고라고 오른손 엄지손가락을 세우기도 한다.
　현정이는 학교 측으로부터 포르투갈어로 된 동화책을 선물로 받았
고, 아이들은 하얀색 티셔츠에 우리가족에 대한 덕담과 자신들의 사
인을해서 우리에게 건네준다. 축구가 끝나고 티셔츠를 교환하는 장면
을 많이 보아 오던 터라 낯설지 않다. 그리고 티셔츠 한 장을 가지고
와서는 우리 가족의 사인을 부탁했다. 민정이와 민수도 그들이 내민
티셔츠에 열심히 사인을 했다. 어떤 아이들은 우리에
게 자신들의 티셔츠에 사인을 해 달라며
등을 내민다. 티셔츠를 이용해서
우정을 표시하는 문화가 낯설기
는 했지만 싫지는 않았다.
　공연을 마치고 학교를 나오려는
데 교장 선생님이 지금 아이들이
우리가족에게 줄 편지를 쓰고 있다
면서 조금만 기다렸다가 편지를 받아 가라
고 했다. 차를 마시며 조금 기다렸더니 반마
다 한 움큼씩의 편지를 가지고 와서 우리에
게 전해주었다. 이 편지들은 지금도 파일로
철을 해서 소중하게 보관하고 있다. 아직 포
르투갈어를 하는 사람을 만나지 못해서 해
석은 안 되고 있지만……

삼바와 사물놀이의 만남

세계일주 나오기 전부터 나는 우리의 사물놀이에 대한 반응이 가장
좋은 곳이 브라질일 거라고 확신을 하고 있었다. 그 이유는 간단했다.
남미 특유의 낙천적 기질과 가락, 그리고 몸놀림이 우리의 사물놀이
가락에 가장 잘 어울릴 것 같았기 때문이다. 브라질에 오기 전부터 사
물놀이와 삼바가 함께 공연을 하는 모습을 상상하곤 했는데 오늘 바
로 그 꿈이 이루어지는 날이었다.

삼바학교는 말이 학교이지 우리가 생각하는 학교와는 거리가 멀다.
외관은 공장 건물처럼 생겼다(실제로 옛날에는 공장이었다고 한다.).
건물 가운데에 커다란 공터가 있는데, 여기에서 삼바 카니발과 연주
연습을 한다고 했다. 삼바학교 선생님은 우리를 카니발에서 사용하는
화려한 의상들이 진열된 곳으로 데리고 가서 옷과 모자를 쓰게 하고
는 자신을 따라 삼바 춤을 춰보라며 유연하게 엉덩이를 흔들어 댄다.
열심히 흉내를 냈지만 아직은 어색하고 그 빠른 리듬을 도저히 따라
할 수가 없었다.

학교 고유의 깃발과 그동안 카니발 축제에 참가했던 사진 등을 자
랑스럽게 보여준다. 선생님을 따라 삼바학교 구석구석을 돌아본 다음
우리는 본격적으로 삼바 리듬을 배우기 위해 드럼 비슷한 삼바 악기
를 하나씩 챙겨들었다.

삼바 연주자들을 따라서 삼바 악기들을 연주해 보았다. 비슷한 리듬
도 많고 같은 타악기들이라 그런지 음악적 재능이 뛰어난 민정이는 곧
따라 한다. 사물놀이에서 북을 담당하는 나도 북 가락과 비슷한 가락
이 많아서 조금만 연습을 하면 충분히 따라 할 것 같다는 생각을 했다.

드디어 우리의 사물놀이와 삼바의 만남이 이루어졌다. 우리가 삼바
리듬을 어느 정도 배운 후에 우리의 사물놀이를 삼바학교 학생들에게
보여주려고 삼바학교 중앙 공터에서 웃다리 사물놀이 공연을 시작했
다. 발로 장단을 맞추며 한참을 듣고 있던 삼바학교 학생들이 삼바 악

화려한 카니발 의상을 입은 민
정과 민수

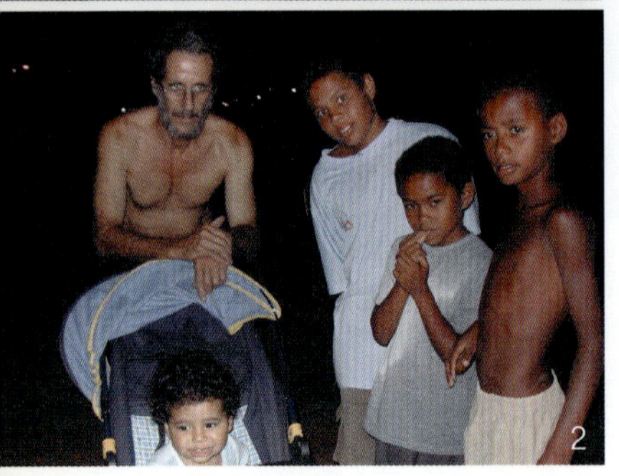

1. 카사블랑카 마을 길놀이
2. 구경나온 마을 사람들

기를 하나 둘 가져오더니, 우리를 따라 연주하기 시작했다. 꽹과리와 징, 북, 장구에 더하여 삼바 악기들로 이루어진 합주는 우리의 사물놀이를 더욱 빛나게 했다. 웅장한 음악소리가 삼바학교 전체에 울려 퍼졌고 그 감동은 오래도록 계속되었다.

카사블랑카 가정에서의 초대

상파울루에서 1시간 정도 떨어진 곳에 위치한 카사블랑카라는 마을은 도시의 서민들이 사는 곳이다. 목회 활동을 하는 문경열 선교사님의 초청으로 우리도 이 마을에 가게 되었는데, 겉으로 보기에도 가난의 티가 흐르는 마을이었다. 도착하자마자 사물놀이 복색으로 갈아입은 후 악기를 하나씩 들고, 길놀이를 하면서 마을을 한 바퀴 돌았다.

집집이 기르는 커다란 개들이 '멍멍' 거리며 낯선 이방인의 낯선 음악을 반겨준다. 이어서 마을 사람들이 창밖으로 고개를 길게 빼고, 처음 들어보는 음악과 옷차림이 신기한 듯 손을 흔들며 환영해준다. 어디를 가나 우리와 가장 빨리 친해지는 것은 아이들이다.

벌써 긴 줄을 이루며 우리 뒤를 졸졸 따라온다. 가난한 마을 사람들이지만 그들의 얼굴에서는 근심걱정을 찾아볼 수 없다. 어른도 어린이도 마찬가지이다. 얼굴에는 웃음이 떠나지 않고, 태평한 모습이다. 그들에게 있어서 삶이란 소유를 위해서 몸부림치는 것이 아니라 오늘 하루를 즐기는 것처럼 보였다.

길놀이를 마친 우리는 마을 중앙에 있는 공터에 자리를 잡고 앉아 본격적인 공연에 들어갔다. 가랑비가 조금씩 내리고 날은 이미 어두워지고 있었다. 문 선교사님은 자동차 헤드라이트로 우리가 공연하는 곳을 비추어 주어, 멋지고 훌륭한 무대가 즉석에서 마련되었다.

50여 명의 마을 사람들이 지켜보다가 흥에 겨워서 서로 몸을 흔드는가 싶더니 어린 아이들은 하나 둘 춤을 추기 시작했다. 이내 분위기가 고조되자 모두 앞사람 어깨에 손을 얹고 뛰면서 원을 그리기 시작했다. 이렇게 흥겨워하는 모습에 공연을 하는 우리도 더욱 신이 났다. 가랑비가 오는 날씨라 장구와 북이 눅눅해져서 소리가 잘 나지 않았지만 아내와 나는 힘껏 북채와 장구채를 놀렸다.

남미에서의 공연은 언제나 신이 난다. 지금까지 다녔던 5개 대륙 중에서 남미 대륙만큼 우리의 공연에 열광하고 즐거워하는 대륙은 없었다. 어릴 때부터 익숙한 고유의 타악기 리듬에 남미 특유의 낙천성과 개방성이 우리의 사물놀이와 정확하게 맞아떨어진 것 같다.

공연이 끝나고 현지인 가정에 초대를 받았다. 친족들과 마을사람들까지 몰려들어서 마치 잔칫집 같은 분위기에서 우리를 위해 정성껏 준비한 브라질 전통 음식을 내 놓는다.

주인 아주머니는 '이것 먹어 봐라, 이 맛은 어떠냐?'며 우리의 접시에 음식을 끊임없이 올려놓았고, 우리는 오른손 엄지손가락을 치켜들며 유일하게 아는 포르투갈어인 '오브리가도(최고다)'를 연발하며 열심히 입을 놀렸다. 여기저기서 웃음소리가 터지고 왁자지껄 떠드는 소리가 정겹게 느껴진다.

주인 할머니는 고향에 있는 어머니를 연상시킬 정도로 조그만 키에 성격이 무척 활달하다. 우리 아이들도 한 번씩 안아 주었고, 아내와도 오랫동안 포옹을 했다. 말은 통하지 않았지만 무슨 이야기를 하는지 쉽게 알 수 있었다.

떠들고 즐기는 사이에 밤이 깊어갔고, 아쉬운 작별의 시간이 다가왔다. '너무 감사했다'고 인사를 드리자 할머니는 잠깐 기다리라면서 방으로 들어가시더니, 손수 짠 눈부실만큼 새하얀 테이블보를 아내에게 선물이라며 내밀었다. 아내는 무척 감격해서 오랫동안 할머니를 포옹하며 눈시울을 붉혔다.

지구 반대편에서 만나 우리에게 깊은 사랑과 친절을 베풀어 주었던 브라질 카사블랑카 마을 사람들과, 아내에게 예쁜 테이블보를 선물해 주신 할머니를 생각하면 지금도 가슴이 따뜻해져 온다.

1. 우리를 초대한 가족
2. 손수 짠 테이블 보를 선물한 할머니

호주의
한여름의 크리스마스
10. Midsummer Christmas in Australia

갈수록 수척해지는 민정이

아버지의 사고 소식은 나와 아내뿐만 아니라 우리 가족 모두에게 큰 충격을 주었다. 뇌를 다친 것이 어떤 의미인지 잘 모르는 현정이를 제외하고는, 가족 모두가 여행의 즐거움을 잊어버린 채 점점 웃음을 잃어가고 있었다. 한 번은 민정이와 민수에게 왜 그렇게 힘이 없느냐고 물었더니

"할아버지가 아파서 병원에 계신데 무슨 힘이 나겠어? 할아버지 사고 후에 우리의 즐거운 여행은 끝난 것 같아."

라며 어른스럽게 대답한 적이 있었다. 아버지의 사고 소식을 들은 후 아내와 나는 앞으로 귀국해서 어떻게 할 것인가를 생각하지 않을 수 없었다. 아버지가 어떤 상태인지 확실하게는 모르지만 뇌를 다치셨고 어머니도 갈비뼈를 다치셨기 때문에 우리가 제주에 내려가서 돌봐 드려야 할 것이다.

마침 세계일주를 떠나면서 서울 생활의 모든 기반은 정리하고 나왔기 때문에 오히려 잘 된 일인지도 몰랐다. 보관중인 이삿짐을 바로 제주로 보내서 부모님의 병환을 돌보면서 나도 앞으로 할 일을 구상하는 것도 좋을 것 같았다. 세계일주가 끝나고 당장 서울로 가더라도 뾰족한 수가 없으니 오히려 전셋값이 싼 제주에서 머무는 것이 훨씬 나을 것 같다. 아버지가 다친 것도 부모님 생전에 함께할 수 있는 시간을 더욱 많이 갖게 하려고 하나님이 계시했는지도 모른다는 생각까지 하게 되었다. 이런 나의 생각을 아내에게 이야기했더니 오히려 이 기회에 부모님께 못했던 효도를 하자며 아내도 찬성했다.

문제는 아이들이었다. 현정이에게 이야기했더니 '와! 할아버지 집에 가서 강아지랑 실컷 놀 수 있고, 신난다!' 하면서 들떠있다. 민수에게 제주에 가서 중학교에 다니면 어떻겠느냐고 물었더니 잠깐 생각하다가 중학교는 제주에서 다니더라도 고등학교는 서울에 와서 다니고 싶다고 했다. 아무래도 서울에서 고등학교를 다녀야 대학에 가기 쉽

1. 마을 전체가 간헐천 지역인 뉴질랜드 로토루아
2. 뉴질랜드 원주민인 마리오 족과 함께
3. 로토루아 배스 하우스

다고 생각하는 것 같았다. 민정이에게 얘기했더니 아내가 예상했던 대로 심각한 표정을 짓더니 대답을 하지 않는다.

왜 가족 모두가 꼭 제주로 내려가야만 하느냐, 혼자서라도 서울에서 고등학교에 다니면 안 되느냐는 투다. 성격이 내성적인 민정이는 친구를 많이 사귀는 스타일도 아니고, 한 번 사귄 친구는 아주 깊게 사귀어서 헤어지기 힘들어 하는 스타일이다. 세계일주 나오면서도 가장 힘들어 했던 것이 그동안 사귄 친구들과 헤어지는 것이었다. 제주에 내려가서 친구들을 새로 사귈 생각을 하고, 서울에 있는 친구들과 헤어질 생각을 하니 힘들 것이다.

그러나 다른 일도 아니고 할아버지가 아프셔서 고향에 내려가는 것인데 자기 생각만 앞세우는 모습이 무척 서운하고 괘씸하게 느껴졌다. 과연 민정에게는 가족이 어떤 의미일까? 이때부터 나와 민정이 사이의 대화가 점점 줄어들기 시작했고, 온 가족의 대화도 점점 줄어들기 시작했다.

뉴질랜드에 온 이후로 민정이는 더욱 살이 빠지고 고민도 더 늘어난 것 같다. 원래 무던했던 성격이 살이 빠지면서 신경질적으로 변하고 시원하게 이야기도 하지 않아서 무슨 고민을 하는지 정확히는 알 수 없었다. 아마도 할아버지의 사고 소식과 제주에서 고등학교에 다니는 것 때문일 것이다. 그러고 보니 요즘 아이들과, 특히 민정이와의 깊은 대화가 매우 적었다. 매일 같이 얼굴을 맞댄다는 핑계로 그동안 대화가 부족했던 것이다. 이제 얼마 남지 않은 기간 동안만이라도 가족회의도 하고 대화도 시도해 보아야겠다.

새벽에 일찍 깨서 다시 민정이 생각을 했다. 진솔한 대화가 필요한 시점이다. 나의 고민도 솔직하게 이야기하고……. 한참 예민한 나이인데 얼마나 힘들까? 그러나 이 모든 것들을 충분히 극복할 것이라 확신한다. 진정한 가족애는 힘든 상황에서 나오고, 아버지의 사고는 한층 더 가족의 의미를 생각하는 계기가 됐기 때문이다.

조용한 한여름의 크리스마스, 현정이의 가짜 생일

일주일간의 뉴질랜드 북섬 여행을 마치고 우리는 오스트레일리아의 시드니로 향했고, 시드니에서 한여름의 크리스마스를 맞았다. 그리고 막내 현정이의 생일 파티도 크리스마스에 하기로 했다. 현정이의 생일이 크리스마스로 정해진 사연은 이렇다. 세계일주 나와서 모든 식구들이 해외에서 생일을 맞았고, 현정이도 1월 7일 태국에서 맞을 생일을 손꼽아 기다리고 있었다. 그러나 아버지 사고로 여행이 1개월 단축되면서 현정이의 꿈이 사라지고 말았던 것이다.

현정이는 식구들의 생일마다 조그만 선물과 카드를 정성껏 써서 주었다. 그런데 자신은 선물도 받지 못 하게 돼서 실망하는 현정이가 안타까워 보여서 나머지 가족의 협의 하에 현정이 생일을 12월 25일 크리스마스로 정한 것이다. 매일 매일이 소중한 날인데 꼭 생일날을 기다려서 선물을 하고 엽서를 줄 필요가 있는가? 오늘을 생일로 받아들이면 그만인 것이다.

아침에 일어나자마자 모두 현정이에게 생일 축하 인사를 했다. 그리고 어제 쓴 생일 축하 카드와 선물을 현정에게 건네주었다. 현정이도 해맑은 모습으로 너무 즐거워한다.

1. 시드니의 상징인 오페라하우스 야경
2. 숙소에서 크리스마스 콘서트를 마치고 숙소 가족과 함께
3. 숙소에서 숙박객끼리 마련한 크리스마스 파티

남반부에서 한여름에 맞는 크리스마스였지만 날씨는 한여름이 아니다. 하루종일 잔뜩 흐린 날씨에 바람이 세차게 부는 늦가을처럼 서늘하다.

저녁 7시가 되자 밖에 나갔던 숙박객들이 속속 모여들었고, 예정대로 우리 숙소 가든에서 크리스마스 콘서트가 열렸는데, 바로 우리 가족이 사물놀이를 공연하기로 되어 있었다.

세계 각국에서 온 40~50여 명의 숙박객이 흥겹게 지켜보았고, 우리도 덩달아서 신이 났다. 특히 숙소 주인의 부모님인 독일인 노부부도 관람을 했는데 너무나 훌륭한 연주였다고 극찬을 아끼지 않는다.

1. 시드니 중심부인 달링하버 전경
2. 세계 3대 미항 중 하나인 시드니 항구 전경

특히 막내 현정이는 한복에 산타 모자를 쓰고 공연을 했는데, 오늘도 인기는 하늘 높은 줄 몰랐다.

공연이 끝난 후에는 숙박객들이 각자가 부엌에서 직접 만든 빵과 음식들을 서로 나누어 먹으면서 크리스마스를 즐겼다. 이곳에서 맞는 한여름의 크리스마스는 우리의 예상과는 달리 너무나 조용하다. 길거리도 너무 조용하고, 어디를 가도 크리스마스의 들뜬 분위기는 느낄 수 없다. 이곳에서는 대부분 가족 단위로 크리스마스를 보내는 것이 일반적이고, 숙소도 하나의 가족이라는 생각에 숙소 여행객들이 돈을 모아서 숙소의 앞뜰에서 조촐한 크리스마스 파티를 열었다. 바로 그 자리에서 우리가 공연을 한 셈이다.

아무리 조용한 크리스마스이지만 젊음을 주체할 수 없는 각국의 젊은이들은 밤늦게까지 산타 모자를 쓰고 사진도 찍고, 서로 어울려서 즐긴다. 그러나 우리가 우려하는 위험한 탈선행위는 어디에서도 찾아볼 수 없었다.

보트 레이싱

인터넷 카페에서 밤을 새고 새벽 6시에 숙소로 돌아왔다. 숙소로 돌아와서 2시간 정도 취침한 후에 아침 식사를 했는데, 식사중에 숙소 주인 부모님인 독일인 노부부가 시드니 항에서 펼쳐지는 보트 레이싱을 구경하지 않겠느냐고 제의를 해왔다.

어제의 공연이 너무 인상 깊어서 독일에 사는 딸에게도 우리 가족의 이야기를 했다고 하는 노부부의 모습에는 아직도 어제의 흥분이 남아 있었다. 마치 어린아이들처럼 좋아하는 모습에 순수함이 느껴졌다.

여행 나온 우리로서야 많이 돌아다닐수록 좋지 않은가? 선뜻 승낙을 하고 준비를 하고 숙소를 나섰다. 숙소 주인인 아들이 운전하는 봉고차를 타고 시드니 시내에서 약 1시간 거리에 있는 항구의 외곽 쪽으

로 향했다. 매년 크리스마스 다음날(박싱데이)에 열리는 보트 레이스
인데, 승패보다는 시드니의 배라는 배는 모두 다 참가할 정도로 바다
가 온갖 종류의 배로 가득 메워지는 것이 볼 만하다고 했다. 오후 1시
에 레이싱이 시작되는데 우리는 11시 30분경에 도착했다. 이미 수많
은 구경꾼이 꼬리에 꼬리를 물고 모여들기 시작한다.

시드니 항구에서 열린 보트 레
이싱

　세계의 3대 미항답게 이곳도 빼어난 경치를 자랑한다. 쪽빛 바닷물
에 파란 하늘, 수십 미터의 절벽들……

　바다 위로 보트들이 하나씩 모여들기 시작했고, 그때마다 마치 하
늘 높이 비행기가 날면서 그리는 흰 족적들처럼 바다 위는 흰 물결로
선명한 줄이 남는다. 창공의 파란 도화지에는 비행기가 흰색 분필로
낙서를 하듯 여러 가지 글자를 새기고 있다. 비록 광고용 글자들이
지만 재미있고 신기하다.

　드디어 1시가 지나자 보트들이 일제히 출발을 했다. 쪽빛 바다는 순
식간에 수백 개의 흰 줄이 그어지는 장관을 연출한다. 하늘에서는 비
행기가 축하 비행을 하고 땅 위에서는 수많은 구경꾼이 빽빽하게 모
여 있다.

세계일주 마지막 밤, 마지막 공연

　저녁식사를 한 다음 복색으로 갈아입고 사물 악기를 챙겨서 7시경
에 오페라하우스로 향했다. 오늘 밤이 시드니의, 호주의, 세계일주의
마지막 밤이었다. 시드니에서는 어제 숙소에서 첫 번째 공연을 했지
만 아무래도 아쉬운 느낌이 남았다.

　공연을 더 하고 싶어서 호주의 한인회나 한인단체에 연락을 해도
시큰둥한 반응이다. 역시 자유롭게 우리끼리 공연하는 것이 제일 편
하다. 그래서 세계일주의 마지막 밤에 마지막 공연을 시드니의 상징
인 오페라하우스 앞에서 하기로 하고 길을 나선 것이다.

저녁 햇살을 받은 오페라하우스는 희미하게 빛나고 있었다. 오페라하우스가 잘 보이는 곳에 자리를 잡고 설장고부터 시작했다. 한국인 관광객들과 현지인들이 조금씩 모여들기 시작했지만 이동하는 길목이라 대부분 스쳐 지나갈 뿐이다.

설장고가 끝나고 웃다리 사물놀이의 짝쇠 부분에 들어갈 즈음 관리인인 듯한 사람이 다가오더니 웃으면서 여기는 사람이 다니는 길이라 공연을 할 수 없다고 한다. 우리나라 교민이 자세하게 이유를 듣고 와서 설명을 해 준다. 이곳은 바로 사람들이 다니는 길이어서 안 되고 조금 옆으로 가서 하면 괜찮다고 했다. 그러나 그 주위에는 사람들이 많이 모이지 않을 것 같아서 아예 서큘러키로 옮기기로 했다. 역시 예상대로 서큘러키에는 관객들이 순식간에 몰려들어. 웃다리와 승무북, 영남사물을 연달아 연주했다. 둘러섰던 한국인 관광객들이 '원더풀, 잘한다.' 를 외쳤다. 덩달아 흥이 난 외국인 관광객들도 박수와 환호로 화답을 했다.

성공적인 세계일주 마지막 공연을 마치고 하버 브리지와 오페라하우스의 야경을 천천히 구경하며 세계일주의 마지막 밤을 아쉬워했다.

호주 시드니의 오페라하우스와 하버브리지는 그림처럼 예쁘다. 보는 각도에 따라 달라지는 모습이 재미있다. 오렌지를 접시 위에 깎아놓은 모습을 보고 아이디어를 얻어 설계했다고 한다.

오늘이 세계일주의 마지막 밤이라 생각하니 만감이 교차한다. 그동안 힘들었던 기억과 즐거웠던 기억이 하나 둘 머리를 스치고 지나간다. 처음에 여행했던 인도와 중국은 마치 10년 전에 다녀왔던 것처럼 기억이 가물가물하다.

'여행의 1년은 일상의 10년과 같다' 고 한다. 그만큼 예기치 않은 사건들이 많이 생기기 때문이다. 시간을 과거로부터 현재를 거쳐 미래로 가는 사건들의 집합이라고 할 때 1년 동안 여행을 하면서 생긴 사건의 수는 일상에서 생기는 10년 동안의 사건보다 훨씬 많을 것이기 때문이다. 우리 가족은 10년 동안의 세월을 압축해서 보낸 셈이다. 나와 아내야 10년이 지난들 정신적으로 크게 변하랴 만은, 이제 한참 자라는 아이들에게는 엄청난 세월인 것이다.

실제로 1년 동안에 여행에서 돌아온 후, 아이들이 10년은 아니라도 3~4년 정도는 정신적으로 더 성숙해 보인다. 숙소로 돌아와서는 맥주 한 잔 하며 일본인 젊은이들에게 우리들의 세계일주 경험에 대한 이야기를 해주었다. 세계일주의 마지막 밤은 이렇게 천천히 깊어 갔다.

아버지와의 재회

오늘은 세계일주를 나온 지 10개월, 정확히 304일 되는 날이고, 드디어 한국으로 돌아가는 날이다. 마음은 벌써 비행기를 타고 한국으로 날아가고 있었다. 새벽 5시에 기상해서 택시를 타고 공항으로 향했고, 홍콩 행 비행기에 몸을 실었다. 지난 304일 동안의 기억들이 주마등처럼 머릿속을 스쳐 지나간다. 아! 이제 드디어 집으로 돌아간다.

어제 짐을 싸느라 밤을 거의 새다시피 한 아내는 얼굴색이 안 좋다. 너무 무리한 일정과 산더미 같은 짐, 여러 가지의 스트레스 때문에 여행 기간 동안 하루도 편치 않았을 아내지만 싫은 내색도 한 번 않고 끝까지 같이 해주어서 너무 감사했다. 이런 아내가 없었다면 우리 가족의 세계일주는 어림도 없는 일이었을 것이다.

1. 시드니 서큘러키의 야경
2. 시드니 오페라하우스 앞에서 세계일주 마지막 공연을 했다
3. 서큘러키에서의 공연 장면

9시간의 비행 끝에 홍콩에 도착했고, 홍콩 공항에서 1시간 정도 기다렸다가 인천행 비행기를 탔다. 인천행 비행기에 타자마자 오늘 날짜 한국 신문을 하나 집어서 마치 정보에 굶주린 사람처럼 처음부터 끝까지 모두 읽었다. 조금씩 사회에 적응이 되어 가는 느낌이다. 동남아의 엄청난 해일 소식을 접하면서 착잡한 심정이다. 아마도 아버지의 사고가 없었더라도 동남아는 가지 못했을 것이다. 일정을 앞당겨서 갔으면 더 큰 재해를 당했을 것이고…….

홍콩에서 3시간 비행 끝에 비행기는 드디어 인천 공항에 도착했다. 1년 가까이 외국에 있다가 들어오는 것치고는 입국 심사부터 너무나 간단했다. 대기 줄도 하나도 없고, 도장 두 번 '땅, 땅' 찍으니 O.K이다. 짐 검사도 없이 바로 통과해서 나오니 눈에 익은 얼굴들이 기다리고 있다. 처남과 처제, 김 기연 PD와 부인, 김종완씨, 민수 친구 인석이까지 마중나와 있었다. 종완씨는 어머님이 싸 주었다고 팥죽까지 들고 나왔다. 아직까지는 한국이라는 것이 실감이 나지 않았다.

여기저기에서 들려오는 귀에 익은 한국말을 들을 때마다 신기했다. 우리 가족 외에도 한국말을 하는 사람들이 많아서 신기했다. 외국에서는 한국말이 들리면 자동으로 고개가 돌아갔는데, 여기저기로 고개를 돌리고 싶은 충동을 억제해야 했다.

그러나 버스를 타려고 공항 밖으로 나오는 순간 얼굴에 닿는 차가운 바람이 이곳이 한국임을 단적으로 알려 준다. 지금까지 여행을 하면서 이렇게 추운 곳은 처음이었고, 따뜻한 지방에서 갑자기 추운 지방에 오니 너무 추워서 몸을 움직이기가 힘들었다.

길거리에서 만나는 사람들, 길거리를 달리는 초록색과 파랑색 시내버스들이 아직도 낯설다. 주위에 한국말이 들리는 것이 신기하고, 바쁘게 횡단보도를 오가는 사람들을 물끄러미 바라보는 것이 재미있다.

막내인 현정이는 '한국이 아니라 마치 코리아타운에 있는 것 같다'고 말해 우리 가족의 웃음을 자아냈다. 이곳은 세상의 수많은 말 중의

1. 시드니에서 서울로 오면서 경유한 홍콩 공항에서
2. 고향 마을 어귀에 걸린 환영 현수막

하나인 '한국말'이라고 하는 언어를 사용하는 사람들이 모여 사는 아시아 동쪽의 조그만 나라일 뿐이다.

그러나 차가운 공기를 마주하면 정신이 바짝 들고 이곳이 여행지가 아닌 바로 생활의 터전으로 돌아왔음을 느끼게 한다. 제주 공항에는 10여 명의 TV와 신문 기자들이 기다리고 있었다. 기자실에 가서 여행을 끝내고 온 소감 등 간단한 인터뷰를 마치고 문희와 매제의 차를 타고 고향으로 향했다. 아버지 만날 생각을 하니 가슴이 두근거린다. '아버지는 과연 어떤 모습일까? 나를 못 알아보면 어떡하나.' 한편으로 걱정도 되고, 마음이 불안했다.

마을 입구에는 '환영, 공새미 사물놀이패 세계일주 공연 마치고 귀향'이라는 커다란 현수막이 걸려 있다. 떨리는 가슴을 안고 대문을 열고 집안으로 들어갔다. 마루를 지나 안방으로 들어가는 길이 그렇게 긴 줄을 미처 몰랐다. 방문을 여니 안방 아랫목에는 지금까지 보아 오던 모습 그대로의 아버지가 환한 웃음을 띤 채로 두 손을 벌리고 손자들을 맞으신다.

'잘 갔다 왔느냐, 힘들지 않았느냐, 민정이는 왜 이렇게 말랐느냐 등 여러 가지를 한꺼번에 물으신다.

아버지의 모습은 많이 야위었을 뿐, 그대로이다. 말하는 것도 큰 이상은 없는데 단어를 제대로 선택하지 못하셨다. 또한 뇌가 다치면서 한쪽 눈이 잘 안 보인다고 했다. 내 이름이 무엇인지 기억을 못 하지만 내가 당신의 큰 아들인 것을 알고 있고, 민정, 민수, 현정이의 이름을 기억하지는 못하지만 당신의 손자라는 것은 알고 있다.

보고 자연스럽게 익힌 것들은 기억을 하는데 일부러 학습을 해서 익힌 것들, 예를 들면 한글, 한자 등은 모두 잊어버린 것이다. 그래도 건강한 모습을 뵙고 나니 안심이 된다.

오늘도 아버지는 열심히 자식들의 이름을 외우고 있다. 외우고 돌아서면 곧 잊어버리지만 또 다시 반복해서 외운다. 아라비아 숫자는 다 익혔다. 조금씩 나아지고 있고, 앞으로 나아질 것임에 틀림이 없다. 아니 그렇게 믿고 싶다.

여행을
다녀온 후에

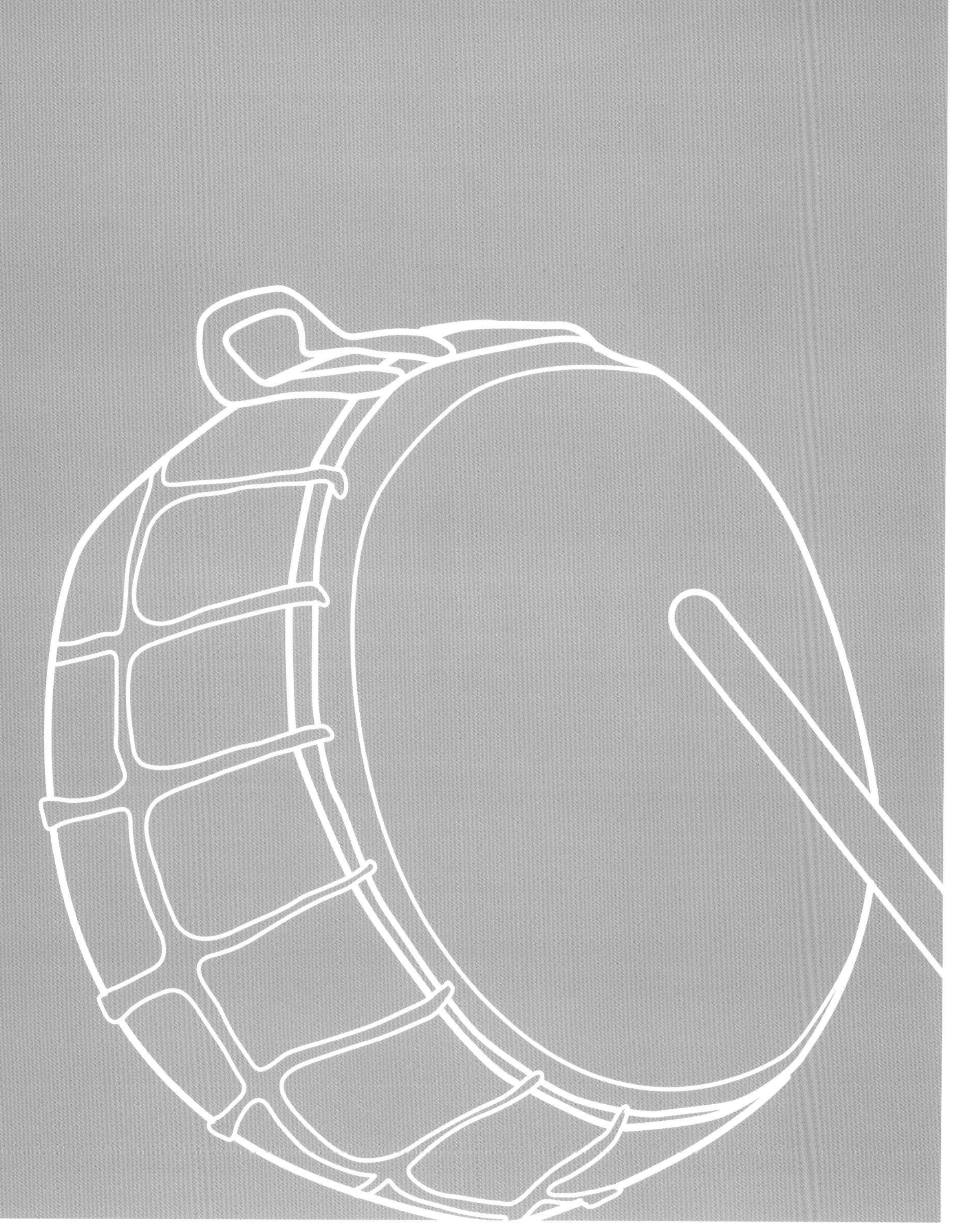

여행지 생활 정보
01_Traveler's Tip

숙박

우리는 여행 경비를 줄이기 위해서 숙박비와 식비를 최대한 절감하는 수밖에 없었다. 따라서 숙박은 가장 저렴한 배낭여행자 숙소에 머무는 것을 기본으로 했다.

특별한 경우가 아니고는 사전에 예약하지 않았고, 현지에 도착해서 가이드북에 나와 있는 숙소를 찾아 들어갔다. 배낭 여행자가 많이 묵는 숙소는 주로 '백팩커스', '유스호스텔', '도미토리', '오스페다헤' 등의 이름으로 다양하게 불리고 있지만 기본적으로는 방 하나에 침대가 2개부터 많게는 20개까지 갖추어진 집단 숙소이다.

잠비아 리빙스턴의 백팩커스인 졸리보이스 내부

중국이나 인도, 아프리카, 중동, 남미 등에서는 숙박비가 큰 부담이 되지 않았다. 영국 런던에서는 가장 싼 민박집에 머물렀으나 아프리카에서의 1주일 숙박비가 하루 만에 날아갔다. 그래서 유럽 대륙을 여행할 때는 텐트를 렌터카에 싣고 다니면서 주로 캠핑장에서 숙박을 했는데, 캠핑장 시설이 잘 되어 있기 때문에 전혀 불편함이 없었다.

유럽에서 캠핑장이 좋은 이유

1. 호텔에 비해 가격이 절반 정도로 저렴함
2. 언제든지 체크인할 수 있음
   (일반 호텔인 경우 저녁 늦은 시간에는 체크인이 안 됨)
3. 많은 여행객들을 만날 수 있고, 서로 여행 정보를 교환할 수 있음
4. 가족이 많은 경우에도 행동의 제약이 많지 않음
5. 취사도구를 마음껏 사용할 수 있음

그러나 여름이 아닌 경우에는 날씨가 추워서 텐트 생활을 하기에는 제약이 따르는데, 캠핑카를 렌트해서 다니는 것도 좋은 방법일 수 있다. 우리는 노부부들이 캠핑카를 운전하고 다니면서 캠핑장에서 여유롭게 휴가를 보내는 모습을 많이 보았는데, 캠핑장은 유럽의 휴가 문화

의 중심에 있는 것만은 분명했다. 그러나 이런 캠핑장에 1일 숙박하는 가격도 만만치 않아서 비싼 곳은 우리나라 돈으로 6만 원 이상이다.

미국과 캐나다에서는 날씨가 추워서 캠핑은 못했고 주로 인터넷으로 싼 숙소를 예약하면서 찾아 다녔다. 인터넷으로 예약하면 50% 이상 저렴한 경우도 있었다. 이렇게 인터넷으로 예약을 하면서 다니다 보니 평균 호텔비가 40~50$ 정도로 비교적 저렴했다. 호주와 뉴질랜드의 경우는 배낭여행자 수준의 숙소였지만 크리스마스시즌이라 가격이 매우 비쌌다. 시드니의 경우에는 1박당 9만원 정도였다.

숙박비가 가장 부담이 되는 곳은 유럽과 북미지역이다. 가족 여행을 하는 경우 유럽에서는 캠핑장 사용이 유리하며, 미국에서는 인터넷 예약(www.hotwire.com)을 적극 추천한다.

음식

며칠 동안도 아니고 거의 1년을 여행해야 했고, 더구나 아이들까지 있었기 때문에 출발하기 전부터 먹는 것을 어떻게 할 것인지 신경이 쓰였다.

다행히 이미 가족여행을 경험한 분이 소형 여행자용 밥솥을 추천해 주어서, 그것을 갖고 다니면서 대부분의 나라에서 음식 재료를 구입해서 식사를 손수 해먹었다. 세계 어디를 가나 쌀, 라면, 채소류 등은 시장에 가면 구입할 수 있었다. 김치는 주로 양배추를 이용해서 담궈 먹었는데, 양배추 김치가 그렇게 맛있는지 처음 알았다.

유럽이나 미국, 남미, 호주 등 소고기 값이 상대적으로 싼 곳에서는 고기를 사다가 코펠 프라이팬에 구워 먹기도 했다. 한국 식품점에서 고추장 등 기본양념을 사서 가지고 다녔기 때문에 가끔은 밥과 고추장으로 식사를 해결하기도 했다. 점심은 고추장과 참치 등을 넣어 김밥을 만들어서 썰지도 않고 통째로 먹곤 했는데 그 맛이 일품이었다.

프랑스에서 스페인 가는길. 고속도로 휴게소에서의 맛있는 점심

대부분의 나라에서 파는 쌀은 안량미가 많았는데, 뜨거울 때는 먹을 만하지만 식으면 마치 초를 씹는 것 같아 먹을 수가 없었다. 인도의 식당에서 현정이가 밥을 먹다가 뜨거워서 숟가락 위에 있는 밥을 '후' 하고 불었는데 쌀알이 모두 날아가 버린 적도 있었다.

그러나 항상 음식을 해 먹었던 것은 아니다. 음식이 우리의 입맛에 맞거나, 음식값이 싸거나, 음식을 해 먹을 수 없는 사정이 있는 경우에는 현지 음식을 사 먹었다. 인도, 중국, 터키, 남미 등지에서는 현지 음식을 먹는 경우가 많았는데, 현지에서 먹어 본 음식 중에는 터키 음식이 가장 입맛에 맞았고, 인도 음식이 가장 먹기 힘들었다. 중국 음식도 기름기가 너무 많아 고생을 했는데, 아프리카나 남미 음식은 오히려 입에 잘 맞았다. 막내 현정이는 어디를 가든 음식에 가장 빠른 적응력을 보였다. 다른 가족들은 향신료 때문에 먹기 힘들었던 인도 음식도 현정이는 하루가 지나자 바로 먹었다.

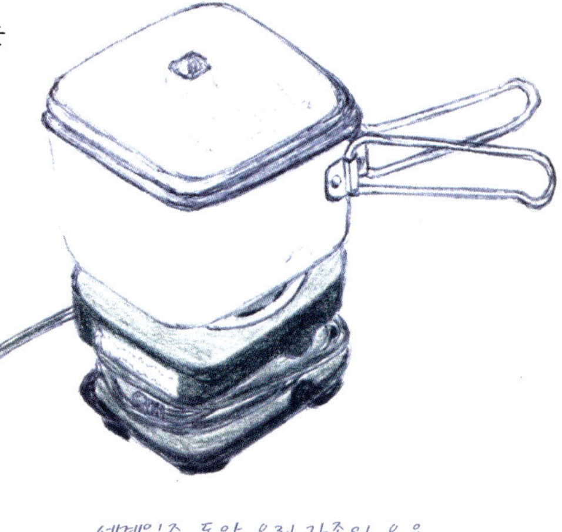

세계일주 동안 우리 가족이 유용하게 사용했던 전기밥솥. 곤로와 코펠이 분리되고, 4~5인용 밥이 된다.

단기 여행을 하는 가족이라면 굳이 조리도구를 갖고 다닐 필요가 없으나, 1달 이상이 되는 경우에는 갖고 다니는 것이 좋을 것이다. 특히 유럽이나 미국인 경우 렌터카를 빌리는 경우에는 캠핑장 등에서 얼마든지 식사를 해 먹을 수가 있기 때문에 매우 편리하다. 외국의 음식을 먹으면서 여행해야 진짜 여행이라고 생각할지 모르지만 여행이 즐겁기 위해서는 우리 입에 맞는 음식을 먹어야 한다.

옷과 침낭

여행할 때, 짐의 부피를 차지하는 것 중 가장 큰 것이 옷이다. 특히 사물놀이 악기를 항상 가지고 다녀야 했던 우리는 처음 세계여행 계획을 세울 때부터 옷을 줄이기 위해 아이디어를 짜냈다. 그 중 하나가 각 나라마다 여름철에 맞추어서 여행할 수 있도록 스케줄을 짜는 것이었

다. 따라서 옷을 최대한 줄일 수 있었고, 미국이나 유럽 등을 제외하고
는 옷값이 그렇게 비싸지 않아 필요하면 현지에서 사서 입었다.

가져간 옷 중에서 가장 유용했던 것은 등산용 바지와 주머니가 많
이 달린 등산용 조끼, 그리고 얇은 윈드 재킷이었다. 특히 윈드 재킷
은 현정이를 제외하고 각자 하나씩 가지고 갔는데, 야간 버스를 탈 때
나 추운 지방에서는 대단히 유용했다. 침낭도 현정이를 제외하고 개
인마다 하나씩 가지고 갔는데 유럽에서 텐트 생활을 할 때, 남미의 야
간버스에서 매우 유용하게 사용했다.

겉옷은 많이 가져갈 필요는 없고, 다용도로 입을 수 있는 옷 한 두
벌이면 충분하다. 캠핑 생활을 하지 않더라도 부피가 작고 가벼운 침
낭은 가지고 다니는 것이 좋을 것이다.

의사소통

많은 사람이 궁금해 하는 것 중 하나가 외국 사람들과 의사소통을
어떻게 했느냐는 것이다. 그리고 이 의사소통 때문에 혼자서 여행하
는 것을 두려워하는 사람도 많다. 그러나 우리가 비즈니스 목적으로
간 것이 아니기 때문에 의사소통에는 큰 문제가 없었다. 나의 경우는
기본적인 여행용 영어 회화가 어느 정도 가능했고, 일본어는 큰 문제
가 없었다. 또한 중국어는 6개월 정도 학원에서 배웠고, 스페인어는
여행출발 전 6개월 정도 독학을 했다.

세계여행을 경험한 사람들로부터 중국어와 스페인어는 중국과 남
미를 여행하는데 도움이 된다는 얘기를 듣고, 중국어와 스페인어를
조금 공부했던 것인데, 결과적으로는 여행 중에 큰 도움이 됐다.

중국에서는 주로 필담으로, 남미에서는 사전을 가지고 다니면서 의
사소통을 했다. 우리는 공연을 하면서 다녔기 때문에 현지인들과 만날
수 있는 기회가 많았다. 이미 우리의 음악을 통해서 서로의 마음이 열

린 상태라 간단한 인사말이라도 하면 현지
인들이 무척 좋아했다.

　외국 언어에 대한 아이들의 적응력은 매
우 뛰어나다. 나라를 옮길 때마다 어떻게
배우는지 몰라도 그 나라의 기본 인사말,
숫자 등 기본적인 문장들은 곧 익혔다. 외
국인들을 만나도 두려워하지 않고 적극적
으로 접근을 했다. 그리고 다른 사람들과

여행 중 중국인들과 나눈 중국어 필담 수첩

사귀기를 좋아하는 외향적 성격의 아내는 주로 보디랭귀지를 사용했는
데, 가끔은 보디랭귀지가 서툰 나의 영어보다 더 잘 통할 때도 있었다.

　결론적으로 말하면 여행하는데 언어는 큰 장해가 되지 않는다. 어
디서든지 '오픈 마인드' 자세만 있으면 언어는 장벽이 아니다. 다만
외국의 문화에 좀 더 접근하기 위해서는 어느 정도의 언어 실력은 필
요한데, 다니다 보면 조금씩 느는 것도 사실이다.

　아무래도 가족이 함께 여행을 하다 보니 상대적으로 외국인들과 만
나서 함께 이야기할 시간이 적었는데 무척 안타까운 일이었다. 남미
에서는 1주일에 100$ 정도를 주면 스페인어를 강습시켜 주는 교습소
도 많이 있으므로 이용해볼 만하다. 영어를 어느 정도 하는 사람이 현
지에서 1주일 정도 강습을 받으면 기본적인 의사소통은 가능하다고
한다.

공연

　원칙적으로 허가서 없이 길거리 공연을 할 수 있는 나라는 세계 어
디에도 없었다. 길거리 공연 허가를 내주지 않는 나라가 많고, 내주는
나라도 보통 1주나 2주 후에나 나온다고 하니 우리같이 3~4일 머물
다 가는 여행자들에게는 해당이 되지 않는 일이다.

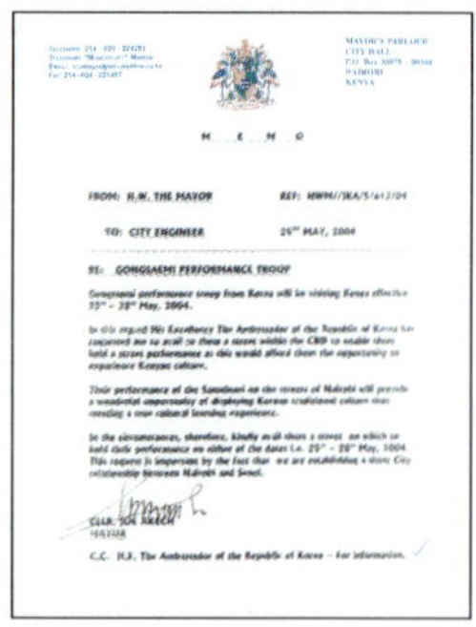

나이로비 공연 허가서

　　세계일주의 첫 나라인 인도에서 공연 허가를 받기 위해 하루 종일 관청을 뛰어다니다 시간만 허비한 것을 알고 나서는 아예 허가받는 것을 포기했다. 인도에서는 비교적 안전한 대학 캠퍼스 내에서 주로 공연을 했고, 나머지 나라에서는 무조건 판을 벌였다.

　　범죄행위를 하는 것은 아니었기 때문에 죄책감도 없었고, 경찰이 와서 하지 말라고 하면 철수하면 그만이었다. 그러나 대부분 묵인해 주었고 몇 군데에서는 경찰이 와서 제지를 하자 오히려 둘러섰던 관중이 경찰에게 야유를 보내는 바람에 즉석에서 한 번 더 하라고 허가를 내 주기도 했다.

　　케냐 나이로비에서는 우리 교민의 노력으로 나이로비 시내에서 1주일간 공연할 수 있는 나이로비 시장명의의 허가서를 받았으나, 다른 공연 스케줄 때문에 결국은 길거리 공연을 하지 못해 아쉬웠다.

　　멕시코시티에서는 소칼로 광장에서의 공연 허가서를 어렵게 받고서도 머리를 다치는 바람에 공연할 수가 없었다. 우리에게는 공연 허가서가 별 도움이 되지 않았고, 오히려 준비 없이 무작정 벌리는 길거리 공연이 더 우리에게 맞았다.

　　우리는 사물놀이라는 우리의 전통 음악을 공연하고 다니면서 한국도 알리고, 외국의 현지인들도 많이 사귀었으나, 형편이 안 되는 사람들은 우리의 단소나 퉁소 등을 배워, 연주를 하면 좋은 반응을 얻을 것이다. 가장 한국적인 것이 가장 세계적이라는 말을 우리는 이번 여행을 통해서 실감했다.

고국과의 연락

　　1년 가까이 여행을 하다 보니 한국에 계신 부모님 등과 연락하는 것도 큰일 중 하나였다. 친구들이나 인터넷이 가능한 젊은 사람들과는 우리 가족의 홈페이지를 통해서 연락을 주고받았고, 부모님에게는 한

국을 떠날 때 만든 국제전화카드를 이용해서 연락했다. 현지의 전화
비가 더 싼 경우에는 현지에서 카드를 구입하거나 현금을 지불해서
전화를 했다.

국제전화 요금은 후진국인 경우도 만만치 않아서 아프리카나 남미
등을 여행할 때는 마음 놓고 전화하기가 힘들었다. 탄자니아에서는
한국에 전화를 걸어서 제대로 통화도 못 하고 우리 돈 20,000원을 날
린 적도 있었다. 전화하는 방법도 나라마다 차이가 있어서 나라를 옮
길 때마다 전화하는 방법을 알아야 했다.

그러나 여행을 출발하기 1년 전에 미리 홈페이지를 만들어서 지인
들과 연락을 하고 있었기 때문에, 여행 중에도 홈페이지만으로 중요
한 것은 대부분 전달되었다. 그래서 부모님 이외에는 거의 전화할 일
이 없었다. 휴대폰은 물론 가져가지 않았다.

여행 짐을 줄이기 위해서 여행 가이드북은 대륙이 바뀔 때마다 한
국에 있는 처남에게 연락해서 소포로 받았으며, 다 사용한 여행 가이
드북은 우편을 이용해서 한국으로 부쳤다.

건강관리

1년 가까운 여행 기간 동안 가족 누구 하나 크게 아프지 않아서 정
말 다행스러운 일이었다. 위생상태가 좋지 않은 인도나 이집트 등을
여행할 때는 물이나 길거리 음식을 함부로 먹지 않도록 각별히 조심
을 했고, 특히 막내가 어렸기 때문에 더욱 신경을 썼다.

인간의 육체는 정신에 영향을 많이 받는 것 같다. 1년 동안 큰 사고
나 병 없이 무사히 여행을 마칠 수 있었던 것도 아마 매일 이동해야
하고, 각자가 지고 있는 짐을 대신 져줄 사람이 없다는 정신적 긴장감
이 육체를 아플 겨를이 없게 만들었을 것이다. 여행이 끝나고 귀국한
후에는 모두 한 차례씩 심한 몸살을 앓았다.

지금도 아프리카의 벌판에서 1인당 20kg이 넘는 배낭과 악기를 매고 버스를 타기 위해 이리저리 뛰어 다녔던 일이 떠오르곤 한다. 자신이 좋아하는 일을 한다는 것은 모든 어려움을 기꺼이 감수하게 하고, 면역력을 키워 신체의 저항력도 높여주는 것 같다.

세계일주 출발하기 전에 인천공항에서 황열병 예방주사를 맞고 증명서를 받았는데, 아프리카 탄자니아 입국시 한 번 검사를 했다. 말라리아 예방약은 출발 전 보건소에서 1주일에 한 알씩 복용하는 메프로퀸을 처방받고 구입해 가서 아프리카 여행시 복용했다. 아프리카 도착 2주 전부터 아프리카를 벗어난 2주 후까지 복용해야 했고, 큰 부작용은 없었다.

기타 소화제, 지사제 등 간단한 상비약은 가지고 다녔는데 그 부피도 만만치 않았다. 아프리카 등 의료시설이 열악한 곳에서는 우리가 가지고 간 약을 나누어 주기도 했다.

교통수단

대륙 간 이동은 항공기, 대륙 내에서는 대중교통인 버스와 기차 등을 이용하는 것을 기본으로 했다. 대륙 내이지만 장거리 이동을 할 때는 대중교통비도 만만치 않았다.

후진국도 다른 물가에 비해 상대적으로 교통비는 비싼 편이었다. 시내 교통수단으로 인도에서는 오토릭샤를 이용했고, 중국에서는 버스나 택시를 이용했다. 아프리카에서는 주로 장거리 버스와 기차를 이용해서 도시 간 이동을 했고, 도시 안에서는 택시를 이용했다.

유럽에서 도시 간 이동은 렌터카를 이용했는데, 인원도 많고 짐도 많은 우리 가족이 이동하기에는 유레일패스 등을 이용하는 것보다 렌터카를 이용하는 편이 경제적이고 훨씬 편리했다. 캠핑장에 렌터카를

오스트리아 빈의 교통카드. 이 카드로 3일동안 대중교통을 자유롭게 이용할 수 있다.

주차해 놓고는 도시 내에서는 버스, 전철 등의 정기이용권을 이용해서 여행을 했다.

미국에서도 유럽과 마찬가지로 도시 간에는 렌터카를 이용했는데, 렌트 비용에서는 큰 차이가 없었으나 미국의 경우 보험료가 너무 비싸서, 보험료까지 포함한 전체 비용은 미국이 훨씬 비쌌다. 열차가 거의 없는 남미에서는 장거리버스를 이용해서 도시 간을 이동했고, 도시 내에서는 가격이 저렴해서 택시를 이용하는 경우도 있었다. 가족 구성원이 많다 보니 버스보다 택시가 싼 경우도 종종 있었다.

여행비용에서 교통비가 차지하는 비중은 무시할 수 없다. 가족 여행을 하는 경우에는 여건이 허락된다면 렌터카를 이용하는 것이 훨씬 경제적일 수가 있다.

인터넷 사용

속도나 가격 면에서 우리나라만큼 인터넷 사정이 좋은 나라는 없는 것 같았다. 세계일주를 출발하기 전에 의욕적으로 영문 홈페이지도 만들어서 세계일주하며 한글과 영문 홈페이지를 동시에 관리할 욕심을 가졌으나 외국의 인터넷 사정이 좋지 않아 한글 홈페이지만을 관리하는데도 애를 먹었다.

홈페이지 관리는 주로 사진과 일기 등을 올리는 일이었는데, 속도가 느려서 힘들었다. 아프리카는 가격은 저렴하나 속도가 너무 느려서, 사진 몇 장 올리려면 몇 시간이 지나갔다. 유럽은 속도는 괜찮았으나 가격이 너무 비쌌고, 미국과 캐나다에서는 인터넷 카페를 찾아보기가 힘들었다. 남미는 비교적 가격도 저렴하고 속도도 괜찮은 편이었다. 호주와 뉴질랜드에는 한국인이 운영하는 24시간 PC방이 많이 있었는데, 가격이 좀 비쌌으나 속도는 괜찮았다.

출발 전에 모 통신회사의 로밍 서비스를 등록하고 갔는데, 미국을 제외하고는 한 번도 사용하지 못했다. 로밍 서비스는 기본으로 전화를 사용할 수 있어야 하나, 미국 이외의 나라에서 우리가 묵은 대부분의 숙소에는 전화가 없었다. 있다손 치더라도 전화요금 때문에도 사용하지 못했을 것이다.

그러나 미국에서는 대부분의 호텔에서 시내 전화를 무료로 사용할 수 있기 때문에 사용이 가능했다. 하지만 통신회사 측의 접속료가 분당 90원이라서 속도 대비하면 이것도 만만치 않은 가격이다. 결과적으로는 전화 접속을 사용한 인터넷은 거의 사용하지 못했고, 주로 인터넷 카페를 이용했다.

세계일주 중에 매일 일기를 쓰고, 디지털 카메라로 촬영한 사진 이미지를 보관하기 위해서 조그만 노트북을 갖고 다녔다. 하드디스크는 내장 40GB, 외장 40GB로 총 80GB인데, 300만 화소의 디지털 카메라로 찍은 사진 300일분을 보관하는데 모자람이 없었다. 일기는 컴퓨터에 입력해 놓고, 플로피디스크로 카피해서 인터넷 카페에 가서 홈페이지에 올렸다.

인터넷카페 PC에 한글이 깔려 있지 않은 경우에는 인터넷에서 다운 받아서 사용하기도 하고, 윈도우 2000 CD롬으로 인스톨하는 경우도 있었는데, 남미나 터키 등에는 CD롬 자체에 한글이 포함되지 않은 경우도 있었다. 한글이 인스톨이 되어도 한글 자판을 정확하게 외우지 못하는 나는 한글을 입력하는데 시간이 많이 걸렸고, 민정이나 민수를 같이 데리고 가서 내가 말로 이야기하면 입력하도록 했다.

비자

많은 사람이 세계 31개국을 돌아다니며 비자를 어떻게 취득했는지 궁금해 하는데 비자 걱정은 크게 하지 않아도 된다. 이제 우리나라의

위상이 높아져서 대부분의 나라에서 비자가 필요 없거나 국경에서 돈
만 내면 쉽게 발급받을 수 있기 때문이다.

　우리가 다닌 31개국 중에 비자가 필요했던 나라는 인도, 중국, 보츠
와나, 짐바브웨, 잠비아, 탄자니아, 케냐, 이집트, 미국, 에콰도르, 호
주 등 11개국이었다.

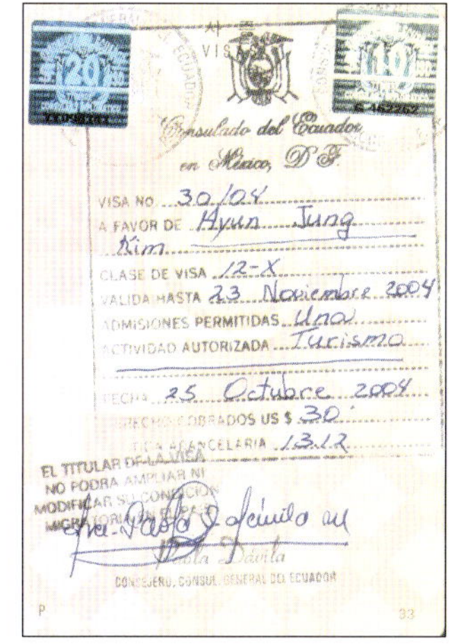

세계일주중 가장 받기 힘들었
던 에콰도르 비자

　비자 받기가 가장 힘든 나라는 아이러니하게도 우리가 그렇게 혈맹
이라고 짝사랑하는 미국이다. 회사를 퇴직한 후에는 미국 비자 받기
가 거의 불가능하다는 사실을 안 나는 회사에 있을 때 가족들 것까지
모두 받아 놓았기 때문에 다른 나라 비자에 대해서는 사실상 큰 걱정
을 하지 않았다.

　인도와 중국은 비자 유효기간이 길지 않기 때문에 출발하기 바로
직전에 받았다. 아프리카 국가들의 경우 국경에서 며칠 머물 것인가
만 물어보고 돈만 지불하면 비자를 발급해 주기 때문에 오히려 편하
다. 비자 발급 대금은 1인당 20~50US$로 다른 물가에 비해 가격이
조금 비싼 것이 흠이다.

　특이한 것은 비자 대금을 자기나라 돈도 받지 않고 반드시 달러로
만 받는다. 아마도 비자 대금은 아프리카 대부분의 국가에서 주요한
외화벌이 수단인 것 같았다.

　우리가 비자 때문에 가장 곤욕을 치른 나라는 바로 에콰도르였는데
멕시코에 있으면서 무려 4일을 허비했다. 이것을 계기로 멕시코시티
에 있는 에콰도르 영사 비서관과는 친해져서 우리의 공연에도 아이를
데리고 구경 오곤 했다.

　장기간 세계일주를 하는 것이 아니라면 가능한한 비자는 한국에서
받고 가라고 권하고 싶다. 외국의 대사관에서는 말도 잘 통하지 않을
뿐만 아니라 비자 발급 기간도 많이 걸리기 때문이다. 하지만 미국,
일본을 제외한 대부분의 나라의 경우는 비자의 유효 기간이 짧기 때
문에 여행기간을 유효기간에 맞게 잘 짜야 할 것이다.

잃은 것과 얻은 것
02_Things what I lose & what I gain

많은 사람이 '1년 동안 여행을 하면서 얻은 게 무엇인가? 후회는 안 하는가?' 라고 물어본다. 그러나 우리가 스스로 선택한 일이었고, 우리의 의지대로 한 일인데 왜 후회를 하겠는가? 후회는 타의의 강압에 의해 일을 하거나, 강압은 아니더라도 사회 분위기에 따라 하기 싫은데 억지로 따라갔을 때나 하는 것이다. 우리가 선택한데 대한 책임이 우리에게 있다는 것은 어쩌면 당연한 일이다.

사실 여행 중에 그 무거운 짐들을 손에 들고, 매고 버스를 타려고 이리저리 허둥대면서 아내와 가끔 이런 이야기를 했다.

'우리가 뭔가에 홀린 것 같다. 만약에 누가 1억 원을 주면서 우리 보고 똑 같은 여행을 하라고 했으면 벌써 포기하고 돌아갔을 것이다.'

결국 그동안 어렵게 모은 돈 1억 원을 가지고 나서니 할 수 있었다. 자신이 하고 싶은 일을 한다는 것은 이렇게 불가사의한 힘을 발휘하게 한다.

잃은 것은 무엇인가?

여행경비로 1억 원 가까이 쓰면서 물질적인 여유를 잃었다. 18년 동안 회사 생활을 하면서 모아 놓았던 돈 중 많은 부분을 잃었다. 따라서 물질적으로 쪼들리는 생활을 하는 것은 당연하다. 아파트 평수도 가기 전보다 절반으로 줄어서 지금은 방 두 개짜리 조그만 아파트에서 다섯 식구가 마치 여행하는 분위기로 생활하고 있다.

그러나 이상한 것은 밖에 나갔다가 집으로 들어오면 좁아서 불편하다는 생각보다는, 집이 크기가 줄어든만큼 정신적인 여유가 더 커졌다는 생각에 오히려 마음속으로는 뿌듯해진다. 즉, 정신적인 여유가 늘어났다는 추상적인 개념을 집의 크기가 줄어든 물질적인 것으로 확인이 가능하게 되는 셈이다.

아마도 세계일주를 다녀와서도 가기 전과 똑같이 물질적인 여유가 있었다면 별 감흥이 없었을 것이다. 지금도 우리 가족은 복권을 사지도 않지만, 복권에 당첨된 돈을 가지고 세계여행을 하지 않았다는 것을 큰 행복으로 알고있다.

당장의 물질적인 여유뿐만 아니라 앞으로의 안정된 생활 기반도 잃었다. 기존의 모든 기득권을 포기하고 새롭게 마련한 일자리에서 적응을 해야 하는 부담도 있다. 이런 생활이 앞으로도 계속 되겠지만 나는 이 생활을 즐기고 싶다. 사람은 끊임없이 변하는 것이고, 변화의 방향은 좀 더 자유로워지는 쪽이라고 믿고 싶다. 누구나 안정을 희구하지만, 실제로 존재하지도 않는 안정의 허상을 위해서 우리는 너무나 많은 것들을 포기하면서 살아가는 것 같다.

1년간 다른 것을 하고 돌아왔기 때문에 기회손실은 분명히 있을 것이다. 엄마와 아빠야 대부분이 경제적인 문제이겠지만, 아이들은 학업적인 측면의 손실일 것이다. 한참 자라는 세대의 1년은 큰 시간일 것이다. 앞으로의 다른 아이들에 비해 학업의 여유도 적을 것이다.

세계일주는 내가 독립적으로 내린 결정이었지만 세상일이 모두 유기적으로 연결되어 있어서 그 결과는 주변 사람들에게 큰 영향을 미쳤다. 특히 연결 고리가 강한 우리나라의 경우는 가까운 사람들에게 일수록 본의 아니게 더 큰 민폐를 끼칠 수가 있다. 우리의 결정도 많은 사람에게 민폐를 끼치는 결과가 되었고, 앞으로 이 민폐에 보답하기 위해서라도 더 열심히 살아야 할 것이다.

얻은 것은 무엇인가?

304일간의 세계일주 후, 우리는 더 자유로워졌고, 정신적으로 삶의 여유를 더 많이 느낀다. 여러 나라 사람들이 살아가는 모습과 그곳에서 우리 교민들의 사는 모습을 보면서 우리 삶을 객관적으로 돌아볼 여유가 생겼기 때문이다.

나는 세상의 어느 나라에서도 살 수 있지만, 그래도 우리나라에서 사는 것이 더 좋기 때문에 우리나라에서 사는 것을 선택했다. 다른 선택의 여지없이 우리나라에서 사는 것 하고, 내가 선택해서 사는 것은 정신적인 측면의 삶의 질에서 커다란 차이가 있다고 생각한다. 나뿐만 아니라 아이들과 대화를 나누다 보면 아이들이 정신적으로 한껏 여유로워진 모습들을 볼 수 있다.

솔직히 나는 아이들이 이번 여행을 통해서 무엇을 얻었는지 모른다. 여행 중에 가끔

"오늘 타지마할을 보면서 무엇을 느꼈어?"

"대영 박물관을 본 소감이 어때?"

등을 물어보았을 때, 내가 기대하던 답이 나오지 않아서 실망하기도 했었다. 그때마다 내가 원하던 대답을 알려주고 싶은 욕구를 꾹 참았다. 아이들에게는 아이들만의 눈으로 보고 느끼는 것이 있을 것이다. 아이들을 있는 그대로 받아들이기로 했다. 느낌이라는 것은 주입한다고 되는 것이 아니지 않은가? 지금 아무 느낌이 없더라도 그 책임은 아이들 몫이지 내 몫은 아니었다. 누가 아는가? 지금 못 느끼더라도 훨씬 자란 후에 머릿속에 기억된 것들을 하나 둘 끄집어내면서 평생을 통해서 새로운 통찰을 얻으며 살아갈지…….

그러나 한 가지 분명한 것은 세계일주 후에 아이들도 이전보다 훨씬 여유로워 졌다는 것이다. 학업에 쫓기는 모습 아니라 학습을 즐기고, 시험 때도 항상 여유롭다. 무엇이 그리 즐거운지 항상 웃고 행복해 하는 모습들이 우리가 얻은 것 중에서 가장 값진 것인지도 모른다.

언젠가 가족회의에서 아이들이 꿈을 이야기했었는데, 민수가 '나는 앞으로 커서 결혼을 하게 되면 지금의 우리와 같은 가족을 만들고 싶어요.' 라고 하는 이야기를 듣고 아버지로서 가슴이 뿌듯했던 일이 생각난다. 나는 '가족이 행복해 지도록 기여한다.' 는 나의 사명 중 한 부분에 어느 정도 맞게 살고 있다는 안정감도 느낀다.

일단 견고한 알을 깨고 밖으로 나왔기 때문에 무한한 자유와 자신감을 느낀다. 알을 한번 깼다는 자신감은 앞으로도 사회적인 관습이나 가치관에 얽매이지 않고 나 자신의 의지에 의해, 하고 싶은 일을 하면서 살아도 충분히 행복하게 살아갈 수 있다는 확신을 심어 주었다.

인도의 전통 의상을 입은 현정이와 인도 어린이

경험적 체험은 앞으로 아이들의 삶에 커다란 영향을 미칠 것이라고 생각한다. 그러나 아이들뿐만 아니라 나에게도 이번 여행은 삶의 관심 분야를 넓히는데 큰 역할을 했다. 유명한 음악가의 채취가 서려있는 곳을 방문할 때나, 고대 이집트, 그리스, 로마 등의 유적지를 방문할 때마다 '나오기 전에 좀 더 많은 공부를 하고 올 걸.' 하는 후회를 했다.

그러나 공부를 않고 유적지를 찾았다고해서 의미가 없는 일은 아니라고 생각한다. 앞으로 영화를 볼 때, 책을 읽을 때 내가 보았던 모습들이 눈앞에 떠오를 것이고, 인생의 관심분야는 점점 넓어지고 그만큼 인생을 풍부하게 살 수 있으리라 생각한다.

우리 여행의 가장 큰 수확은 역시 '가족의 재발견'이었다. 1년 365일 24시간 온 가족이 함께 먹고, 자고, 걷고, 생활한다고 생각해 보라. 사실 떠나기 전 외국에 나가서 '어떻게 먹고 자고 움직일까?' 하는 걱정보다는 '1년 동안 함께 생활하면서 생기는 갈등을 어떻게 해결할까?' 하는 것이 더 큰 고민이었다. 일단 해외에 나가면 먹고, 자고, 움직이고 하는 문제는 어떻게든 해결되게 되어 있기 때문이다.

그러나 가족의 내부 생활은 달랐다. 평소에 익숙하지 않던 모두가 참여하는 공동생활을 해야 했다. 처음에는 갈등도 많았다. 그러나 그것들을 하나 둘 해결하면서 자신감이 생겨 났고, 그러면서 가족 간의 신뢰와 사랑도 깊어갔다. 여행 기간 중 나눈 가족 간의 대화가 나머지 일생의 전 기간을 합한 것보다 많으리라는 생각이 든다. 이를 통해 가족 간의 믿음은 더욱 깊어졌고, 이 믿음의 성(城)은 우리 가족이 앞으로 세상을 살아 나가는데 든든한 울타리가 되어 줄 것이다.

지금도 우리 가족은 여느 가족과 마찬가지로 사랑하기도 하고, 가끔 갈등을 겪기도 한다. 그러나 분명한 것은 가족 간의 갈등을 피하지 않고 맞설 수 있다는 것이다. 그동안 갈등을 해결했던 자신감 때문일 것이다.

세계일주를 하면서 수많은 사람을 만났다. 명함첩에는 세계일주를 하면서 만난 사람들의 명함이 빼곡히 채워

세계일주 기간동안 우리와 함께 한 디지털 카메라이다. 메모리칩에 많은 용량의 사진을 담을 수 있었다.

져 있고, 그 중 일부는 지금까지도 연락을 계속 주고받고 있다. 현지인들도 있고, 우리에게 많은 도움을 주신 교민들도 있다. 그러나 그보다는 우리의 길거리 공연 중에 만난 수많은 사람이 더 생각난다. 공연 중 혹은 공연이 끝난 후에 관객들과 함께 찍은 사진을 들여다보고 있노라면, 지금도 우리에게 말을 걸어올 것 같은 착각을 한다.

지구촌 곳곳의 사람들과 음악으로 교감하며, 친구가 됐던 짜릿함은 지금까지도 우리들의 밤잠을 설치게 한다. 여행 중 만난 다양한 사람들과 나눈 많은 대화는 우리의 여행을 더욱 풍족하게 해주었고, 새로운 에너지를 불어 넣어 주었다.

아쉬웠던 일

온 가족이 함께하는 여행이었기 때문에 상대적으로 혼자서 하는 여행보다 외국인을 접할 수 있는 기회는 적었다. 처음 여행을 나설 때는 가능한한 외국인들과 함께하면서 진정한 세계의 문화를 느껴보고 싶은 욕구가 강했으나, 가족 여행의 한계 때문에 외국인들과 가깝게 접촉할 기회가 적었던 것이 무척 아쉬웠다.

가족여행과 개인여행은 특성이 달라서 한 쪽을 택하면 한 쪽은 포기해야 한다. 세계일주를 하면서 혼자서 세계일주를 하는 사람들을 보면 한편으로는 부러운 것도 사실이었다. 항상 그렇듯이 포기한 것이 더 커 보이기 때문이다. 대신에 외국에 사는 우리 교민들과는 함께하는 시간이 많았다. 교민들은 외국 생활의 외로움 때문에 우리는 외국에서 한국 사람들을 만난 기쁨 때문에 단 하루를 만났어도 깊고 농축된 대화를 나눌 수 있었다.

제한된 여행 기간 때문에 포기한 곳 중에서 가장 아쉬웠던 곳은 북유럽과 스페인 남부 그리고 미국의 대륙 횡단이었다. 유럽 일정은 2개월로 잡았는데, 당초 우리가 계획했던 곳을 다 가려면 최소한 3개월은 필요했다. 아무래도 공연을 하면서 다녔기 때문에 계획 일정보다 늦어졌던 것이다. 따라서 가장 가보고 싶었던 노르웨이의 피요르드 해안과 스페인 남부지방 등을 갈 수가 없어서 정말 아쉬웠다.

또한 미국에서는 대륙 횡단을 계획했으나, 뉴욕으로 들어갔다 뉴욕으로 나오는 항공기 스케줄 때문에 일정이 모자라 이루지 못해서 아쉬웠다.

세계일주의 꿈을 이룬 우리 가족에게 한 가지 남아있는 꿈이 있다. 아프리카에서 머나먼 남미까지 여행을 했지만 우리와 진짜 가까운 거리에 있는 우리의 북한 땅을 아직 밟아보지 못했다. 바로 북한 땅에서 사물놀이 공연을 하는 것이 우리 가족의 남아있는 꿈이다.

가만히 여러분들의 내면에 귀를 기울여보면, 까마득하게 잊어버렸던 꿈의 나지막한 소리가 들릴 것이다. 바로 그 꿈을 향해 이제 한번 도전을 해보지 않겠는가?

간절히 원하고, 준비하는 사람들의 꿈은 반드시 이루어질 것이다.

정말 즐거운 하루였어요!
캠브리지에 와서 이렇게 즐거운 토요일은 처음이었습니다. 다른 한국 분들도 마찬가지였
겠지만 고국을 느낄 수 있었던 무클한 순간이었어요.
한국에서 다시 뵙는 날까지 건강하시고요. 자주 들러서 소식 읽고 또 남기고 가겠습니다.
건강하시고요. 내일 공연도 성황리에 마치세요.
런던 친구들에게도 전화해서 코벤트가든에 가보라고 전하고 있습니다. ··;
다시 한 번 오늘 공연 감사합니다.
                                    - 공새미 홈페이지 자유게시판 중에서, 노선화

'2004' 대한민국 가족 대상을 수여했으면
공새미 가족 모두에게 진정한 대한민국의 문화 외교사절로서 자랑스러운 역사의 한 페이
지를 장식한 열정과 노고에 시샘 어린 찬사를 보냅니다.
공새미 가족 주변에서 항상 격려해주고, 믿음을 주신 모든 분들께도 그들과 같은 마음으
로 감사를 드립니다. 고국을 떠나 터전을 다진 교민들에게 공새미 가족이 전해주는 사물
놀이가 그 무엇보다도 감동적인 선물이 되었을 것이라 생각합니다.
공새미의 의미처럼 언제나 마르지 않는 샘이 되시길. 공새미, 아자~~!!!!
                                    - 공새미 홈페이지 자유게시판 중에서, 강석준-

보츠와나를 떠들썩하게 한 공새미

공새기가 떠나고 한 주간 동안은 날마다 신문과 방송을 청화하느라 분주했답니다. 금요일 밤에는 보츠와나 텔레비전에서 현정이의 아리랑 무용을 서두로 조목조목 한국 문화의 밤 축제를 반영했습니다. 특히 민정이와 민수의 승무복 솜씨를 오래동안 소개를 했고요. 부채춤 그리고 길놀이 등도 쭉 소개가 되어서 참 기뻤습니다. 또 4개의 신문에도 큰 사진들과 함께 공연 내용 등을 걸려 면에 소개했답니다. 월드컵 이후에 다시 한 번 한국인의 긍지와 자부심을 갖고 살고 있습니다.

공새기가 가는 곳마다 좋은 소식들이 들려오길 기대합니다.

보츠와나 한글학교도 8일에 개학해서 이제 2학기를 시작했습니다. 한국인의 정체성을 가지고 자신을 사랑하며 세계인으로 키우는 것이 우리의 사명이랍니다. 세계의 많은 곳에서 그리고 만나는 많은 사람 속에서 더욱 자랑스러운 우리의 것들을 소개해 주시길……

― 공새기 홈페이지 자유게시판 중에서, 허은영―

Congratulations!
I am so happy for you and your wonderful family. I know you have an amazing journey ahead of you and wish you luck and success. Enjoy your experiences and time spent together.
Be safe & Good luck!

― 공새기 홈페이지 자유게시판 중에서, Shannon―

꿈을 이룬 것에 대해 박수를
저는 월드넷이라는 TV 프로그램에서 공새미 가족을 보았습니다.
2부부터 어제 했던 4부까지 정말 재밌게 봤거든요.
십든 대한민국에서 꿈을 실천한다는 것은 굉장히 어려운 일이라고 생각합니다.
따님과 아드님의 교육문제, 가족의 경제문제를 뒤로하고 더욱 큰 미래를 위해 세계여행
의 꿈을 실천한 것에 대해 박수를 보내고 싶습니다.
                                        - 공새미 홈페이지 자유게시판 중에서, 가시고기-

건강하시지요?
안녕하세요. 지난 3월 인도 로얄패밀리에서 뵈었던 김철순입니다.
뭄바이로 가시기 전날인가 잠깐 이야기를 나누었기 때문에 기억은 못하실 것 같습니다.
여행이 아닌 업무로 인도에 갔기 때문에 많은 추억을 만들지는 못했지만, 공새미 가족 분
들과의 만남은 저에게는 큰 충격이었습니다.
저도 막연히 가족들과의 세계여행을 그려왔고, 꿈으로만 간직하고 있지만 언젠가는 실천
에 옮길 수 있을 것 같은 용기를 얻었습니다.
아프리카에서도 건강하시고, 공연도 성공적으로 이루어질 수 있도록 기원하겠습니다. 공
새미 가족 분들의 여행일기가 오늘도 저에게 큰 힘을 주고 있습니다.
                                        - 공새미 홈페이지 자유게시판 중에서, 김철순-